BASIC

경제학 기초이론

재정학 · 경제학
입문자를 위한

기초 경제학

기초경제수학

김판기

개정4판

김 판 기

약 력

연세대학교 상경대학 경제학과 졸업
연세대학교 대학원 경제학과 박사과정
주요대학교 고시반 출제위원
연세대, 고려대, 성균관대, 국민대 등 주요대학 경제학 특강
고시연구원 출제위원
롯데그룹 등 기업체 경제학 강의
현) 나무경영아카데미 경제학/재정학 강사

저 서

객관식 다이어트 경제학 미시편
객관식 다이어트 경제학 거시편
일일특강 경제학
일일특강 재정학
김판기 경제학 필기노트 미시편
김판기 경제학 필기노트 거시편
김판기 재정학 필기노트
재정학 경제학 입문자를 위한 기초경제학

초판 머리말

이 책은 경제학을 체계적으로 공부하려는 학생들과 경제학 또는
재정학 관련 시험을 준비하려는 수험생들을 위한 경제학 입문서이다.
경제학은 실용성이 높고 흥미로운 학문이지만 또한 매우 엄밀한 학문이다.
특히 시험에 있어서는 단순히 이론을 이해하는 것에 그치지 않고
주어진 문제의 해결을 위한 다양한 접근방식을 사용할 수 있어야 하고
경제학의 기초개념과 수학적 논리체계의 정확한 이해가 절대적으로 필요하다.
부실한 토대 위에 쌓은 성은 쉽게 허물어지기 때문이다.

그러나 오랜 기간 경제학과 재정학을 강의하면서 의외로 많은 경제학 관련 수험생들이 명확한 개념적 기초 없이 경제학 공부를 하고 있고 그로인해 불필요한 시행착오를 겪거나 비효율적인 공부 방법을 반복하고 있다는 사실을 알게 되었다. 특히 재정학은 주로 미시경제학적 기초를 바탕으로 민간부문과 공공부문의 상호작용을 연구하는 경제학의 응용분야이다. 따라서 경제학적 기초, 특히 그 중에서도 미시경제학에 대한 이해가 선행되어야만 세무사 시험과 같은 재정학 관련 시험에서 고득점을 할 수 있다. 또한 수리적인 접근이 필요한 내용을 이해하거나 계산문제를 풀기 위해서는 수학적인 기초도 탄탄해야 한다. 이러한 강의 현장에서의 경험을 바탕으로 경제학을 전혀 접해보지 못한 초심자나 비전공자도 쉽고 효율적으로 경제학·재정학 공부를 할 수 있는 경제학 입문서로서 기초경제학 교재를 집필하게 되었다.

이 책은 크게 경제학 기초이론 부분과 기초경제수학 부분으로 구성되어 있다. 경제학 기초이론에서는 미시경제학의 주요 내용을 중심으로 거시경제학의 핵심 개념과 학파별 시각차이, 그리고 국제경제학에서의 환율이론 등을 다루고 있다. 또한 일반적인 경제학 교과서에서는 잘 다루지 않지만 본격적인 경제학 · 재정학 공부를 위해 꼭 알아두어야 할 유용한 개념들을 정리하였다. 기초경제수학에서는 1차 함수, 2차 함수, 지수, 수열, 미분, 자연로그 등 경제학 관련 공부를 위해 필요한 수학적 개념을 총정리 하였다. 설명 중간에 이해를 돕기 위한 예제를 추가하였고 실제 시험에서의 기출문제도 접할 수 있도록 하였다. 다만 경제학 이론 중 지나치게 지엽적인 부분이나 본격적인 경제학 · 재정학 이론 강의에서 중복적으로 다루게 될 내용들은 과감하게 생략하여 교재의 무거움을 줄이고 입문서로서의 취지를 살리고자 노력하였다. 강의와 병행하여 꾸준히 공부한다면 단기간에 경제학·재정학 공부를 위한 기초를 다지고 실제 시험에서의 고득점에 충분한 발판이 되리라 생각한다.

이 책이 나오기까지 많은 도움을 받았다. 실무와 학교에서의 바쁜 일정 속에서도 꼼꼼한 교정과 조언을 아끼지 않은 장우철, 유승찬, 박승범님에게 감사드린다. 편집과 출판 과정에서 저자와 함께 호흡한 유서영님과 조세연님에게도 고마운 마음을 전하고자 한다. 끝으로 여전히 보잘 것 없는 사람을 닦고 또 닦아 윤이 나도록 애쓰는 아내와 채운, 준우, 서율에게 깊은 사랑을 전한다.

2015년 4월

김 판 기

목 차

목
차

01

경제학의 기초

제1장 경제학의 정의와 기초개념

제2장 경제이론

TAX

제1장 경제학의 정의와 기초개념

I 경제문제와 경제학

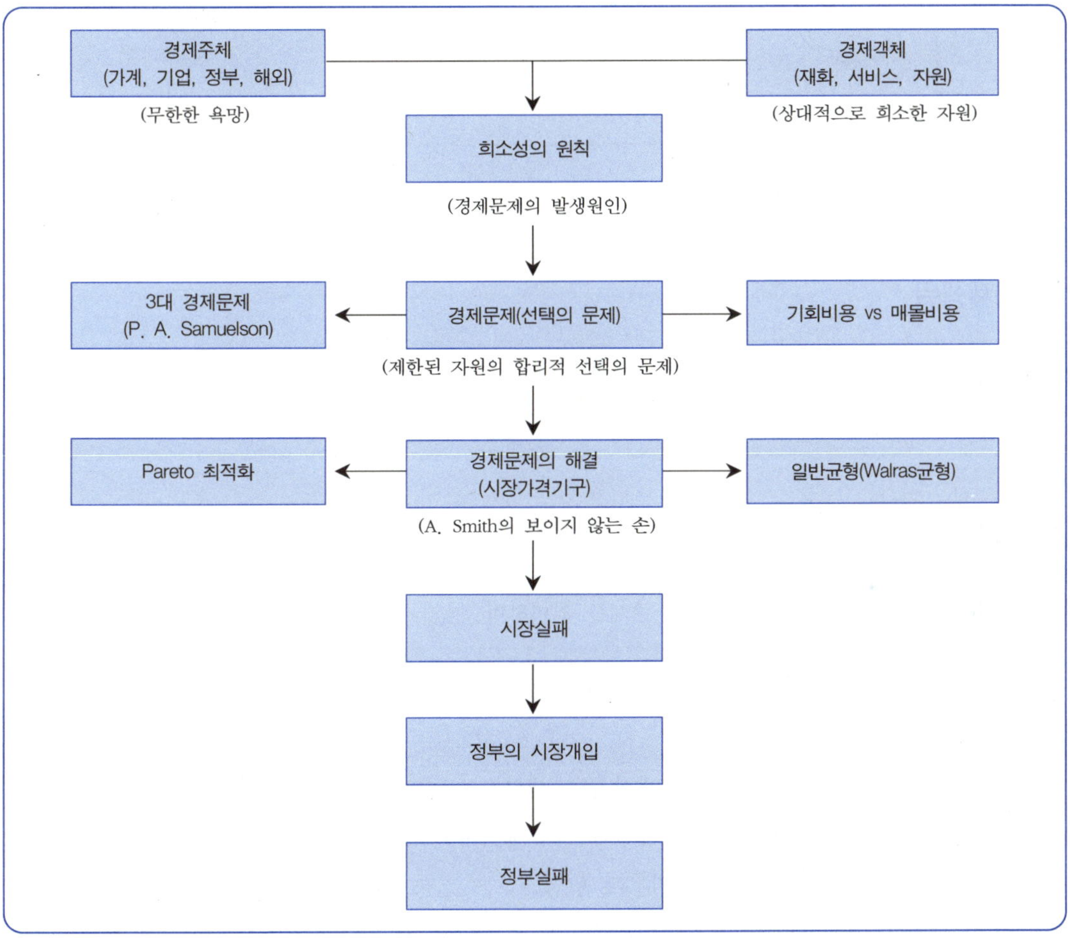

1. 경제

경제란 경제행위에 영향을 미치는 사회적 제도나 관습 등의 여러 가지 사회적 현상을 의미한다.

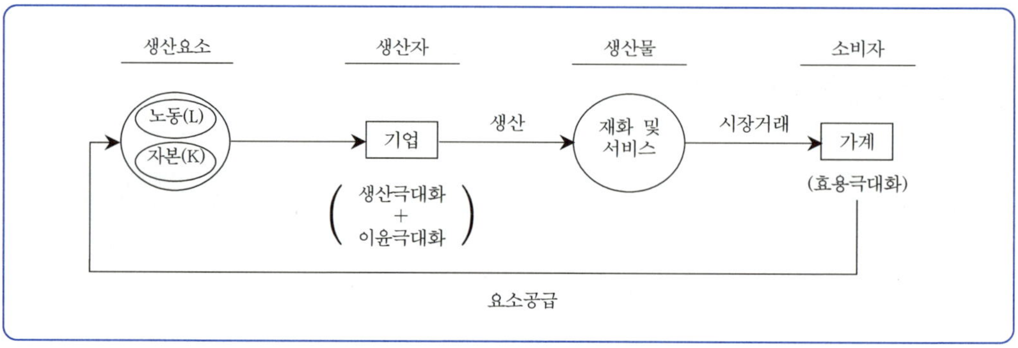

2. 경제행위

경제행위란 경제객체(재화, 서비스)의 생산, 분배, 소비와 관련된 경제주체들(소비자, 생산자)의 일련의 행위를 의미한다.

3. 경제주체

경제주체란 경제행위를 담당하는 주체를 의미하며, 가계·기업·정부·외국으로 나눌 수 있다.

① 가계는 생산물시장에서 생산물을 수요하고 생산요소시장에서 생산요소를 공급하는 주체로서 효용극대화를 추구한다.

② 기업은 생산요소를 고용하여 생산물을 생산하는 주체로서 이윤극대화가 목적이다.

③ 정부는 소비와 생산을 동시에 담당하는 경제주체로서 민간경제(가계+기업)를 조정하고 규제하며 사회후생극대화를 목적으로 한다.

④ 외국은 무역의 주체로 활동하며, 외국을 포함하는 경우 개방경제모형이라 한다.

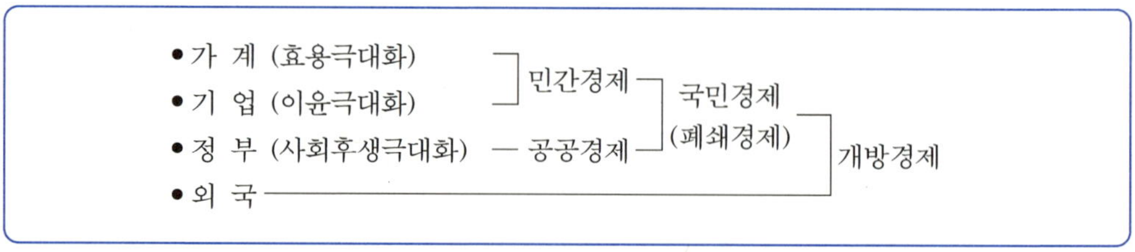

4. 경제객체

경제객체란 경제행위의 대상으로서 인간의 욕망을 충족시켜줄 수 있는 실질적 가치를 가진 것을 의미하며, 경제객체는 크게 생산물과 생산요소로 구분된다.

- **생산물** (산출물)
  - 재화 : 사람에게 쓸모있는 유형의 물건
    - 자유재 : 비용을 지급하지 않고 얻을 수 있는 재화
    - 경제재 : 비용을 지급해야 얻을 수 있는 재화
    - 소비재 : 일상생활의 욕구충족에 직접 사용되는 재화
    - 자본재 : 다른 재화나 서비스의 생산에 사용되는 재화
  - 서비스(用役) : 사람에게 쓸모 있는 무형의 활동 또는 기능 (창고, 운송, 금융, 통신, 교육, 의료 등)
- **생산요소** (생산자원 투입물)
  - 인 적 요 소
    - 노동, 인적자본
    - 기업경영능력
  - 비 인 적 요 소
    - 자연자원 : 토지 등
    - 자본재(생산재, 투자재, 실물자본) : 건물, 기계설비

(1) 생산물

① 생산물은 생산활동의 결과로 만들어진 산출물로서 재화(유형)와 서비스(무형)로 구분되고, 재화(goods)는 다시 경제재(economic goods)와 자유재(free goods)로 나뉘어진다.

구분		내용	비고
재 화	자유재	부존량이 무한하여 비용을 지불하지 않고 얻을 수 있는 재화	경제행위의 대상이 아님
	경제재	부존량이 제한되어 있으므로 비용을 지급해야만 얻을 수 있는 재화	경제행위의 대상임
서비스	재화의 생산·교환·분배·소비와 관련된 무형의 행위		

② 경제학에서는 경제재만을 분석대상으로 하며, 자유재는 희소성의 법칙이 적용되지 않으므로, 분석대상에서 제외된다.

자유재	경제재
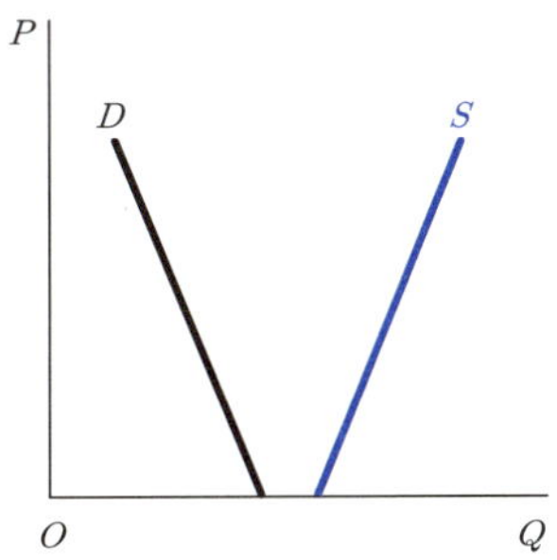	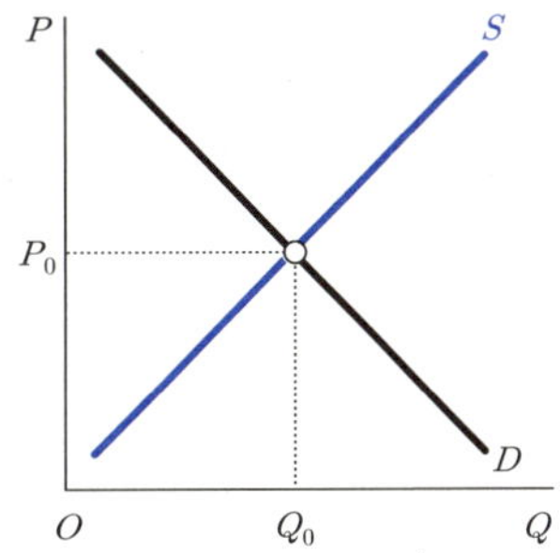

(2) 생산요소 (경제적 자원)

① 생산요소는 재화와 서비스의 생산과정에 투입되는 경제적 자원을 말한다.

② 생산요소는 크게 인적자원(노동), 물적자원(기계 · 공장건물), 자연자원(석유 · 석탄 · 토지)으로 구분된다.

③ 인적자원을 노동으로, 물적자원을 자본으로, 자연자원을 토지로 대표시켜 노동, 자본, 토지를 생산의 3요소라 한다.

④ 일반적으로 경제학에서는 분석의 편의상 토지를 자본에 포함시켜 노동(L)과 자본(K)을 생산의 2요소라 하여 분석한다.

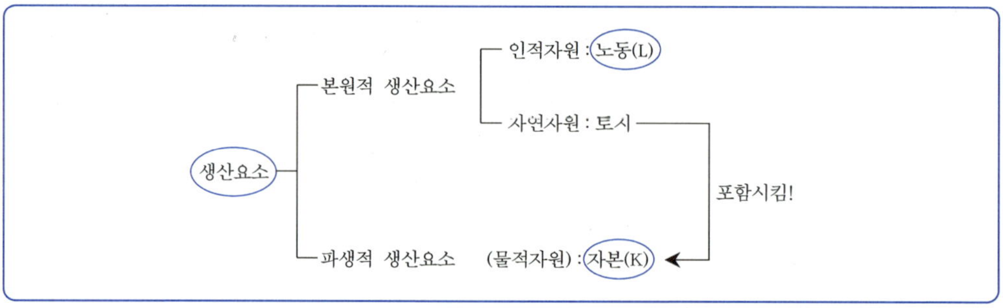

※ 인간의 삶이 무한하지 않으므로 "시간"도 중요한 경제적 자원으로 이해할 수 있다.

5. 희소성의 법칙

희소성의 법칙(law of scarcity)이란 경제주체(인간)의 욕망은 무한하지만 이를 충족시켜 줄 수 있는 경제적 자원은 상대적으로 부족한 것을 말한다.

» 희소성의 핵심은 절대적 희소성이 아닌 상대적 희소성이다.
경제학에서 중요한 것은 절대적 개념이 아닌 상대적 개념임에 주의하라.

6. 경제문제

① 희소성의 법칙으로 인해 제한된 자원으로 인간의 모든 욕망을 충족시킨다는 것은 불가능하므로, 어떤 욕망을 충족하고 어떤 욕망을 포기할 것인지에 대한 선택의 문제가 나타난다.

② 이와 같이 제한된 자원을 이용하여 최대한의 욕망을 충족시켜야 하는 상황을 경제문제라 한다.

③ 결국 경제문제의 발생원인은 희소성의 법칙 때문이며, 경제학의 시작은 희소성의 법칙이다.

» 경제학의 출발점은 희소성의 법칙이다.

7. 경제학의 정의

① 경제학이란 희소성의 법칙으로 인해 발생하는 경제문제의 해결을 위한 학문이다.

> 경제학이란 희소하고 제한된 경제적 자원으로 인간의 욕망을 최대한 충족시키기 위한 합리적 선택의 문제를 연구하는 학문이다.

※ 경제학은 기본적으로 합리성(rationality)과 선택(choice)에 관한 학문이다.

② 전통적으로 재화와 서비스의 생산, 교환, 분배, 소비 등과 관련된 경제행위에서의 선택의 문제가 경제학의 주요 분석대상이었다.

③ 그러나 현실적으로 인간의 모든 의사결정은 경제행위의 범주를 벗어날 수 없으므로, 오늘날 경제학의 연구범위는 결혼, 자녀출산, 정치, 범죄, 데이트, 정보 등의 분야로까지 확대되고 있다.

Ⅱ 합리적 선택과 기회비용

1. 합리적 선택

① 경제학에서 경제주체는 항상 합리적 선택(rational choice)을 한다고 가정한다.

② 합리적 선택(의사결정)이란 최소의 비용으로 최대의 효과를 가져올 수 있는 선택을 말한다.

③ 일정한 비용(자원)으로 최대의 효과(편익)를 얻는 것을 최대효과의 원칙, 일정한 효과(편익)를 최소의 비용(자원)으로 달성하고자 하는 것을 최소비용의 원칙이라고 한다.

④ 최대효과의 원칙 또는 최소비용의 원칙이 충족된 의사결정을 합리적(rational)의사결정 혹은 효율적(efficient)의사결정이라고 한다.

» 최대효과의 원칙과 최소비용의 원칙은 동일한 현상의 서로 다른 측면인데 이를 경제원칙이라도 한다.

2. 한계적 의사결정

① 합리적 의사결정은 [총(total)]의 관점이 아닌, [한계(marginal)]의 관점에서 이루어져야 한다.

② 즉 합리적 경제주체들은 총편익과 총비용을 비교하는 것이 아니라 한계편익과 한계비용을 비교하여 의사결정을 한다.

참고 한계적 의사결정

철수의 사과 소비에 따른 편익과 비용이 다음 표와 같다. 철수의 합리적인 사과소비량은 몇 개인가?

사과소비량	총편익(총효용)	한계편익	총비용	한계비용(가격)	순편익
1	20	20	10	10	10
2	35	15	20	10	15
3	43	8	30	10	13
4	47	4	40	10	7
5	49	2	50	10	−1
6	50	1	60	10	−10

총편익이 총비용보다 크기만 하면 손해가 아니라는 생각으로 접근한다면, 소비량 4개를 소비하면 총편익이 총비용보다 커서 순편익은 양(+)이지만 5개 이상을 소비하면 총편익보다 총비용이 더 크므로 순편익은 음(−)이므로 최적 소비량은 4개라고 판단하게 된다. 그러나 순편익을 극대화하는 최적 소비량은 4개가 아니라 2개이다.

3. 기회비용

① 합리적 선택을 위해서는 항상 기회비용을 고려해야 한다.

② 기회비용(opportunity cost)이란 선택한 것의 가치를 포기한 것의 가치로 나타낸 것으로서, 어떤 선택을 위해 포기한 것 중 최선의 것(the next alternative)의 가치로 정의된다.

※ 예컨대 시간당 5천원을 받을 수 있는 아르바이트생이 경제학 강의 3시간을 수강하기 위해 수강료(5만원), 교재구입비(1만원), 필기구(2천원)에 각각의 비용을 지출하여야 한다면 경제학 강의를 수강하기 위한 기회비용은 (5천원×3시간)+(5만원)+(1만원)+(2천원)=7만7천원으로 계산되어야 한다.

③ 경제주체는 합리성 가정에 따라 동일한 만족을 준다면 항상 기회비용을 최소화시키는 선택을 한다.

④ 따라서 경제학에 등장하는 모든 "비용"은 특별한 언급이 없어도 모두 기회비용의 개념이다.

≫ 경제학의 비용은 암묵적 비용을 포함하는 기회비용의 개념이므로 명시적 비용만을 고려하는 회계학적 비용과는 상이한 개념이다.

4. 매몰비용

① 매몰비용(sunk cost)이란 이미 지출이 확정되어서 더 이상은 회수가 불가능한 비용을 의미한다.

② 매몰비용은 나의 의사결정의 변화에도 불구하고 더 이상 내 것이 될 수 없으므로 선택을 위해 추가로 포기할 필요가 없는 비용이다. 그러므로 매몰비용은 결코 기회비용이 될 수 없다.

③ 따라서 합리적 선택을 위해서 매몰비용은 고려하지 말아야 한다.

※ 예컨대 1만원을 내고 영화관에 입장한 뒤 영화를 보다가 중간에 급한 일이 생겨 나오더라도 입장료 1만원은 환불해 주지 않는다. 따라서 영화를 계속 보든 아니면 중간에 나오든 1만원의 비용은 회수가 불가능한 매몰비용이므로 일단 영화관에 입장한 뒤에는 1만원의 매몰비용은 결코 고려하지 않아야 한다.

» 매몰비용은 결코 경제학적 비용이 될 수 없다.

참고 기회비용과 매몰비용

예제 기회비용

김 대박씨는 현재 다니는 직장에서 월급으로 200만원을 받고 있다. 그는 직장을 그만두고 아버지 소유의 점포에다 과일가게를 내는 것이 낫겠다는 생각이 들어서 아버지를 설득하였다. 그 점포는 매월 임대료 30만원을 받고 있다. 현재 개업을 준비 중이고, 간판은 100만원 짜리로 맞추었으며 제작 중에 있다. 가게문을 열면 매월 전기료, 전화세, 수도세 등 부대비용으로 매월 20만원이 들어간다고 한다. 이외의 비용은 전혀 발생하지 않는다고 할 때, 매월 매출이 500만원으로 예상된다면 가게를 연 두 번째 달에 가게를 운영하는 기회비용은 얼마인가? 단, 가게를 그만두어도 그 달에는 임대가 나가지 않으며, 과거의 직장은 복귀할 수 없지만 즉시 매 월 100만원의 수입은 벌 수 있는 다른 일이 있다고 가정한다.

기회비용은 포기한 것의 가치로 나타낸 선택한 것의 가치이다. 두 번째 달에 가게를 그만둔다면 매월 100만원의 수입이 생기며 가게운영비 20만원도 절약할 수 있다. 따라서 기회비용은 120만원이다. 이 문제에서 간판제작비 100만원과 임대료 30만원 및 전 직장의 월급 200만원은 선택을 바꾸어도 회수될 수 없다. 이렇게 선택과 무관하게 발생하는 비용이 매몰비용이다. 매몰비용은 기회비용에 포함되지 않으며, 합리적 의사결정시에 결코 고려해서는 안 되는 비용이다.
가게 열기 전의 기회비용=200+30+100+20
두 번째 달의 기회비용=20+100

Ⅲ 기회비용과 생산가능곡선(PPC)

1. 생산가능곡선의 개념 및 도출

① 생산가능곡선(production possibility curve : PPC)이란 한 나라 경제내의 모든 생산요소를 가장 효율적으로 사용하는 경우 최대한으로 생산이 가능한 상품(X, Y)의 조합을 나타내는 곡선을 의미한다.

② 생산가능곡선은 생산의 계약곡선(contract curve)으로부터 도출되며 경제전체의 효율적인 생산점을 나타낸다.

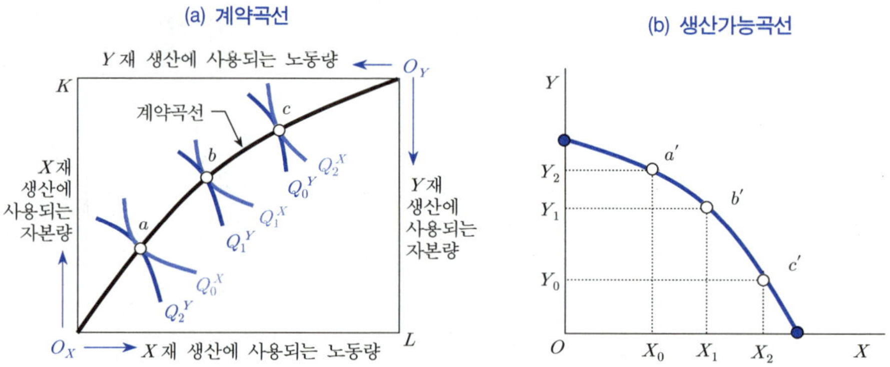

2. 생산가능곡선의 형태

(1) 일반적인 생산가능곡선의 형태

① 일반적인 생산가능곡선은 우하향하면서, 원점에 오목한 형태를 가진다.

※ 다만 예외적으로 원점에 볼록하거나 직선의 형태를 가지기도 한다.

② 생산가능곡선이 우하향의 형태인 이유는 X재 생산을 증가시키기 위해서는 반드시 Y재 생산은 감소시켜야 하기 때문이다.

③ 따라서 우하향의 생산가능곡선(PPC)은 희소성의 법칙을 반영한다.

» 우하향의 PPC=희소성의 법칙

(2) 생산가능곡선(*PPC*) 내부와 외부

① 생산가능곡선 상의 점(A, B, C점)은 경제의 최대한의 생산이 달성되고 있는 효율적인 생산점을 의미한다.

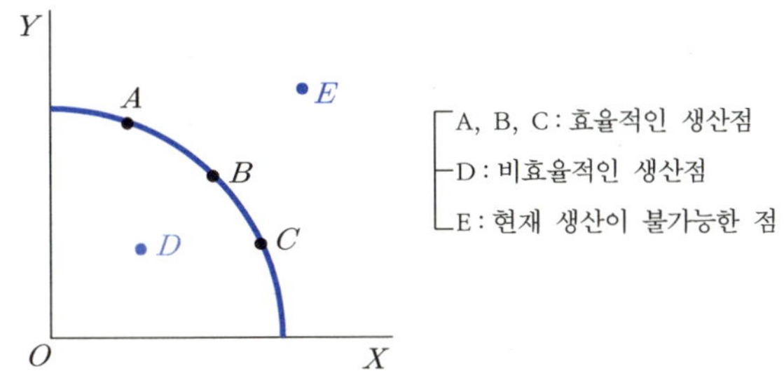

② 생산가능곡선 내부의 점(D점)은 생산이 비효율적으로 이루어지는 점으로서 실업, 유휴생산설비, 시장실패 등이 생산의 비효율성의 원인이 된다.

※ 따라서 실업률 하락, 유휴설비 감소, 시장실패 치유 등이 발생하면 PPC내부(D점)에서 PPC 곡선 상(A,B,C점)으로 경제가 이동하게 된다.

③ 생산가능곡선 외부의 점(E점)은 현재의 생산능력으로는 달성할 수 없는 점으로서, 기술진보나 생산요소의 부존량 증가로 *PPC*가 바깥쪽으로 확장되는 경우에만 도달할 수 있다.

3. 한계변환율(*MRT*)

(1) 개념 및 직관적 의미

① 한계변환율(marginal rate of transformation : MRT)이란 생산가능곡선(*PPC*) 상의 두 점을 연결한 직선의 기울기 혹은 생산가능곡선(*PPC*)의 접선의 기울기를 의미한다.

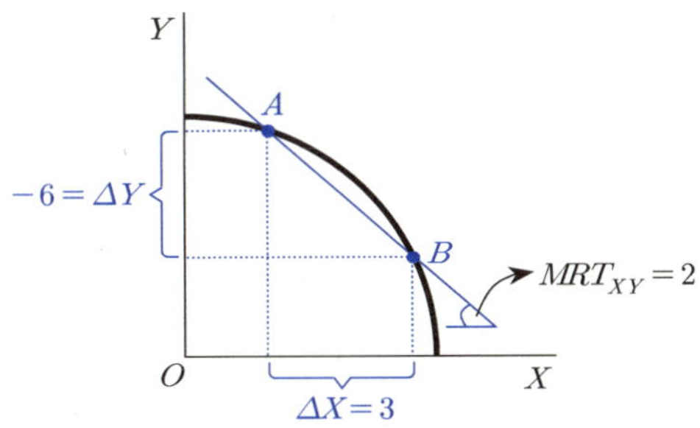

② 따라서 한계변환율(MRT)은 다음과 같이 나타낼 수 있다.

$$MRT_{XY} = PPC\text{의 (접선의) 기울기} = -\frac{\Delta Y}{\Delta X} = \frac{MC_X}{MC_Y}$$

③ 위의 그림에서 경제의 생산점이 A점에서 B점으로 이동함에 따라 X재 생산이 3단위 증가하고, Y재의 생산은 6단위 감소하였으므로 이 나라 경제의 한계변환율은 $MRT_{XY}=2$로 정의된다.

$$MRT_{XY}=-\frac{\Delta Y}{\Delta X}=-\left(\frac{-6}{3}\right)=\frac{2}{1}=2$$

④ 따라서 한계변환율(MRT_{XY})은 X재 생산량을 1단위 증가(선택)시키기 위하여, 감소(포기)시켜야 하는 Y재의 수량을 의미한다.

⑤ 기회비용이란 무엇인가를 선택하기 위해 포기해야하는 것의 가치를 의미하므로 결국 한계변환율(MRT_{XY})은 X재 1단위 생산의 기회비용을 Y재의 수량으로 나타낸 것이다.

⑥ 예를 들어 X재 1단위 추가생산의 한계비용(MC_X)이 200원이고, Y재 1단위 추가생산의 한계비용(MC_Y)이 100원이면 X재 1단위의 생산을 위해서는 Y재 2단위의 생산을 포기해야 하므로 한계변환율은 $MRT_{XY}=2$로 정의된다.

$$\begin{aligned} MRT_{XY} &= PPC\text{의 (접선의) 기울기} \\ &= -\frac{\Delta Y}{\Delta X} \\ &= \frac{MC_X}{MC_Y} \\ &= (Y\text{재로 표시한) }X\text{재 생산의 기회비용} \end{aligned}$$

(2) 기회비용체증의 법칙(MRT 체증의 법칙)

① 일반적인 생산가능곡선은 원점에 대해 오목한 형태이므로 X재 생산을 증가시킴에 따라 X재 생산의 기회비용(한계변환율)이 체증한다.

〈 기회비용체증의 법칙〉

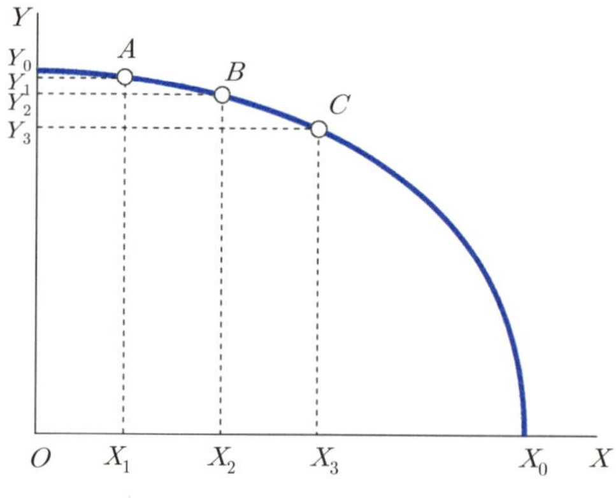

- A점 : OX_1의 기회비용 = Y_0Y_1
- B점 : X_1X_2의 기회비용 = Y_1Y_2
- C점 : X_2X_3의 기회비용 = Y_2Y_3

② 이와 같이 어떤 재화(X재)의 생산량이 증가함에 따라 그 재화(X재)생산의 기회비용이 점차 증가하는 현상을 “기회비용체증의 법칙”이라고 한다.

※ 기회비용체증의 법칙＝MRT체증의 법칙

③ 생산가능곡선이 원점에 오목한 경우 기회비용(MRT)은 체증하나, 생산가능곡선이 우하향의 직선이거나 혹은 원점에 볼록한 경우에는 기회비용은 일정하거나 혹은 체감하게 된다.

(1) 기회비용 체증	(2) 기회비용 일정	(3) 기회비용 체감
일반적인 경우	예외적인 경우	
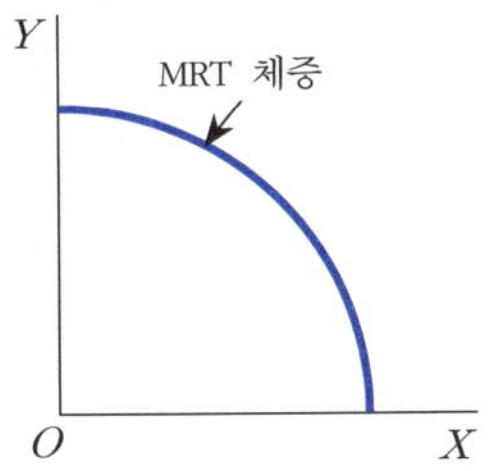	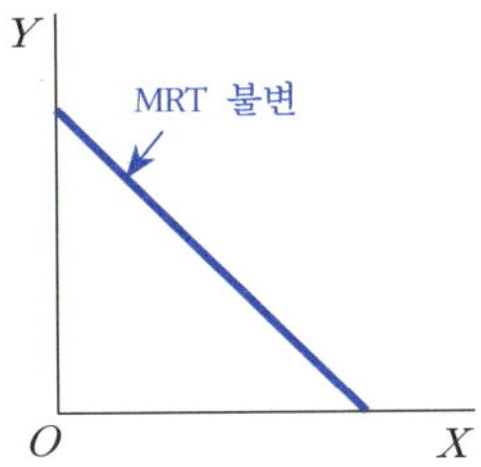	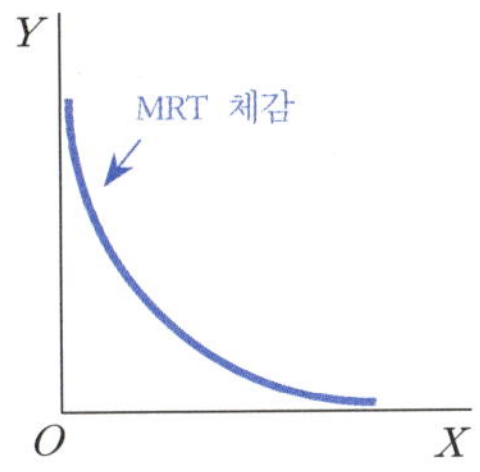

④ 기회비용체증의 법칙은 PPC가 우하향하기 때문이 아니라 원점에 오목하기 때문이다.

» 원점에 오목한 PPC＝기회비용체증의 법칙

4. 생산가능곡선의 확장요인 (바깥쪽 이동요인)

(1) 생산요소의 부존량 증가

생산요소(노동, 자본)의 부존량이 증가하면 생산가능한 재화의 수량도 증가하므로 생산가능곡선이 바깥쪽으로 확장된다.

※ 요소부존량이 증가한다는 것은 사용가능한 요소의 크기가 증가한다는 의미일 뿐, 실제로 사용하고 있는 요소의 크기가 증가한다는 의미는 아님에 주의하라.

노동 부존량의 양적 증가	인구증가, 경제활동참가율의 상승, 해외노동의 국내유입 등
노동의 질적 개선	교육제도의 개선, 전문적 직업훈련시스템 도입 등
자본 부존량의 증가	자본축적, 새로운 천연자원 발견, 해외자본의 국내유입 등

(2) 기술진보

① 요소부존량이 일정하더라도 요소의 생산성을 향상시키는 기술진보가 발생하면 생산가능한 재화의 수량이 증가하므로 생산가능곡선이 바깥쪽으로 확장된다.

② 이 경우 기술진보의 유형에 따라 생산가능곡선의 이동양상은 다르게 나타난다.

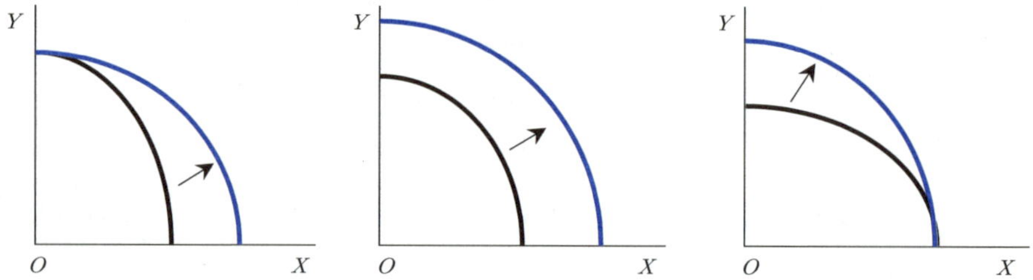

(a) X재 생산의 기술진보 — 〈X재 생산에 있어서만 기술진보가 발생하는 경우〉

(b) X재와 Y재 생산의 기술진보 — 〈X재와 Y재 생산 모두에 기술진보가 발생하는 경우〉

(c) Y재 생산의 기술진보 — 〈Y재 생산에 있어서만 기술진보가 발생하는 경우〉

※ X재 생산에만 기술진보가 발생하는 경우 X재 생산의 기회비용은 감소하나, Y재 생산의 기회비용은 증가한다.

예 제 경제학의 기본개념

경제학적 기본개념에 대한 다음 설명 중 옳은 것은 몇 개인가?

(a) 경제문제의 발생원인은 희소성의 법칙 때문이며, 희소성의 법칙이란 인간의 욕망은 무한한 반면 경제적 자원은 절대적으로 희소함을 의미한다.
(b) 한국의 한계변환율(MRT_{XY})이 미국보다 큰 경우, 양국이 무역을 개시하면 한국은 미국에 X재를 수출하고 미국은 한국에 Y재를 수출하게 될 것이다.
(c) 한국의 교육수준 향상, 외국인 노동자의 국내유입 증가, 한국의 실업률 하락은 한국의 생산가능곡선(PPC)의 바깥쪽 이동요인이다.
(d) 한국에서 X재 산업의 기술이 진보하면 X재와 Y재 생산의 기회비용은 모두 감소하며 생산가능곡선(PPC)은 바깥쪽으로 이동한다.
(e) 결혼이나 범죄행위도 경제행위이다.

옳은 것 : (e)
(a) 희소성의 법칙이란 인간의 욕망은 무한한 반면 경제적 자원은 상대적으로 희소함을 의미한다. 경제학에서 중요한 것은 절대적 개념이 아니라 상대적 개념이다.
(b) 한국의 한계변환율(MRT_{XY})이 미국보다 크다면 한국의 X재 생산의 기회비용이 미국보다 상대적으로 크고 한국의 Y재 생산의 기회비용은 미국보다 상대적으로 작으므로 한국은 미국에 Y재를 수출하고 미국은 한국에 X재를 수출하게 될 것이다.
(c) 한국의 교육수준 향상, 외국인 노동자의 국내유입 증가는 한국의 생산가능곡선(PPC)의 바깥쪽 이동요인이고, 한국의 실업률 하락은 생산가능곡선(PPC) 내부에서 생산가능곡선(PPC) 상으로의 이동요인이다.
(d) X재 산업의 기술이 진보하면 X재 생산의 기회비용은 감소하나 Y재 생산의 기회비용은 증가한다.
(e) 결혼이나 데이트(date), 범죄행위도 시간·비용 등의 일정한 기회비용을 수반한 효용극대화 행위이므로 경제행위이다.

Ⅳ 경제체제와 경제문제의 해결

1. P. A. Samuelson의 3대 경제문제

① 희소성의 법칙으로 인해 모든 욕망을 충족시킬 수 없다는 것은 개인적 차원의 문제일 뿐 아니라 공동체 차원의 문제이기도 하다.

② 공동체에서 발생하는 선택의 문제를 사무엘슨(P.A. Samuelson)은 3대 경제문제라 하여 다음과 같이 정리하였다.

※ P.A. Samuelson의 3대 경제문제

(1) what : 무엇을 얼마나 생산할 것인가? **(생산물의 종류와 양)**
희소성의 법칙 아래에서 어떤 상품을 생산한다는 것은 곧 다른 어떤 상품을 생산하지 못하게 된다는 의미이므로 주어진 여건에서 어떤 재화를 얼마나 만들어야 하는지를 결정해야 한다.

(2) how : 어떻게 생산할 것인가? **(생산방법)**
상품을 생산하는 방법도 여러 가지가 있을 수 있다.
어떤 자원을 사용하여 어떤 기술을 써서 상품을 만드는지에 따라 소비가능한 상품의 양이 달라질 수 있으므로 생산방법에 대해 결정하여야 한다.

(3) for whom : 누구를 위하여 생산할 것인가? **(생산물의 분배)**
생산된 상품은 소비되면서 인간의 물질적 욕망을 충족시켜주게 되는데, 이 때 생산된 상품을 누가 소비할 것인지가 문제된다.

③ 앞의 두 문제(what, how)는 효율성과 관련된 문제라 할 수 있고, 누구를 위하여 생산할 것인가(for whom)는 공평성과 관련된 문제라 할 수 있다.

2. 경제체제와 경제문제의 해결

(1) 자본주의와 사회주의

① 경제문제의 해결방법은 사회의 경제체제에 따라 달라지는데, 자본주의에서는 시장가격기구에 의한 해결을 가정하고 사회주의에서는 국가중앙계획기구에 의한 해결을 가정한다.

② 별도의 언급이 없는 한 주류경제학에서는 자본주의 시장가격기구에 의한 경제문제 해결을 가정하여 이론을 전개한다.

구분	자본주의 경제체제	사회주의 경제체제
자원배분의 원리 생산수단의 소유형태	**시장가격기구** "보이지 않는 손" **사유**(私的 所有)	**국가의 중앙계획기구** **공유**(社會的 所有)
추구하는 기본가치 경제운영의 주체 기업의 목표	자유(경쟁), 효율 개별경제주체 이윤극대화 등 이윤추구	형평(평등) 중앙계획당국 생산량 목표 달성
장점	효율적인 자원배분 개인자유의 창달 시장가격기구의 유연성	부와 소득의 불평등 완화 경기변동의 부재
단점	부와 소득의 불평등 경기변동의 존재 자연파괴 및 인간소외 사익과 공익의 괴리	비효율적인 자원배분 개인자유의 제약 계획의 경직성 독재정치 불가피

(2) 혼합경제체제

① 시장경제의 원리와 계획경제의 원리가 혼합되어 있는 경제체제를 말한다.

② 정도의 차이는 있으나 오늘날 거의 대부분의 국가는 혼합경제체제를 채택하고 있다.

참고 사회주의와 공산주의

마르크스(K. Marx)와 앵겔스(F. Engels)는 이전의 여러 종류의 사회주의 사상과 구별하려고 자신들의 사회주의 사상을 공산주의라 하였다. 레닌(V. Lenin)은 낮은 발전단계의 공산주의를 사회주의, 높은 발전단계의 공산주의를 공산주의라고 나누었다.
러시아혁명 후 사회주의는 소련, 동유럽, 아시아를 중심으로 한 혁명주의적 사회주의와 서유럽을 중심으로 한 개량주의적 사회주의로 나누어지는데 전자를 공산주의, 후자를 사회주의로 부르기도 한다. 사회주의를 넓은 의미로 정의할 때는 공산주의와 사회주의를 모두 말한다.

제2장 경제이론

Ⅰ 경제이론

1. 경제이론

① 경제이론(economic theory)이란 복잡하고 다양한 경제현상을 추상화(abstraction)하고 단순화(simplification)하여 보편적이고 본질적인 법칙성을 찾아낸 후 여러 가지 경제변수들 간의 상관관계를 체계화한 것을 의미한다.

② 경제이론을 통해 현실의 경제현상을 이해하고 미래의 경제현상을 예측할 수 있게 된다.

※ 좋은 경제이론이란 현실을 잘 설명하고 미래를 잘 예측하는 이론이라고 할 수 있다.

2. 경제이론의 정립과정

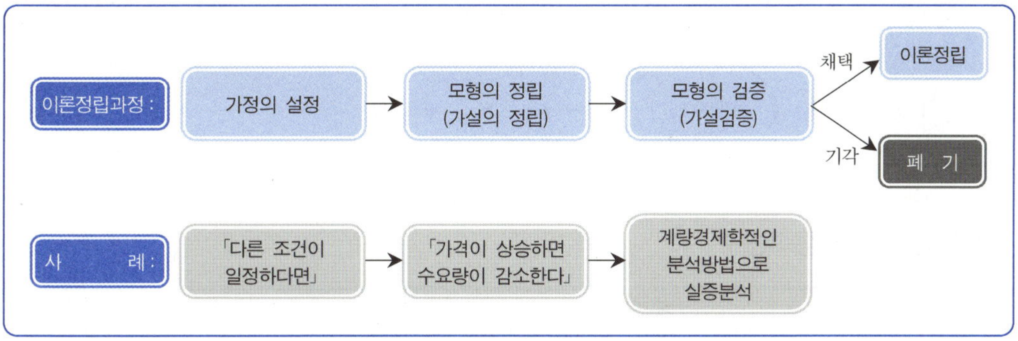

① 경제이론은 [가정설정→경제모형정립→모형검증]의 3단계를 통해 정립된다.

② 가정을 설정할 때는 (a)합리성의 가정(모든 경제주체는 합리적 의사결정을 한다)과 (b) Ceteris Paribus(다른 요인들은 일정불변이다)의 가정이 기본적으로 이루어진다.

③ 경제모형의 정립은 외생변수(원인)가 주어질 때 내생변수(결과)가 결정되는 형태로 구성된다.

④ 모형의 검증은 현실의 여러 통계를 분석하여 경제모형이 경제현실(실증data)와 일치하는가를 검사하는 것으로, 검증결과 타당성이 확인되면 경제이론으로 확립되어 경제학을 구성하게 된다.

※ 타당성이 확인된 경제모형이라도 시간과 장소가 달라지면 더 이상 타당하지 않을 수도 있다.

3. 경제이론 정립과정의 오류

경제학자들이 경제이론을 정립하는 과정에서 발생하기 쉬운 대표적인 오류에 구성의 오류와 인과의 오류가 있다.

구 분	내 용	특 징	사 례
구성의 오류	부분적으로만 옳은 명제를 전체적으로도 옳은 명제라고 단정하는 경우	연역법 활용 시 주로 발생	• 가수요 • 절약의 역설
인과의 오류	단순한 시간적 선후관계를 인과관계(원인과 결과)라고 착각하는 경우	귀납법 활용 시 주로 발생	• 오비이락(烏飛梨落)의 속담

4. 경제이론의 변수(경제변수)

(1) 외생변수와 내생변수

구 분	외생변수	내생변수
개 념	경제모형의 외부에서 사전적으로 주어지는 변수	경제모형의 내부에서 상호작용을 통해 결정되는 변수
사 례	• 정책변수(통화량, 정부지출 등) • 자연조건(기후, 강수량 등)	• 독립변수 • 종속변수
의 미	외생변수 → 경제모형 → 내생변수	

(2) 독립변수와 종속변수

구 분	독립변수	종속변수
개 념	경제모형에서 영향을 주는 원인변수	경제모형에서 영향을 받는 결과변수
사 례	• 수요함수에서 가격, 소득 등	• 수요함수에서 수요량(수요)
의 미	종속변수(결과) ← $Q^D = f(P)$ → 독립변수(원인) P가 Q^D를 결정함!	

(3) 유량과 저량

구 분	유량(flow)	저량(stock)
개 념	일정기간동안 측정되는 변수	특정시점에 측정되는 변수
사 례	• 수요, 공급, 소득, 투자, 수출, 수입, 국제수지, 저축 등	• 자산(富), 통화량, 인구, 외채, 국부, 외환보유고, 물가, 환율, 주가 등

※ 저량의 변화분(변화율)이 유량이 되는 경우가 많다.

5. 경제이론의 표현방법

동일한 경제이론이라도 경제학에서는 여러 가지 방법으로 표현할 수 있다.

서술적 표현방법	수식에 의한 표현방법	그림을 통한 표현방법
"가격이 상승하면 그 재화의 수요량은 감소한다."	$Q^D = f(P), \ \left(\frac{dQ^D}{dP} < 0\right)$	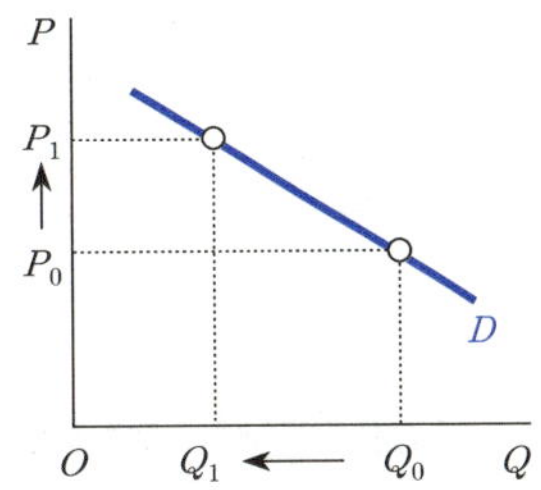

Ⅱ 경제이론의 구분

1. 미시경제학과 거시경제학

구 분	내 용	주요 분석대상
미시경제학	개별경제주체의 최적화 행위를 분석	• 소비자의 효용극대화 행위 • 생산자의 이윤극대화 행위 • 정부의 사회후생극대화 행위
거시경제학	경제전체의 변수와 경제현상을 분석	• 국민소득, 물가, 실업, 인플레이션, 정부정책, 경기변동, 경제성장 등

2. 실증경제학과 규범경제학

구 분	내 용	사 례
실증경제학	가치판단의 개입 없이 객관적 인과관계만을 분석하는 분야(~이다)	• 통화량이 증가하면 물가가 상승한다. • 이자율이 상승하면 저축이 증가한다.
규범경제학	주관적인 가치판단을 근거로 바람직한 경제상태를 설정하고 개선방법을 모색하는 분야(~이어야 한다)	• 물가안정을 위해서는 통화량을 줄여야 한다. • 저축을 늘리기 위해서는 이자율을 인상시켜야 한다.

3. 경제사, 경제이론, 경제정책론

구 분	내 용
경제사	과거의 경제현상과 자료를 이용하여 경제의 원리와 법칙을 분석하는 분야
경제이론	경제현상 간에 존재하는 경제법칙을 규명하고 이를 이용하여 현실의 경제현상을 설명하고 미래의 경제를 예측하는 분야
경제정책론	현실의 경제문제를 해결하고 보다 바람직한 경제상태를 달성하기 위한 정책을 연구하는 분야

Ⅲ 경제학의 분석방법

1. 정태분석과 동태분석

구분	내 용
정태분석	① 시간의 변화에 따른 경제변수들의 변화를 고려하지 않음 ② 여건이 일정불변한 일정시점(또는 일정기간)의 균형상태를 분석하거나, 또는 여건변화 이전의 원래의 균형상태와 여건변화 이후의 새로운 균형상태를 비교 분석하는 것 (**비교정태분석**)
동태분석	① 시간의 변화에 따른 경제변수들의 변화를 고려 ② 여건변화 이전의 원래의 균형상태로부터 여건변화 이후의 새로운 균형상태로 옮겨가는 과정에 대해 분석하는 것
비교	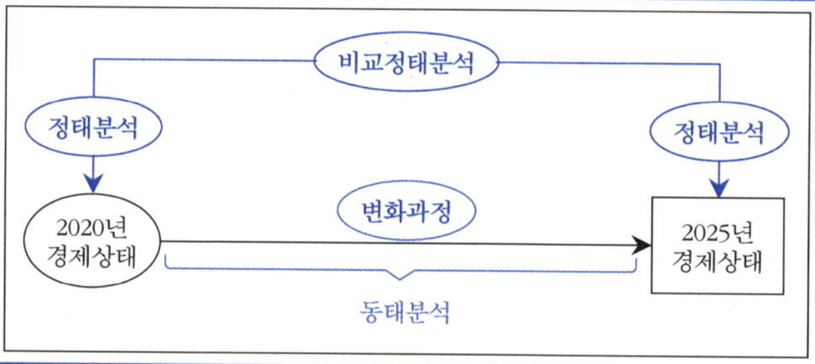

2. 부분균형분석과 일반균형분석

구분	내 용
부분균형분석	① 다른 경제 여건들은 일정하다는 가정 아래서 분석 ② 개별시장의 분석에 이용 ③ 분석이 간편하지만, 다양한 변수간의 상호작용을 고려하지 못하므로 분석결과에 대한 신뢰도가 낮음
일반균형분석	① 모든 경제주체와 시장들 사이의 상호의존관계를 함께 분석 ② 경제전체의 분석에 이용 ③ 모든 변수를 동시에 고려하나 분석이 복잡하다는 것이 단점

02

수요와 공급

TAX

제3장 수요와 공급

I 시장과 가격

1. 시장

(1) 시장의 개념

① 시장에서는 수요곡선(소비자)과 공급곡선(생산자)이 일치하여 결정되는 균형을 통해 균형가격과 균형거래량이 결정된다.

② 일반적으로 시장(market)이란 재화와 서비스가 거래되는 구체적인 장소를 의미하나, 경제학적 의미의 시장은 특정장소라기보다는 추상적인 거래 메커니즘을 포괄적으로 부르는 표현이다. (주식시장, 결혼시장, 노동시장, 외환시장 등)

③ 시장에서 결정된 가격은 경제문제 해결과 자원배분 결정에 있어 핵심적인 역할을 담당한다.

(2) 시장의 구분

① 시장은 거래되는 대상에 따라 생산물이 거래되는 생산물시장과 생산요소가 거래되는 생산요소시장(노동시장, 자본시장)으로 나눌 수도 있고,

② 기업 간 경쟁의 정도에 따라 완전경쟁시장과 불완전경쟁시장(독점, 과점, 독점적경쟁)으로 나눌 수도 있다.

③ 특별한 언급이 없는 한 경제학에서는 완전경쟁시장을 가정한다.

2. 가격

(1) 가격의 기능

① 생산활동 및 소비활동의 지표

② 자원의 배분

③ 소득의 분배

④ 정보의 전달

⑤ 매개변수적 기능

(2) 가격의 종류

구분	내용
절대가격	① 재화 1단위와 교환되는 화폐액 ② 일반적으로 가격이라고 하면 절대가격을 의미 예) $P_X = 100$원, $P_Y = 200$원
상대가격	① 두 재화의 교환비율 ② 경제학에서 중요한 것은 절대가격이 아니라 상대가격임 예) $\frac{P_X}{P_Y} = \frac{100원}{200원} = \frac{1}{2} = \frac{\Delta Y}{\Delta X} = X$재의 상대가격
잠재가격	① 재화의 기회비용을 반영한 가격 ② 경제계획을 수립하는데 중요한 자료가 됨 ③ 완전경쟁시장의 경우에는 시장가격이 잠재가격과 일치함
계산가격	① 국가중앙계획기구가 경제계획을 수립할 때 자원배분을 위하여 인위적으로 계산한 가격 ② 주로 잠재가격을 기준으로 계산

Ⅱ 수요

1. 수요의 개념과 특징

(1) 수요의 개념

수요(demand)란 일정기간 동안 주어진 가격수준에서 소비자들이 재화나 서비스를 구매하고자 하는 욕구(계획)를 의미한다.

(2) 수요의 개념적 특징

① 수요는 일정기간 동안 측정되는 변수이므로 유량(flow) 개념이다.

② 수요는 사전적(ex ante) 개념으로서 소비자가 구입하고자 의도한 수량을 나타내는 것이지 사후적인 소비량을 나타내는 것이 아니다.

③ 수요란 구매력을 갖추지 않은 상태에서 단순한 욕망을 표현한 것이 아니라, 실제 구매 능력을 가진 소비자의 구매욕구이다.

④ 따라서 가격요건이 충족된다면 소비자는 실제로 구매행위를 실행하게 되고, 이런 의미에서 구매력(능력, 소득)을 갖춘 수요를 유효수요(effective demand)라고도 한다.

2. 수요함수

① 수요함수란 특정 재화에 대한 수요량과 그 재화의 수요량에 영향을 미치는 요인들 간의 관계를 함수형태로 나타낸 것을 말한다.

② X재의 수요량을 Q_X^D라 하면 수요함수는 다음과 같다.

$$Q_X^D = f(P_X,\ M,\ P_R,\ P^e,\ \text{광고, 인구수, 소득분포, } \cdots)$$

(P_X : X재 가격, M : 소득, P_R : 관련재화의 가격, P^e : 미래예상가격)

③ 이 때 재화의 수요량에 가장 큰 영향을 미치는 것이 가격이므로 X재 가격 이외의 다른 요인들은 모두 불변이라 가정하고(ceteris paribus) 주어진 가격수준에 대해서만 수요량을 살펴보는 부분균형분석을 이용하면, 재화 X에 대한 수요함수는 다음과 같이 나타낼 수 있다.

$$Q_X^D = f(P_X)$$

3. 수요의 법칙과 우하향의 수요곡선

(1) 수요의 법칙

① 수요의 법칙(law of demand)이란 다른 조건이 일정할 때 가격이 상승하면 수요량이 감소하고, 가격이 하락하면 수요량이 증가하는 것을 말한다.

② 즉, 가격과 수요량 사이에는 역(−)의 관계가 존재하는데, 이는 다음과 같이 수요함수에서 기울기가 음수$\left(\dfrac{\Delta Q_X}{\Delta P_X} < 0\right)$인 것으로 표현된다.

$$Q_X^D = f(P_X) \quad \left(\text{단, } \frac{\Delta Q_X^D}{\Delta P_X} < 0\right)$$

③ 수요의 법칙이 발생하는 이유는 소득효과와 대체효과 때문인데, 자세한 내용은 소비자 이론에서 다루게 된다.

(2) 수요곡선

① 수요곡선(demand curve)은 가격과 수요량의 관계를 그래프로 나타낸 것을 말하며, 수요의 법칙에 따라 수요곡선은 음(−)의 기울기, 즉 우하향하는 형태이다.

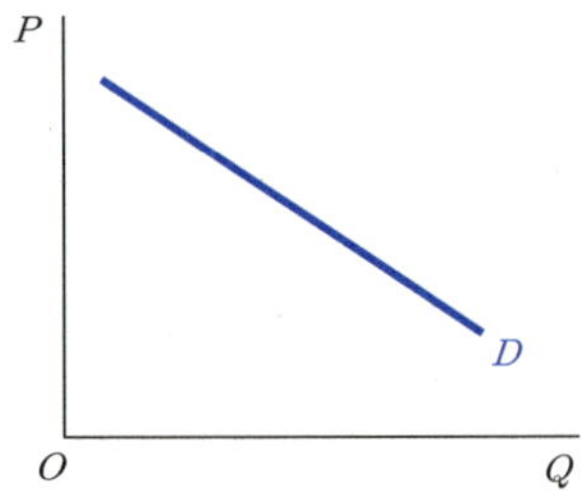

② 세로축(P)을 중심으로 보았을 때 수요곡선은 주어진 가격수준에서 소비자가 소비하고자 하는 최대한의 수량을 보여준다.

수요곡선의 수평거리=소비할 용의 있는 최대수량

③ 가로축(Q)을 중심으로 보았을 때 수요곡선은 주어진 수량에서 소비자가 지불하고자 하는 최대한의 금액을 보여주는데 이는 재화의 추가소비에 따른 만족의 크기인 한계편익(Marginal Benefit : MB)을 나타낸다.

수요곡선의 수직거리=지불할 용의 있는 최대금액=한계편익(MB)

※ 수요곡선의 해석

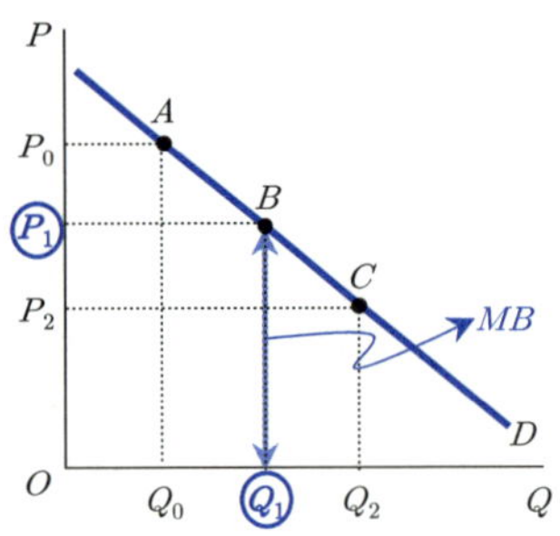

1. P_1의 가격하에서 최대한 소비할 용의가 있는 수량은 Q_1이다.
2. Q_1의 수요량 하에서 최대한 지불할 용의가 있는 금액은 P_1이다.
3. 수요곡선의 수직거리
   =추가소비에 따른 편익의 증가분
   =한계편익(MB)
   =소비자가 지불할 용의 있는 최대금액
   =수요가격(demand price)

(3) 수요의 법칙의 예외

기펜재(Giffen goods)	베블렌효과(Veblen effect)
① 기펜재는 영국의 경제학자 기펜(R. Giffen)이 19세기 아일랜드에서 발견한 현상이다. (당시 감자가격이 상승하여 실질소득이 감소하자 고기의 소비는 감소하고 주식인 감자의 소비가 증가하였다.) ② 기펜재는 열등재 중에서 소득효과가 대체효과보다 큰 경우에 발생한다. ③ 기펜재의 경우 가격이 하락(상승)하면 그 상품의 수요량이 감소(증가)하므로 수요곡선은 우상향의 형태가 된다.	① 미국의 경제학자인 베블렌이 자신의 저서 '유한계급론'에서 재산의 많고 적음이 성공을 가늠하는 척도가 되는 황금만능주의 사회의 현실을 비판하면서 사용한 용어이다. ② 베블렌 효과는 주위 사람들에게 자신의 부를 과시하기 위하여 가격이 상승할수록 더 많은 양을 구입하는 사람들의 소비 심리를 표현하는 말이다. ③ 베블렌 효과가 발생하면 가격이 상승할수록 구입량이 증가하므로 수요곡선은 우상향의 형태가 된다.

4. 개별수요곡선과 시장수요곡선

(1) 개별수요함수와 시장수요함수

① 주어진 가격에 대한 개인의 수요량을 나타낸 것을 개별수요함수라 하고, 주어진 가격에 대해 각 개인의 수요량을 모두 합한 것을 시장수요함수라 한다.

② 시장수요량이 개별수요량의 합이므로, 시장수요곡선은 개별수요곡선의 수평합이 된다.

- 사용재가 아닌 공공재의 경우에는 공공재 소비의 비경합성으로 인해 시장수요곡선은 개별수요곡선의 수직의 합으로 도출된다.

③ 수평적 합이란 각각의 가격수준에서 모든 소비자의 개별수요량(Q)을 합하는 것을 의미한다.

④ 따라서 시장수요곡선은 우하향하면서 개별수요곡선보다 완만한 형태이다.

(2) 그래프와 수식의 도출

① 세로축 절편이 동일한 경우

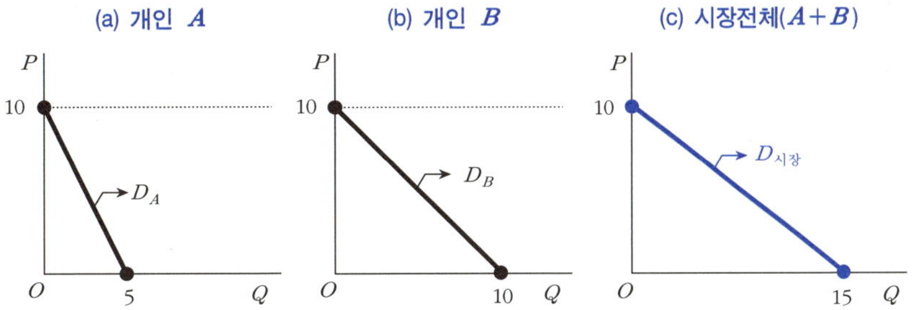

$Q^A = 5 - \frac{1}{2}P$이고 $Q^B = 10 - P$ 이므로 시장전체의 수요함수는 $Q^{시장} = Q^A + Q^B = 15 - \frac{3}{2}P$ 이다.

② 세로축 절편이 상이한 경우

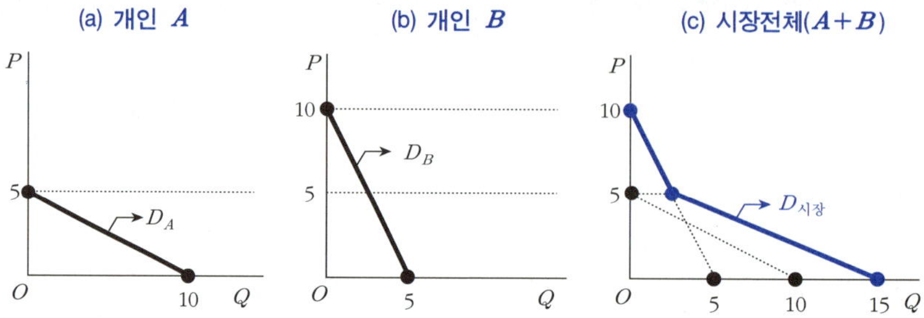

$Q^A = 10 - 2P$이고 $Q^B = 5 - \frac{1}{2}P$ 이므로 가격에 따라 시장전체의 수요함수는 상이하게 나타난다.

(a) $5 < P \leq 10$인 경우, $Q^{시장} = Q^B = 5 - \frac{1}{2}P$이고,

(b) $P \leq 5$인 경우, $Q^{시장} = Q^A + Q^B = 15 - \frac{5}{2}P$이다.

예제

(1) 어떤 재화에 대한 수요함수가 $P = 100 - 2Q$라 한다. 만약 소비자 수가 두 배로 증가한다면 시장수요함수는 어떻게 되는가?

(2) 시장에 수요자가 A와 B 두 명이 존재한다. A의 수요함수는 $P = 100 - Q$이고, B의 수요함수는 $P = 200 - 2Q$라고 한다면 시장수요함수는 어떻게 되는가?

(1) 주어진 가격에 대한 수요량은 $q = -\frac{1}{2}P + 50$이다.

시장수요함수는 개별수요량의 합이므로 $Q = 2q = 2(-\frac{1}{2}q + 50)$이다.

따라서 시장수요함수는 $Q = -P + 100$ 또는 $P = 100 - Q$ 이다.

(2) 주어진 가격에 대한 개별 수요량은 $q^A = 100 - P\ (P \leq 100)$, $q^B = 100 - \frac{1}{2}P\ (P \leq 200)$이다. 시장수요곡선은 개별수요의 수평의 합이며 , 가격과 수량이 모두 양수 범위이다. 따라서 시장수요함수는 가격(P)에 따라 다음과 같이 상이하게 도출된다.

(i) $100 < P \leq 200$인 경우, $Q = q^B = 100 - \frac{1}{2}P$

(ii) $0 \leq P \leq 100$ 인 경우, $Q = q^A + q^B = 200 - \frac{3}{2}P$

5. 수요량의 변화와 수요의 변화

(1) 수요량과 수요의 비교

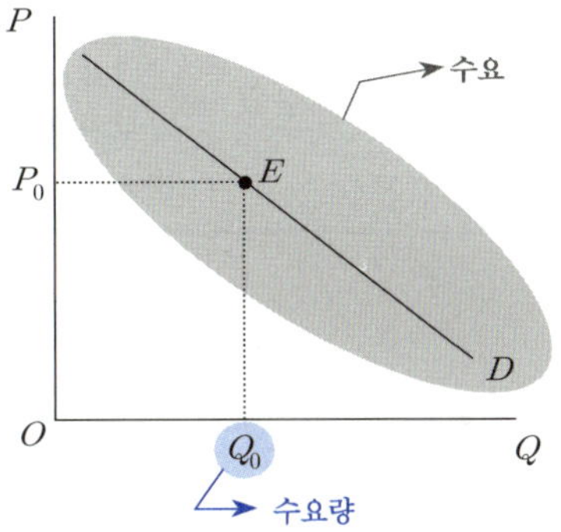

① 수요는 수요곡선 전체를 의미하고, 수요량은 수요곡선 상의 한 점을 의미한다고 할 수 있다.

② 즉, 각각의 모든 가격수준에 대한 소비자의 전체적인 소비계획(욕구)이 수요라면, 주어진 특정의 가격수준에서 구체적인 소비량을 수요량이라고 구분할 수 있다.

(2) 수요량의 변화

① 수요량의 변화란 다른 모든 조건은 일정하고 해당 재화의 가격변화에 의해서만 수요량이 변화하는 것을 의미한다.

② 수요곡선이 가격과 수요량의 관계를 나타내는 것이므로 수요량 변화는 수요곡선 선상의 이동으로 나타난다.

③ 수요의 법칙에 의하면 가격이 하락하면 수요량은 증가한다.

(3) 수요의 변화

① 수요 변화란 가격 이외의 요인이 변화할 때 수요자의 구매욕구량이 변화하는 것을 말한다.

② 수요곡선은 가격 이외의 요인들은 모두 일정불변이라고 가정한 것이므로, 가격 이외의 요인들(소득, 관련재의 가격 등)이 변화하면 수요곡선 자체가 이동하게 된다.

(4) 수요량의 변화와 수요의 변화

수요량의 변화	수요의 변화
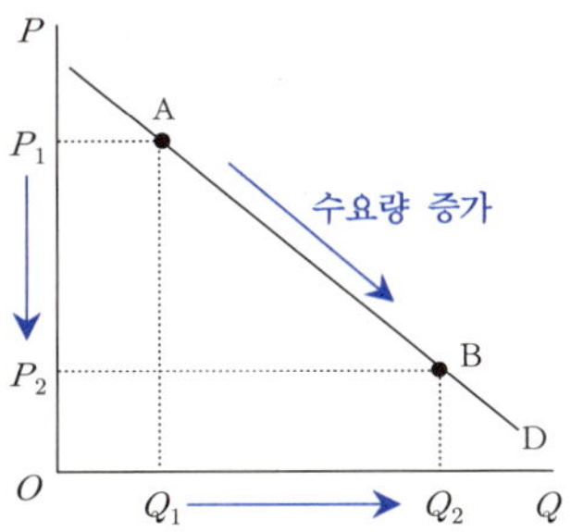	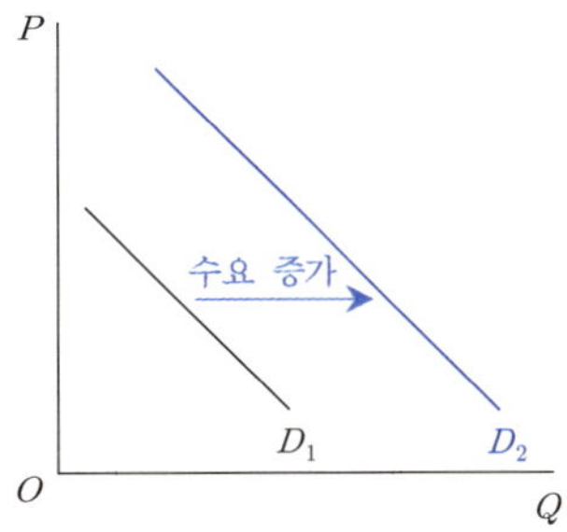

1. 수요곡선 상의 이동=수요량의 변화 2. **가격(P)**의 변화 → 수요량의 변화 3. P상승 → 수요량 감소 P하락 → 수요량 증가	1. 수요곡선 자체의 이동=수요의 변화 2. **가격(P)** 외의 요인 변화 → 수요의 변화 (M, P_R, P^e,…) 3. 소득(M) 증가 → 정상재의 수요 증가 / 열등재의 수요 감소 관련재의 가격(P_R) 상승 → 대체재의 수요 증가 / 보완재의 수요 감소 미래예상가격(P^e) 상승 → 현재의 수요 증가

(5) 수요변화요인

원인	수요변화		수요곡선의 이동
소득증가	정상재	수요증가	우측이동
	열등재	수요감소	좌측이동
관련재의 가격상승	대체재	수요증가	우측이동
	보완재	수요감소	좌측이동
가격상승 예상	수요증가		우측이동
인구(소비자 수) 증가	수요증가		우측이동
소득분배 개선	수요증가		우측이동
광고 증가	수요증가		우측이동

1) 소득(M)

① 소득이 증가할 때 수요가 증가하는 재화를 정상재(normal goods), 수요가 감소하는 재화를 열등재(inferior goods)라 한다.

② 예컨대, 소득이 증가함에 따라 쇠고기 소비가 증가하고, 라면 소비가 감소한다면 쇠고기는 정상재, 라면은 열등재라 할 수 있다.

③ 소득이 증가하면 정상재의 경우 수요곡선은 우측으로 이동하고, 열등재는 좌측으로 이동한다.

2) 다른 재화의 가격(P_R)

① 다른 재화의 가격이 상승할 때 수요가 증가하는 재화를 대체재(substitute goods)라 하고, 수요가 감소하는 재화를 보완재(complement goods)라 하고, 영향을 받지 않으면 독립재(independent goods)라 한다.

② 대체재는 콜라와 사이다처럼 주로 비슷한 만족을 주는 재화로서 콜라 가격이 상승하면 콜라 수요가 감소하면서 사이다 수요가 증가하게 된다.

③ 반면 보완재는 콜라와 피자처럼 함께 사용하면 만족이 더욱 증대되는 재화로서 피자 가격이 상승하면 피자수요가 감소하면서 콜라 수요도 감소하게 된다.

④ 따라서 다른 재화의 가격이 상승할 때 대체재의 경우 수요곡선은 우측으로 이동하고, 보완재의 경우 좌측으로 이동하며, 독립재의 경우 수요곡선은 이동하지 않는다.

3) 가격 상승 예상(P^e)

① 해당 재화의 가격이 앞으로 상승할 것이라 예상되면 미리 대량으로 구입하게 되는데 이를 가수요라 한다.

② 예컨대 라면 가격 상승이 예상되면 당장 필요가 없으면서도 미리 라면을 사두게 되는데, 이는 물가상승을 가속화시키는 원인이 되기도 한다.

③ 가수요가 발생하면 수요곡선은 우측으로 이동한다.

4) 인구의 변화

인구가 증가하여 소비자 수가 증가하면 수요가 증가하여 수요곡선이 오른쪽으로 이동한다.

5) 소비자의 기호 변화

특정 재화에 대한 소비자의 선호가 증가하면 그 재화에 대한 수요가 증가하여 수요곡선이 오른쪽으로 이동한다.

6) 효율적인 광고의 증가

광고가 증가하여 특정 재화에 대한 호감도가 상승하면 수요가 증가하고 수요곡선이 오른쪽으로 이동한다.

7) 소득분배의 개선(평등화)

소득분배가 개선되면 고소득층의 수요감소폭 보다 저소득층의 수요증가폭이 더 크므로 경제전체의 수요는 증가한다. 따라서 수요곡선은 오른쪽으로 이동한다.

참고 소비의 외부성(외부효과)

1. 편승효과(추종효과, bandwagon effect)
   ① 주변 사람들의 소비량이 증가할수록 또 다른 개인의 소비량도 증가하는 효과
   ② 편승효과가 발생하면 수요곡선은 보다 완만한 형태로 도출된다.

2. 속물효과(白鷺효과, snob effect)
   ① 주변 사람들의 소비량이 증가할수록 또 다른 개인의 소비량은 감소하는 효과
   ② 속물효과가 발생하면 수요곡선은 보다 가파른 형태로 도출된다.

Ⅲ 공급

1. 공급의 개념과 특징

(1) 공급의 개념

공급(supply)이란 일정기간 동안 주어진 가격수준에서 생산자들이 재화나 서비스를 판매하고자 하는 욕구(계획)를 의미한다.

(2) 공급의 개념적 특징

① 수요와 마찬가지로 공급도 일정기간 동안 측정되는 변수이므로 유량(flow) 개념이다.

② 공급도 사전적(ex ante) 개념으로서 생산자가 판매하고자 의도한 수량을 나타내는 것이지 사후적인 판매량을 나타내는 것이 아니다.

③ 공급도 단순한 욕망을 표현한 것이 아니라, 실제 생산능력이 뒷받침된 개념이다.

2. 공급함수

① 공급함수란 특정 재화에 대한 공급과 그 재화의 공급에 영향을 미치는 요인들 간의 관계를 함수형태로 나타낸 것을 말한다.

② X재의 공급량을 Q_X^S라 하면 공급함수는 다음과 같다.

$$Q_X^S = f(P_X,\ P_R,\ P^e,\ \text{요소가격},\ \text{경기전망},\ \text{기업목표},\ \cdots)$$

(P_X : X재 가격, P_R : 관련재화의 가격, P^e : 미래예상가격)

③ 이 때 재화의 공급량에 가장 큰 영향을 미치는 것이 가격이므로 X재 가격 이외의 다른 요인들은 모두 불변이라 가정하고(ceteris paribus) 주어진 가격수준에 대해서만 공급량을 살펴보는 부분균형분석을 이용하면, 재화 X에 대한 공급함수는 다음과 같이 나타낼 수 있다.

$$Q_X^S = f(P_X)$$

3. 공급의 법칙과 우상향의 공급곡선

(1) 공급의 법칙

① 공급의 법칙(law of supply)이란 다른 조건이 일정할 때 가격이 상승하면 공급량이 증가하고, 가격이 하락하면 공급량이 감소하는 것을 말한다.

② 즉, 가격과 공급량 사이에는 정(+)의 관계가 존재하는데, 이는 다음과 같이 공급함수에서 기울기가 양수$\left(\dfrac{\Delta Q_X^S}{\Delta P_X} > 0\right)$인 것으로 표현된다.

$$Q_X^S = f(P_X),\ \left(\text{단, } \frac{\Delta Q_X^S}{\Delta P_X} > 0\right)$$

③ 공급의 법칙이 발생하는 이유는 수확체감의 법칙 때문인데 이에 관해서는 생산자 선택이론에서 다루게 된다.

(2) 공급곡선

① 공급곡선(supply curve)은 가격과 공급량의 관계를 그래프로 나타낸 것을 말하며, 공급의 법칙에 따라 공급곡선은 양(+)의 기울기, 즉 우상향하는 형태이다.

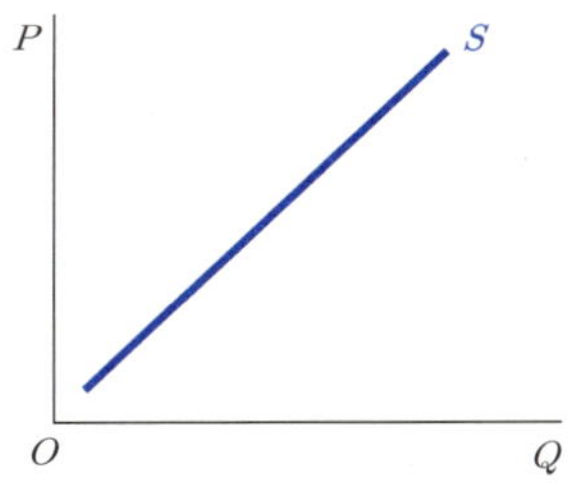

② 세로축(P)을 중심으로 보았을 때 공급곡선은 주어진 가격수준에서 생산자가 판매하고자 하는 최대한의 수량을 보여준다.

공급곡선의 수평거리=판매할 용의 있는 최대수량

③ 가로축(Q)을 중심으로 보았을 때 공급곡선은 주어진 수량에서 생산자가 지불받고자 하는 최소한의 금액을 보여주는데 이는 재화의 추가생산에 따른 비용의 증가분인 한계비용(Marginal Cost : MC)을 나타낸다.

공급곡선의 수직거리=지불받고자 하는 최소금액=한계비용(MC)

※ 공급곡선의 해석

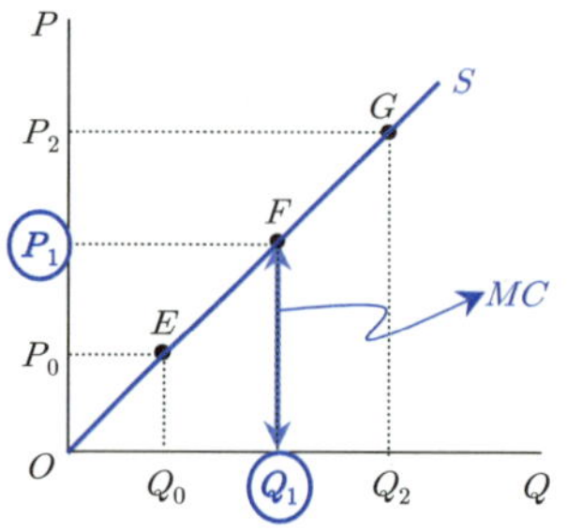

1. P_1의 가격하에서 판매할 용의가 있는 최대한의 수량은 Q_1이다.
2. Q_1의 공급량 하에서 생산자가 지불받고자 하는 최소한의 금액은 P_1이다.
3. 공급곡선의 수직거리
   =추가생산에 따른 비용의 증가분
   =한계비용(MC)
   =생산자가 지불받고자 하는 최소금액
   =공급가격(supply price)

(3) 공급의 법칙의 예외

후방굴절 노동공급곡선
① 여가가 정상재이고 소득효과가 대체효과보다 큰 경우에는 개별 노동자의 노동공급곡선이 좌상향(우하향)하는 형태를 가지게 되는데 이를 후방굴절 노동공급곡선이라고 부른다.
② 후방굴절 노동공급곡선의 경우 임금이 일정수준 이상으로 상승하면 노동자들은 적은 노동시간을 일하고도 어느 정도의 소득을 얻을 수 있기 때문에 노동공급량을 줄이고 여가시간을 늘리게 된다.
② 후방굴절 노동공급곡선은 공급법칙의 예외로 볼 수 있다.

4. 개별공급곡선과 시장공급곡선

(1) 개별공급함수와 시장공급함수

① 주어진 가격에 대한 개별 생산자의 공급량을 나타낸 것을 개별공급함수라 하고, 주어진 가격에 대해 개별공급량을 모두 합한 것을 시장공급함수라 한다.

② 시장공급량이 개별공급량의 합이므로, 시장공급곡선은 개별공급곡선의 수평합이 된다.

③ 수평적 합이란 각각의 가격수준에서 모든 개별공급자의 개별공급량(Q)을 합하는 것을 의미한다.

④ 따라서 시장공급곡선은 우상향하면서 개별공급곡선보다 완만한 형태이다.

(2) 그래프 도출

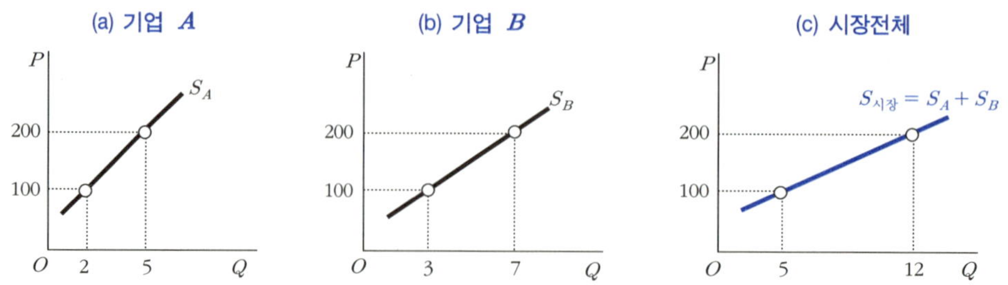

5. 공급량의 변화와 공급의 변화

(1) 공급량의 변화

① 수요량 변화와 마찬가지로 공급량 변화란 다른 모든 조건은 일정하고 해당 재화의 가격변화에 의해서 공급량이 변화하는 것을 의미한다.

② 공급곡선이 가격과 공급량의 관계를 나타내는 것이므로 공급량의 변화는 공급곡선 선상의 이동으로 나타난다.

③ 공급의 법칙에 의하면 가격이 상승할 때 공급량은 증가한다.

(2) 공급의 변화

① 공급 변화란 가격 이외의 요인이 변화할 때 생산자의 판매욕구가 변화하는 것을 말한다.

② 수요 변화와 마찬가지로 가격 이외의 요인(기술수준, 요소가격, 경기전망 등)들이 변화하면 공급곡선 자체가 이동하게 된다.

(3) 공급량의 변화와 공급의 변화

공급량의 변화	**공급**의 변화
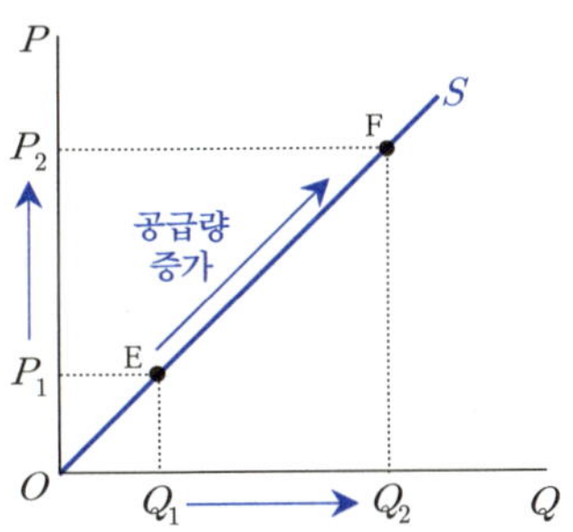	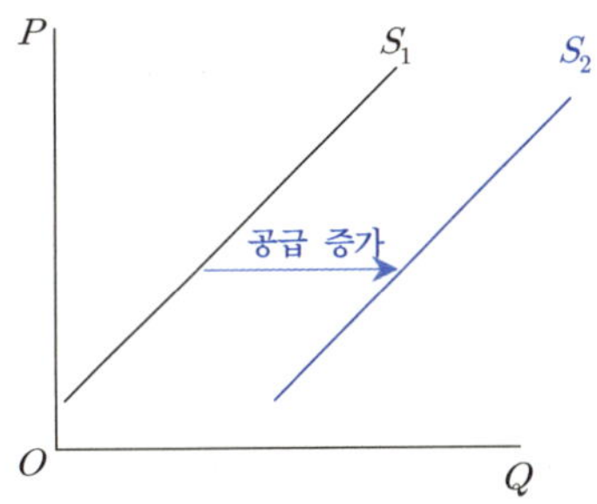
1. 공급곡선 상의 이동=공급량의 변화 2. **가격(P)**의 변화 → 공급량의 변화 3. P상승 → 공급량 증가 P하락 → 공급량 감소	1. 공급곡선 자체의 이동=공급의 변화 2. **가격(P)** 외의 요인 변화 → 공급의 변화 (기술수준, 경기전망, 요소가격,…) 3. ┌ 기술진보 → 공급증가 │ 요소가격 하락 → 공급증가 │ 경기전망 호전 → 공급증가 └ 조세부과 → 공급감소

(4) 공급변화요인

<table>
<tr><th>원인</th><th colspan="2">공급변화</th><th>공급곡선의 이동</th></tr>
<tr><td>생산요소가격 하락</td><td colspan="2">공급증가</td><td>우측이동</td></tr>
<tr><td>기술진보</td><td colspan="2">공급증가</td><td>우측이동</td></tr>
<tr><td>기업의 수 증가</td><td colspan="2">공급증가</td><td>우측이동</td></tr>
<tr><td>경기전망 호전</td><td colspan="2">공급증가</td><td>우측이동</td></tr>
<tr><td>보조금 지급</td><td colspan="2">공급증가</td><td>우측이동</td></tr>
<tr><td rowspan="2">관련재의 가격상승</td><td>생산의 대체재</td><td>공급감소</td><td>좌측이동</td></tr>
<tr><td>생산의 보완재</td><td>공급증가</td><td>우측이동</td></tr>
<tr><td>조세 부과</td><td colspan="2">공급감소</td><td>좌측이동</td></tr>
<tr><td>가격상승 예상</td><td colspan="2">공급감소</td><td>좌측이동</td></tr>
</table>

1) 생산요소가격변화

생산요소의 가격이 하락하면 기업의 생산비용이 감소하므로 공급곡선은 우측으로 이동한다.

2) 조세 부과

조세 부과시 기업의 생산비용이 증가하므로 공급곡선은 좌측으로 이동한다.

※ 반대로 보조금이 지급되면 공급곡선은 우측으로 이동한다.

3) 다른 재화의 가격 상승

(ⅰ) 생산측면에서 대체재

① 생산측면에서 대체재란 하나의 생산요소에서 선택적으로 생산이 가능한 재화를 말한다.

② 이 경우 한 재화의 가격이 상승해서 생산량이 증가하면 다른 재화의 생산이 감소한다.

※ 예컨대 동일한 나무로 탁자를 만들 수도 있고, 침대를 만들 수도 있는 경우가 여기에 해당하는데, 탁자의 가격이 상승하게 되면 탁자의 생산이 늘어나면서 침대의 생산이 감소하게 된다.

③ 따라서 생산측면에서 대체재의 가격이 상승하면 공급곡선은 좌측으로 이동한다.

(ⅱ) 생산측면에서 보완재

① 생산측면에서 보완재란 하나의 생산요소에서 함께 생산이 가능한 재화를 말한다.

② 이 경우 한 재화의 가격이 상승해서 생산량이 증가하면 다른 재화의 생산도 증가한다.

※ 예컨대 원유를 사용해서 휘발유를 얻고, 경유도 얻을 수 있는 경우가 여기에 해당하는데, 휘발유의 가격이 상승하게 되면 경유의 생산도 증가하게 되는 것이다.

③ 따라서 생산측면에서 보완재의 가격이 상승하면 공급곡선은 우측으로 이동한다.

» 다른 재화의 가격변동에 따른 공급의 변화가 수요측면과 반대 방향으로 나타나는 이유는 수요곡선은 일반적으로 우하향하지만 공급곡선은 우상향하기 때문이다.

4) 생산기술의 변화

생산기술의 향상 즉 기술진보가 있으면 공급이 증가하여 공급곡선이 오른쪽으로 이동한다.

5) 기업가의 경기전망 호전 (공급목표 상향조정)

경기전망이 호전되면 생산량을 증가시키게 되고 공급이 증가하여 공급곡선은 우측으로 이동한다.

6) 기업의 수 증가

공급자의 수가 증가하면 해당재화의 공급이 증가하고 공급곡선이 오른쪽으로 이동한다.

Ⅳ 시장의 균형

1. 시장균형의 의미

① 균형(equilibrium)이란 외부적인 충격이 없는 한 현재 상황이 계속 유지되는 상태를 말한다.

② 따라서 시장의 가격과 거래량이 일정수준에서 유지되고 있다면 시장은 균형에 있는 것이다.

③ 시장균형에서는 수요량과 공급량이 일치하므로, 수요곡선과 공급곡선이 교차하는 점에서 달성된다.

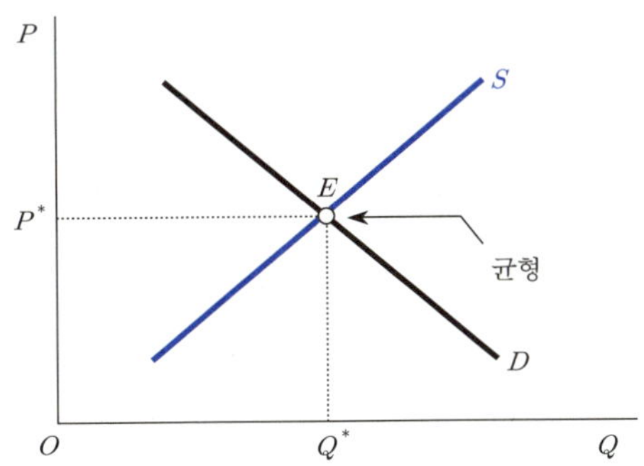

2. 시장균형의 변화

(1) 수요변화

① 수요가 증가하면 균형가격이 상승하고, 균형거래량이 증가한다.

② 반면 수요가 감소하면 균형가격이 하락하고, 균형거래량이 감소한다.

(2) 공급변화

① 공급이 증가하면 균형가격이 하락하고, 균형거래량이 증가한다.

② 반면, 공급이 감소하면 균형가격이 상승하고, 균형거래량이 감소한다.

수요증가	공급증가
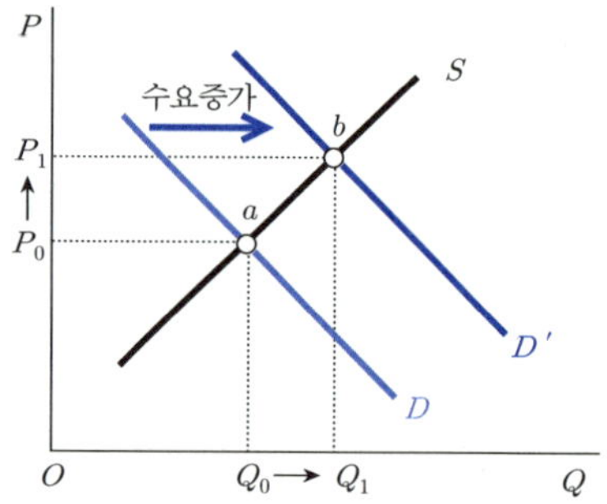	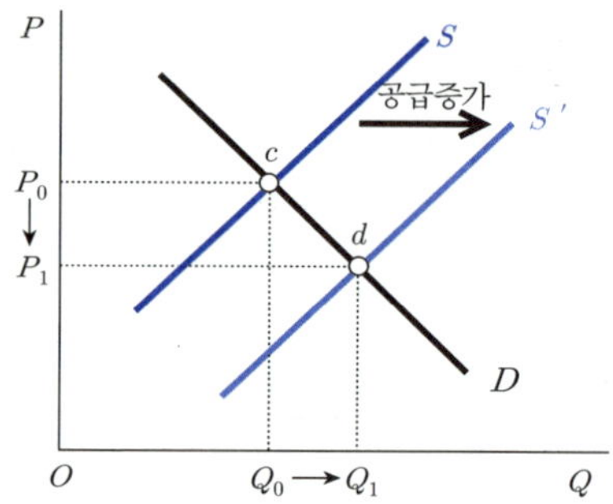

(3) 수요와 공급의 동시변화

① 수요와 공급이 모두 증가하면 균형거래량은 반드시 증가하나, 균형가격의 변화는 수요곡선과 공급곡선의 이동폭에 따라 달라지므로 불분명하다.

② 수요와 공급이 모두 감소하면 균형거래량은 반드시 감소하나, 균형가격의 변화는 수요곡선과 공급곡선의 이동폭에 따라 달라지므로 불분명하다.

〈수요와 공급의 동시 증가〉	
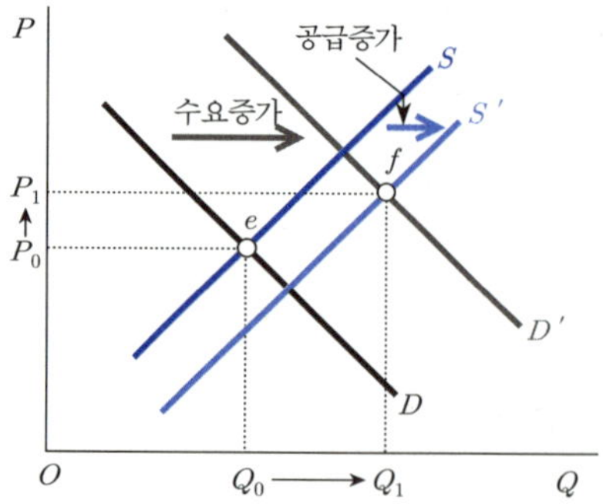	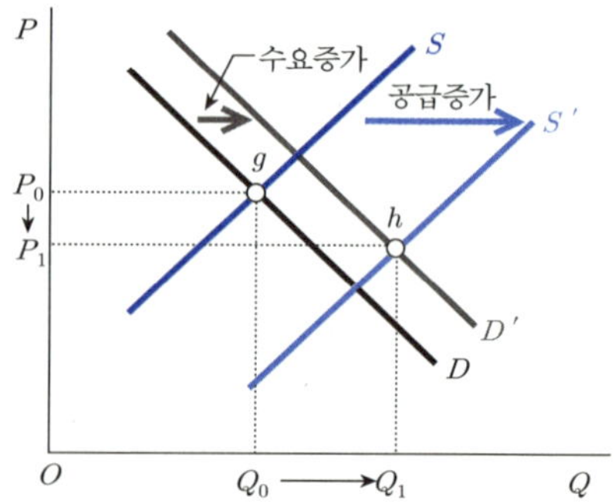
거래량과 가격이 모두 상승하는 경우	거래량은 증가하나 가격은 하락하는 경우

V 소비자잉여와 생산자잉여

1. 수요·공급곡선의 수직거리의 의미

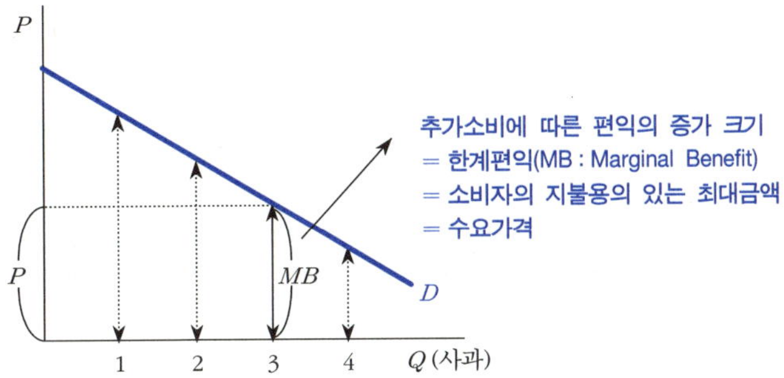

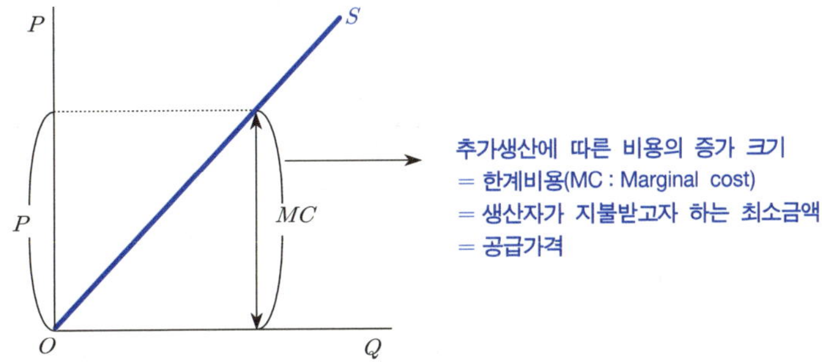

2. 소비자잉여와 생산자잉여

(1) 소비자잉여

① 소비자잉여(consumer surplus)란 소비자들이 시장거래를 통해 얻은 이득을 말한다.

② 소비자잉여란 소비자가 어떤 상품을 소비하기 위해 지불할 용의가 있는 최대금액(수요가격)과 실제로 지불한 가격 사이의 차이로 측정된다.

③ 소비자의 지불의사금액은 수요곡선의 수직거리의 높이로 계산되고, 실제지불한 금액은 시장가격으로 계산된다.

④ 따라서 그림으로 소비자잉여를 구할 경우에는 시장가격과 수요곡선 사이의 면적으로 구할 수 있다.

(2) 생산자잉여

① 생산자잉여(producer surplus)란 생산자들이 시장거래를 통해 얻은 이득을 말한다.

② 생산자잉여는 생산자가 어떤 재화를 판매하기 위해 받아야 하는 최소금액에서 실제 수취한 금액의 차이로 측정된다.

③ 생산자의 수취의사금액은 공급곡선의 수직거리의 높이로 계산되고, 실제 수취한 금액은 시장가격으로 계산된다.

④ 따라서 그림으로 생산자잉여를 구할 경우에는 시장가격과 공급곡선 사이의 면적으로 구할 수 있다.

(3) 사회적 총잉여 (소비자잉여+생산자잉여)

① 사회적 총잉여는 시장거래에 의한 사회후생의 증가분을 의미하는 것으로 소비자잉여와 생산자잉여의 합으로 측정된다.

※ 정부를 포함하는 경우에는 정부의 조세수입도 사회적 총잉여에 포함시켜야 한다.

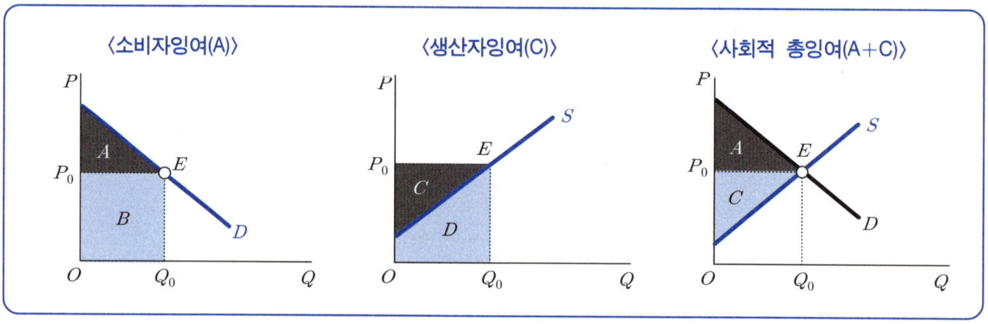

② 수요나 공급의 가격탄력성이 크면 클수록 잉여는 작으며, 수요나 공급이 비탄력적일수록 잉여는 크다.

③ 수요가 완전비탄력적일 경우 소비자잉여는 무한대가 된다.

④ 예컨대, 불치병에 걸린 사람이 치료약에 대해 가지는 수요곡선은 완전비탄력적이고, 이 때 소비자잉여는 무한대가 된다.

⑤ 반대로 공급이 완전비탄력적일 경우 생산자의 판매수입 전체가 생산자잉여가 된다.

⑥ 예컨대, 일정한 토지의 크기를 가진 지주의 경우 임대수입 전체가 생산자잉여가 된다.

⑦ 한편 수요가 완전탄력적이라면 소비자잉여는 없고, 총잉여는 모두 생산자잉여이다.

⑧ 반대로 공급이 완전탄력적이라면 생산자잉여는 없고, 총잉여는 모두 소비자잉여이다.

※ 사회적 총잉여는 시장구조가 완전경쟁시장인 경우에 극대화된다.

제4장 수요와 공급의 탄력성

I 탄력성의 개념 및 종류

1. 탄력성의 개념

① 탄력성(elasticity)이란 독립변수가 1% 변화할 때 종속변수의 변화율을 나타내는 지표로 다음과 같이 계산된다.

$$탄력성=\frac{반응(결과)\ 변화율(\%)}{자극(원인)\ 변화율(\%)}=\frac{종속변수의\ 변화율(\%)}{독립변수의\ 변화율(\%)}$$

$$A의\ B탄력성=\frac{A의\ 변화율}{B의\ 변화율}$$

② 경제학에서는 두 변수를 비교할 때, 서로 다른 재화의 단위 문제를 해결하기 위하여 변화율을 사용한다.

③ 예컨대, 백화점에서 양복과 모피코트 가격을 동일하게 10,000원 상승시켰더니 두 재화 모두 판매량이 100벌에서 90벌로 10벌이 감소하였다고 하여, 가격 상승이 판매량에 미친 효과가 동일하다고 할 수가 없다.

④ 원래 양복 한 벌 가격이 100,000원이었고, 모피코트 한 벌 가격이 1,000,000원이었다면, 양복 가격 상승률이 모피코트보다 높았던 것이므로 양복 구매자들이 가격에 대해 덜 민감했다고 할 수 있는 것이다.

⑤ 따라서 정확한 비교를 위해서는 가격변화율과 판매량 변화율을 비교해야 하고, 이렇게 변화율을 비교하는 것을 탄력성이라 한다.

2. 탄력성의 종류

① 탄력성 개념은 마샬(A. Marshall)에 의하여 경제학에 도입되어 미시 경제학 뿐 아니라 거시 경제 전반에 걸쳐 광범위하게 사용된다.

② 편의상 여기서는 수요와 공급의 탄력성에만 국한하여 살펴보기로 한다.

종 류	공 식
수요의 가격탄력성(ε)	$\varepsilon = -\dfrac{\text{수요량 변화율}}{\text{가격 변화율}} = -\dfrac{\Delta Q/Q}{\Delta P/P} = -\dfrac{\Delta Q}{\Delta P}\cdot\dfrac{P}{Q}$
수요의 소득탄력성(ε_M)	$\varepsilon_M = \dfrac{\text{수요 변화율}}{\text{소득 변화율}} = \dfrac{\Delta Q/Q}{\Delta M/M} = \dfrac{\Delta Q}{\Delta M}\cdot\dfrac{M}{Q}$
수요의 교차탄력성(ε_{XY})	$\varepsilon_{XY} = \dfrac{X\text{재의 수요 변화율}}{Y\text{재의 가격 변화율}} = \dfrac{\Delta Q_X/Q_X}{\Delta P_Y/P_Y} = \dfrac{\Delta Q_X}{\Delta P_Y}\cdot\dfrac{P_Y}{Q_X}$
공급의 가격탄력성(η)	$\eta = \dfrac{\text{공급량 변화율}}{\text{가격 변화율}} = \dfrac{\Delta Q^S/Q^S}{\Delta P/P} = \dfrac{\Delta Q^S}{\Delta P}\cdot\dfrac{P}{Q^S}$

Ⅱ 수요의 가격탄력성

1. 수요의 탄력성의 개념 및 구분

(1) 개념

① 수요의 가격탄력성(price elasticity of demand)이란 가격이 1% 변화할 때의 수요량 변화율을 말한다.

$$\varepsilon = -\frac{\text{수요량 변화율(\%)}}{\text{가격변화율(\%)}} = -\frac{\dfrac{\Delta Q}{Q}\times 100}{\dfrac{\Delta P}{P}\times 100} = -\frac{\Delta Q}{\Delta P}\cdot\frac{P}{Q}$$

→ $\dfrac{\Delta Q}{\Delta P}$: 수요곡선 기울기의 역수

② 수요의 법칙에 따라 어떤 재화의 가격이 상승하면 해당 재화의 수요량은 항상 감소하므로 수요의 가격탄력성은 음의 값을 갖는다.

③ 따라서 수요의 가격탄력성은 부호가 의미가 없으므로 절대값을 취하거나 공식에 음(−)의 부호를 붙여서 양수(+)로 만들어서 사용한다.

④ 수요의 가격탄력성은 가격과 수요량의 변화율을 사용하므로 측정단위에 영향을 받지 않는다.

⑤ 따라서 수요의 가격탄력성을 이용하면 서로 다른 재화들의 가격변화에 대한 민감도를 비교할 수 있게 된다.

⑥ 수요의 가격탄력성 공식에서 $\frac{\Delta Q}{\Delta P}$는 수요곡선의 기울기의 역수를 의미하므로 수요곡선이 가파를수록 탄력성은 작아진다.

※ 수요곡선의 기울기의 절대값과 수요의 가격탄력성은 반비례한다.

⑦ 수요의 가격탄력성 공식에서 $\frac{P}{Q}$는 수요곡선 상의 한 점과 원점을 연결한 직선의 기울기 또는 일종의 좌표(P, Q)를 의미한다.

(2) 구분

① 수요의 가격탄력성은 0과 무한대(∞) 사이의 값을 가지며 1보다 크면 탄력적, 1보다 작으면 비탄력적이라고 표현한다.

② 수요곡선이 수직선이면 수요의 가격탄력성은 0이고, 수요곡선이 수평선이면 무한대, 그리고 직각쌍곡선이면 수요곡선상의 모든 점에서 탄력성은 1이다.

탄력성의 크기	의 미	수요곡선의 형태	예
$\varepsilon=0$	완전비탄력적	수직선	마약중독자의 마약, 불치병환자의 치료약
$0 < \varepsilon < 1$	비탄력적	가파른 우하향	대부분의 필수재, 담배·커피 등
$\varepsilon = 1$	단위탄력적	직각쌍곡선	재화에 일정액을 지출하는 경우
$1 < \varepsilon < \infty$	탄력적	완만한 우하향	대부분의 사치재
$\varepsilon = \infty$	완전탄력적	수평선	완전경쟁기업의 수요곡선

2. 호탄력성과 점탄력성

(1) 호탄력성

1) 수정공식의 필요성

① 호탄력성(arc elasticity)이란 수요곡선 상의 두 점 사이에서 측정된 탄력성으로서 구간탄력성이라도 한다.

② 호탄력성을 계산할 때 어떤 점을 기준점으로 두는지에 따라서 탄력성 값이 달라지게 되는 문제점이 발생하므로 호탄력성을 구할 때에는 기준가격과 기준수요량 대신에 평균가격과 평균수요량을 이용한 수정공식을 사용한다.

$$\varepsilon=-\frac{\frac{\Delta Q}{(Q_1+Q_2)/2}}{\frac{\Delta P}{(P_1+P_2)/2}}=-\frac{\frac{\Delta Q}{Q_1+Q_2}}{\frac{\Delta P}{P_1+P_2}}=-\frac{\Delta Q}{\Delta P}\cdot\frac{P_1+P_2}{Q_1+Q_2}$$

2) 사례

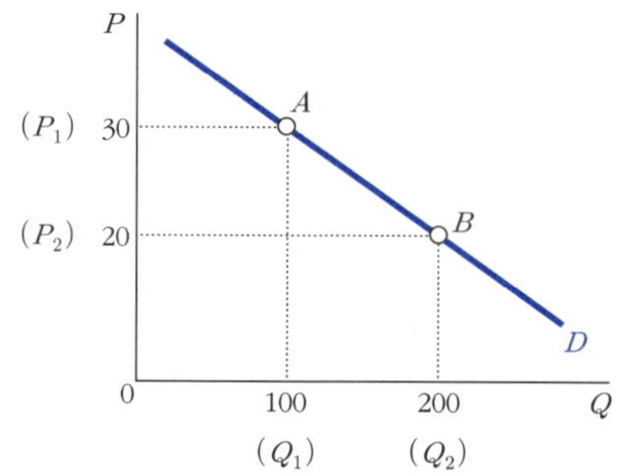

① A점 기준으로 측정한 탄력성 : $\varepsilon = -\dfrac{\triangle Q/Q}{\triangle P/P} = \dfrac{100/100}{10/30} = 3$

② B점 기준으로 측정한 탄력성 : $\varepsilon = -\dfrac{\triangle Q/Q}{\triangle P/P} = \dfrac{100/200}{10/20} = 1$

③ 수정공식을 이용한 탄력성 :

$$\varepsilon = -\frac{\triangle Q/(Q_1+Q_2)}{\triangle P/(P_1+P_2)} = \frac{100/(100+200)}{10/(30+20)} = \frac{5}{3}$$

(2) 점탄력성

① 점탄력성(point elasticity)이란 수요곡선 상의 한 점에서 측정된 탄력성이다.

② 가격의 변화분($\triangle P$)이 0에 가까울만큼 아주 미세할 때의 탄력성 값이다.

$$\varepsilon = \lim_{\triangle P \to 0} -\frac{\triangle Q/Q}{\triangle P/P} = -\frac{dQ/Q}{dP/P} = -\frac{dQ}{dP}\cdot\frac{P}{Q}$$

③ 일반적으로 수요의 가격탄력성이라고 할 때에는 점탄력성을 의미한다.

예제 수요의 가격탄력성

(1) 커피에 대한 철수의 수요의 가격탄력성은 2라 한다. 커피 가격이 2% 상승할 때 철수의 커피 수요량은 얼마나 변화하는가?

(2) 철수는 항상 떡볶이를 하루에 1인분을 먹고, 영희는 항상 떡볶이를 하루에 2,000원어치 먹는다. 이 둘의 수요의 가격탄력성은 각각 얼마인가?

(1) 커피 가격이 1% 상승할 때 철수의 수요량이 2% 감소한다.
따라서 커피 가격이 2% 상승하면 철수의 커피 수요량은 4% 감소한다.

(2) 철수는 항상 일정량을 소비하므로 가격이 변화하여도 수요량 변화가 없다.
따라서 철수의 떡볶이에 대한 수요의 가격탄력성은 0이다.
영희의 경우 항상 일정 금액만큼 떡볶이를 먹고 있으므로 가격이 1% 증가할 때 떡볶이 소비량을 1% 줄인다. 따라서 영희의 수요의 가격탄력성은 1이다.

3. 수요의 가격탄력성 측정

(1) 수요곡선이 직선일 때

① 수요곡선이 직선형태라면 수요곡선 기울기 $\left(\frac{dP}{dQ}\right)$ 가 일정하다.

② 이 경우 수요곡선 상의 좌표에 따라 $\left(\frac{P}{Q}\right)$값이 달라지므로, 수요곡선상의 모든 점에서 탄력성의 값은 다르게 나타난다.

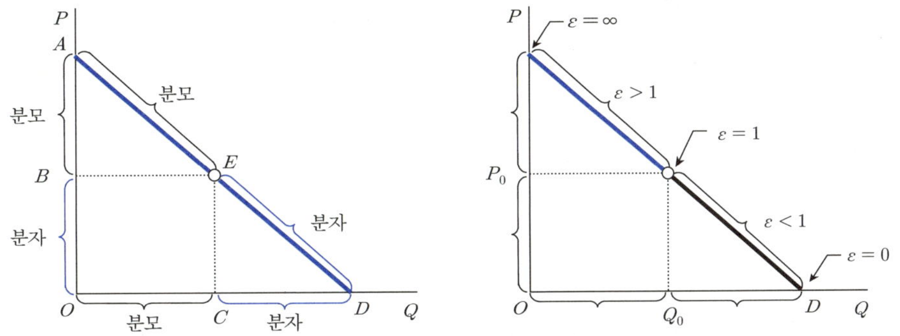

③ 위 그림의 E점에서의 수요곡선의 기울기는 $\frac{CE}{CD}$이고, 가격(P)은 CE, 수요량(Q)은 OC이다.

④ 수요의 가격탄력성은 $\varepsilon = -\frac{dQ}{dP}\cdot\frac{P}{Q}$ =(기울기의 역수)×$\frac{P}{Q}$이므로 E점에서의 수요의 가격탄력성은 다음과 같이 계산된다.

$$\varepsilon = -\frac{dQ}{dP}\cdot\frac{P}{Q} = (\text{기울기의 역수})\times\frac{P}{Q} = \frac{CD}{CE}\times\frac{CE}{OC} = \frac{CD}{OC} = \frac{BO}{AB} = \frac{ED}{AE}$$

⑤ 따라서 수요곡선이 우하향의 직선인 경우 수요곡선 상의 모든 점에서 탄력성은 상이하며, 수요곡선 상의 중점에서 수요의 가격탄력성은 1이 되며, 우하방으로 이동할수록 수요의 가격탄력성은 점차 작아진다.

(2) 수요곡선이 곡선일 때

① 수요곡선이 곡선인 경우에는 수요곡선 상의 한 점에서 접선을 그어서 탄력성을 구할 수 있다.

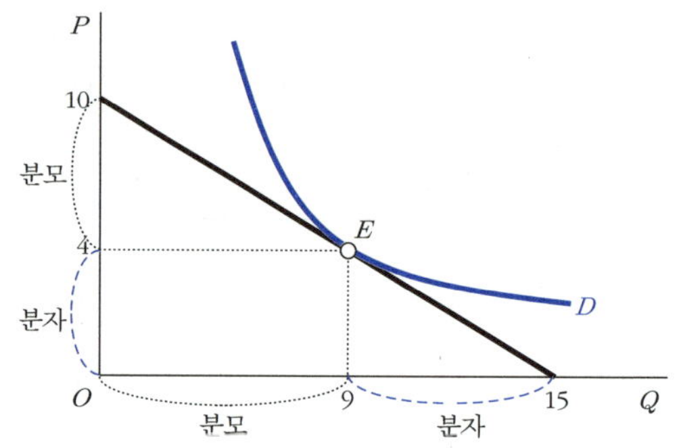

② 위 그림에서 수요의 가격탄력성은 $\frac{2}{3}$으로 계산된다.

(3) 서로 다른 수요곡선 상의 한 점에서의 수요의 가격탄력성 비교

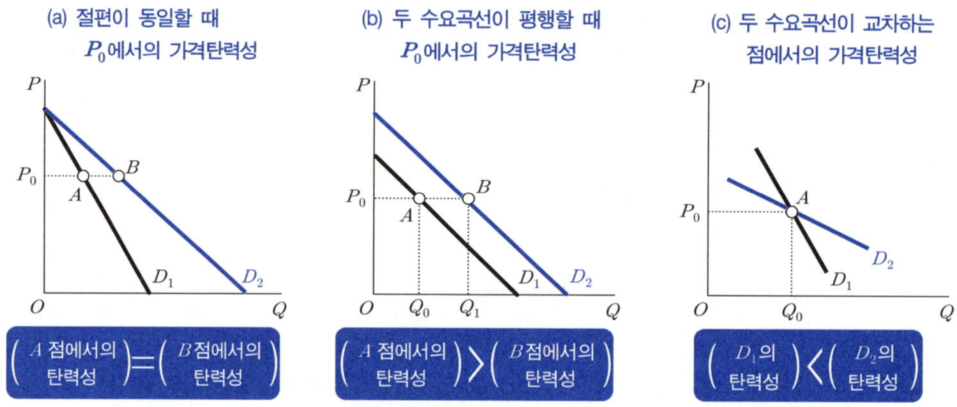

(4) 수요곡선 상의 모든 점에서 수요의 가격탄력성이 항상 일정한 경우

① 수요곡선이 수직선이면 수요곡선의 기울기가 무한대이므로, 기울기의 역수는 0이 된다. 따라서 수요곡선 상의 모든 점에서 항상 $\varepsilon = 0$이다.

② 수요곡선이 수평선이면 수요곡선의 기울기가 0이므로, 기울기의 역수는 무한대가 된다. 따라서 수요곡선 상의 모든 점에서 항상 $\varepsilon = \infty$이다.

③ 수요곡선이 직각쌍곡선이면 수요곡선 상의 모든 점에서 항상 $\varepsilon = 1$이다.

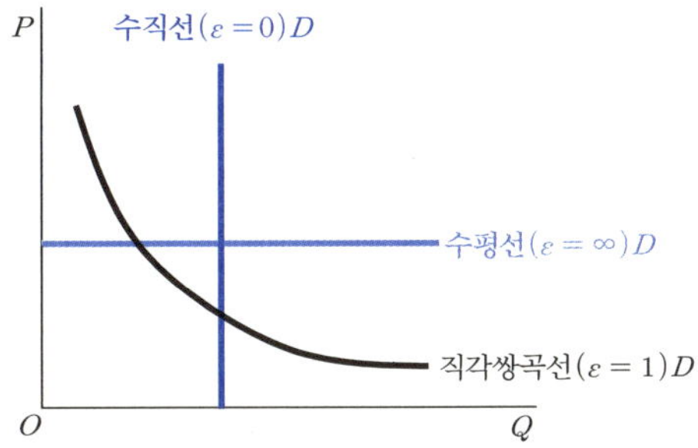

예제 그림을 통한 수요의 가격탄력성 비교

아래 그림과 같이 직선으로 표시되는 수요곡선 D_1, D_2, D_3, D_4 상의 점 A, B, C에 대한 가격탄력성을 비교한 설명 중 옳은 것은?

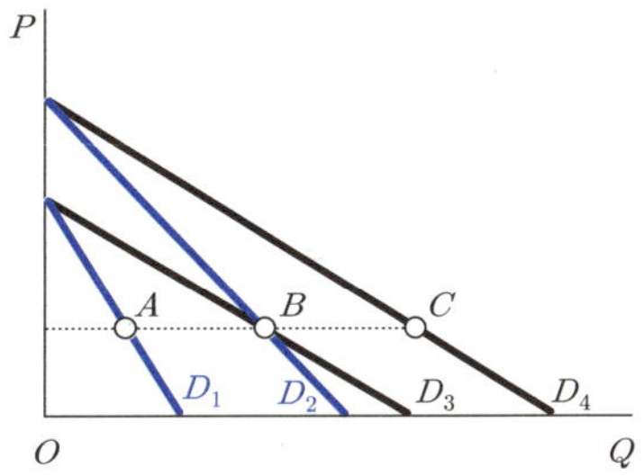

① D_1상의 점 A는 D_4상의 점 C에 비하여 가격탄력성이 크다.
② D_2상의 점 B는 D_3상의 점 B에 비하여 가격탄력성이 크다.
③ D_2상의 점 B는 D_4상의 점 C에 비하여 가격탄력성이 크다.
④ D_3상의 점 B는 D_1상의 점 A에 비하여 가격탄력성이 크다.
⑤ D_4상의 점 C는 D_3상의 점 B에 비하여 가격탄력성이 크다.

문제에서 주어진 그림에서는 다음의 관계가 성립함을 알 수 있다.
D_1상의 A점$=$$D_3$상의 B점 $>$ D_2상의 B점$=$$D_4$상의 C점
② D_2상의 점 B는 D_3상의 점 B에 비하여 가격탄력성이 작다.
③ D_2상의 점 B는 D_4상의 점 C과 가격탄력성이 같다.
④ D_3상의 점 B는 D_1상의 점 A과 가격탄력성이 같다.
⑤ D_4상의 점 C는 D_3상의 점 B에 비하여 가격탄력성이 작다.

정답 ❶

4. 수요곡선이 직각쌍곡선인 경우

(1) 의의

① 수요곡선이 직각쌍곡선이면 수요곡선 상의 모든 점에서 $P\times Q$의 크기가 일정해야 한다. 예를 들면 수요함수가 $PQ=A$ 또는 $Q=\frac{A}{P}$의 형태가 되어야한다. (단 A는 고정된 상수)

② 이 경우 수요의 가격탄력성은 $\varepsilon=-\frac{dQ}{dP}\cdot\frac{P}{Q}=-(-1\times A\times P^{-2})\cdot\frac{P}{AP^{-1}}=1$로서 항상 1이 된다.

※ 수요곡선이 직각쌍곡선인 경우의 점탄력성

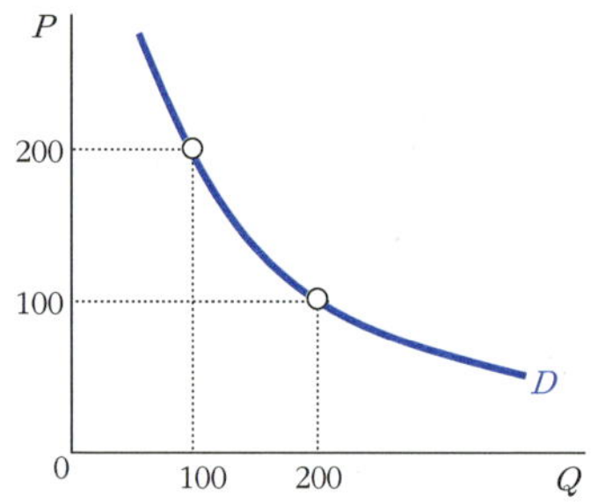

- 수요함수가 $Q_D=\frac{2,000}{P}$인 경우 소비자의 총지출액은 $P\times Q^D=2,000$으로 일정하다.
- 수요곡선이 직각쌍곡선인 경우 수요의 가격탄력성은 항상 1이 된다.

③ 이처럼 수요곡선이 직각쌍곡선의 형태라서 수요의 가격탄력성이 항상 $\varepsilon=1$이 되는 대표적인 경우는 다음과 같다.

(2) 특정 재화에 항상 일정액을 지출하는 경우

① 특정 재화에 항상 일정액(k원)을 지출하는 경우 수요함수는 다음과 같은 형태가 된다.

$$지출액=P\times Q=k\,(일정)\ 또는\ Q=\frac{k}{P}=kP^{-1}$$

② 이제 수요의 가격탄력성을 구해보면

$\varepsilon=-\frac{dQ}{dP}\cdot\frac{P}{Q}=-(-1\times k\times P^{-2})\cdot\frac{P}{kP^{-1}}=1$로 구해진다.

③ 따라서 특정재화에 일정액을 지출하는 경우에는 수요곡선은 직각쌍곡선의 형태이며 수요의 가격탄력성은 항상 1이 된다.

(3) 특정 재화에 항상 소득의 일정비율(k%)을 지출하는 경우

① 특정 재화에 항상 소득의 일정비율(k%)을 지출하는 경우 수요함수는 다음과 같은 형태가 된다.

$$\text{지출액} = P\times Q = k\%\times M \text{ 또는 } Q = \frac{0.0kM}{P} = 0.0kMP^{-1}$$

② 이제 수요의 가격탄력성을 구해보면

$$\varepsilon = -\frac{dQ}{dP}\cdot\frac{P}{Q} = -\left(-1\times 0.0k\times M\times P^{-2}\right)\cdot\frac{P}{0.0kMP^{-1}} = 1 \text{ 로 구해진다.}$$

③ 따라서 특정재화에 항상 소득의 일정비율을 지출하는 경우에도 수요곡선은 직각쌍곡선의 형태이며 수요의 가격탄력성은 항상 1이 된다.

④ 이처럼 특정재화에 항상 소득의 일정비율을 지출하는 대표적인 효용함수에는 콥-더글러스(Cobb-Douglas)효용함수가 있다. 자세한 내용은 소비자이론에서 다룬다.

참고 수요의 가격탄력성이 항상 $\varepsilon=\alpha$로 일정한 경우의 수요함수

① 수요함수가 $Q=AP^{-\alpha}$ 또는 $Q=\frac{A}{P^{\alpha}}$의 형태인 경우에 수요의 가격탄력성을 구해보면

$$\varepsilon = -\frac{dQ}{dP}\cdot\frac{P}{Q} = -\left(-\alpha\times A\times P^{-\alpha-1}\right)\cdot\frac{P}{AP^{-\alpha}} = \alpha \text{ 이다.}$$

② 따라서 이러한 형태의 수요함수가 주어지면 수요곡선 상의 모든 점에서 항상 수요의 가격탄력성은 $\varepsilon=\alpha$로 일정하다.

③ 예를 들어 수요함수가 $Q=\frac{1{,}400}{P^3}$ 또는 $Q=1{,}400\,P^{-3}$인 경우 수요의 가격탄력성은 항상 $\varepsilon=3$이다.

5. 수요의 가격탄력성과 기업의 총수입(TR)의 관계

(1) 총수입(TR)

① 기업의 총수입(TR)은 매출액, 판매수입 등 여러 가지로 부를 수 있는데 가격에 판매량을 곱한 값으로 정의된다.

$$\text{총수입} = TR = P\times Q$$

② 판매자의 총수입을 변화율로 나타내면 다음과 같다.

$$\frac{\Delta TR}{TR} = \frac{\Delta P}{P}\times\frac{\Delta Q}{Q}$$

③ 수요의 법칙에 따르면 가격(P)과 수요량(Q)은 반비례하므로 가격이 상승(하락)할 때 기업의 판매량은 감소(증가)하므로 총수입의 증감여부는 수요의 가격탄력성의 크기에 따라 결정된다.

(2) 수요의 가격탄력성이 1보다 큰 경우

① 수요의 가격탄력성이 1보다 크다면 수요량 변화율이 가격변화율보다 크다.

② 따라서 가격 상승시에 가격상승율보다 수요량 감소율이 더 크므로 기업의 총수입은 감소하고, 가격 하락시에 가격하락율보다 수요량 증가율이 더 크므로 기업의 총수입은 증가한다.

$\varepsilon > 1$	$\frac{\Delta Q}{Q} > \frac{\Delta P}{P}$	• P⇧ ⇒ TR⇩ • P⇩ ⇒ TR⇧

(3) 수요의 가격탄력성이 1보다 작은 경우

① 수요의 가격탄력성이 1보다 작다면 수요량 변화율이 가격변화율보다 작다.

② 따라서 가격 상승시에 가격상승율보다 수요량 감소율이 더 작으므로 기업의 총수입은 증가하고, 가격 하락시에 가격하락율보다 수요량 증가율이 더 작으므로 기업의 총수입은 감소한다.

$\varepsilon < 1$	$\frac{\Delta Q}{Q} < \frac{\Delta P}{P}$	• P⇧ ⇒ TR⇧ • P⇩ ⇒ TR⇩

(4) 수요의 가격탄력성과 총수입(TR)의 관계

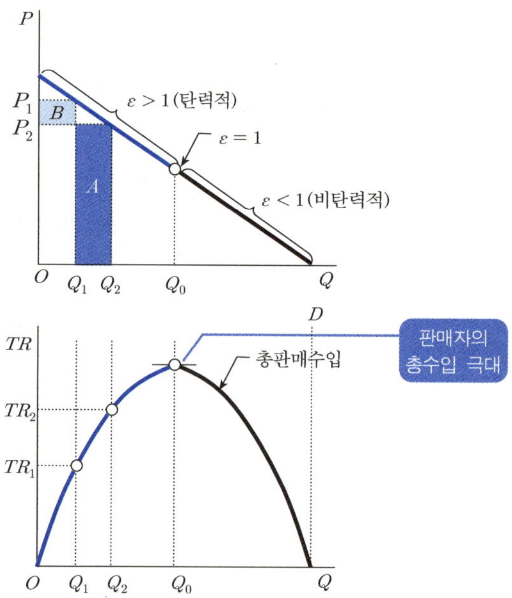

① $\varepsilon > 1$인 경우 가격을 인하해야 총수입이 증가한다.

② $\varepsilon < 1$인 경우 가격을 인상해야 총수입이 증가한다.

③ $\varepsilon = 1$인 경우 가격 변동에도 불구하고 총수입은 변하지 않는다.

예제 수요의 가격탄력성 계산

철수의 수요함수가 $Q=100-5P^2$으로 주어져 있다. $P=2$일 때 수요의 가격탄력성은 얼마인가?

$\varepsilon=-\dfrac{\Delta Q/Q}{\Delta P/P}=-\dfrac{\Delta Q}{\Delta P}\cdot\dfrac{P}{Q}$ 이고 $\dfrac{\Delta Q}{\Delta P}$는 미분값을 의미한다.

따라서 $\dfrac{\Delta Q}{\Delta P}=-10P$이다. 또한 $P=2$일 때 $Q=80$이므로

$\varepsilon=-(-10P)\cdot\left(\dfrac{P}{100-5P^2}\right)=-(-10\times 2)\cdot\dfrac{2}{80}=\dfrac{1}{2}$로 구할 수 있다.

6. 수요의 가격탄력성 결정요인

(1) 대체재의 수 (+)

대체재 수가 많을수록 수요자는 가격상승 시 다른 재화를 선택하기가 쉬워지므로 수요의 가격탄력성은 커진다.

(2) 재화의 분류범위 (−)

재화를 세분화하여 시장을 정의할수록 수요자는 가격상승 시 다른 재화를 선택하기가 쉬워지므로 수요의 가격탄력성은 커진다. 예컨대, 가격상승 시 볼펜의 대체재는 찾기 쉬우나, 필기구의 대체재는 찾기 어려우므로 볼펜수요의 가격탄력성보다 필기구 수요의 가격탄력성이 더 낮다.

(3) 일상생활에서의 중요도 (−)

쌀, 전기 등의 필수재(생필품)의 경우 가격이 오르더라도 수요량을 줄이기 어렵기 때문에 수요의 가격탄력성이 낮고, 사치품의 경우 수요의 가격탄력성이 높다.

(4) 소비지출 비중 (+)

가계의 소비지출액 중 차지하는 비중이 클수록 가격변화에 가계가 민감할 수밖에 없기 때문에 수요의 가격탄력성은 커진다.

(5) 기간의 장단 (+)

가격이 변화할 때 가계가 이에 반응하기 위해서는 시간이 걸리는데, 시간이 많이 흐를수록 가계는 수요량을 조정하기가 용이하다. 따라서 장기일수록 수요의 가격탄력성은 높아진다.

Ⅲ 수요의 소득탄력성과 수요의 교차탄력성

1. 수요의 소득탄력성

(1) 개념

① 수요의 소득탄력성(income elasticity of demand)이란 소득이 1% 변화할 때 수요 변화율을 말한다.

$$\varepsilon_M = \frac{\text{수요의 변화율}}{\text{소득의 변화율}} = \frac{\frac{\Delta Q}{Q}}{\frac{\Delta M}{M}} = \frac{\Delta Q}{\Delta M} \cdot \frac{M}{Q} \rightarrow \begin{cases} \text{정상재} : \varepsilon_M > 0 \\ \text{열등재} : \varepsilon_M < 0 \end{cases}$$

② 수요의 소득탄력성은 부호가 재화분류의 기준이 되므로 절대값을 취하지 않는다.

(2) 수요의 소득탄력성과 재화의 분류

① 정상재란 소득이 증가할 때 수요가 증가하는 재화로 수요의 소득탄력성이 0보다 크다.

② 정상재는 다시 필수재와 사치재로 나뉘는데, 필수재는 소득이 증가할 때 소득증가율보다 수요증가율이 작은 재화로 수요의 소득탄력성이 1보다 작으며, 사치재는 소득이 증가할 때 소득증가율보다 수요증가율이 큰 재화로 수요의 소득탄력성이 1보다 크다.

③ 반면 열등재는 소득이 증가할 때 수요가 감소하는 재화로 수요의 소득탄력성이 0보다 작다.

소득↑ ⇨ 수요량↑ … $\varepsilon_M > 0$ … 정상재 $\begin{cases} 0 < \varepsilon_M < 1 & \cdots \text{ 필수재} \\ \varepsilon_M > 1 & \cdots \text{ 사치재} \end{cases}$

소득↑ ⇨ 수요량↓ … $\varepsilon_M < 0$ … 열등재

※ 사치재와 필수재의 구별기준은 수요의 가격탄력성(ε)이 아니라 수요의 소득탄력성(ε_M)임에 주의하라.

(3) 특정 재화에 항상 일정액을 지출하는 경우

① 특정 재화에 항상 일정액(k원)을 지출하는 경우 수요함수는 다음과 같은 형태가 된다.

$$\text{지출액} = P \times Q = k(\text{일정}) \text{ 또는 } Q = \frac{k}{P} = kP^{-1}$$

② 이제 수요의 소득탄력성을 구해보면 $\varepsilon_M = \frac{dQ}{dM} \cdot \frac{M}{Q} = 0 \times \frac{P}{kP^{-1}} = 0$ 로 구해진다.

③ 따라서 소득과 무관하게 특정재화에 일정액을 지출하는 경우에는 수요의 소득탄력성은 항상 0이다.

(4) 특정 재화에 항상 소득의 일정비율($k\%$)을 지출하는 경우

① 특정 재화에 항상 소득의 일정비율($k\%$)을 지출하는 경우 수요함수는 다음과 같은 형태가 된다.

$$\text{지출액} = P \times Q = k\% \times M \quad \text{또는} \quad Q = \frac{0.0kM}{P} = 0.0kMP^{-1}$$

② 이제 수요의 소득탄력성을 구해보면 $\varepsilon_M = -\frac{dQ}{dM} \cdot \frac{M}{Q} = (0.0k) \cdot \frac{M}{0.0kM} = 1$ 이다.

③ 따라서 특정재화에 항상 소득의 일정비율을 지출하는 경우에는 수요의 소득탄력성은 항상 1이 된다.

2. 수요의 교차탄력성

(1) 개념

① 수요의 교차탄력성(cross elasticity of demand)이란 다른 재화(Y)의 가격이 1% 변화할 때 해당 재화(X)의 수요 변화율을 말한다.

$$\varepsilon_{XY} = \frac{X\text{재 수요 변화율}}{Y\text{재 가격 변화율}} = \frac{\frac{\Delta Q_X}{Q_X}}{\frac{\Delta P_Y}{P_Y}} = \frac{\Delta Q_X}{\Delta P_Y} \cdot \frac{P_Y}{Q_X} \rightarrow \begin{cases} \text{대체재} : \varepsilon_{XY} > 0 \\ \text{보완재} : \varepsilon_{XY} < 0 \\ \text{독립재} : \varepsilon_{XY} = 0 \end{cases}$$

② 수요의 교차탄력성도 소득탄력성과 마찬가지로 부호가 두 재화의 관계를 보여주므로 절대값을 취하지 않는다.

(2) 수요의 교차탄력성과 재화의 분류

① 대체재란 다른 재화의 가격이 상승할 때 수요가 증가하는 재화로 수요의 교차탄력성이 0보다 크다.

② 보완재란 다른 재화의 가격이 상승할 때 수요가 감소하는 재화로 수요의 교차탄력성이 0보다 작다.

③ 독립재란 다른 재화의 가격이 변화해도 수요가 아무런 영향을 받지 않는 것으로 수요의 교차탄력성이 0이다.

대체재	보완재
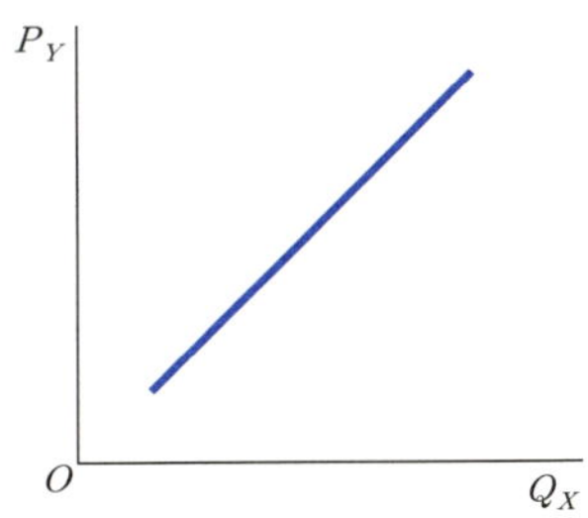	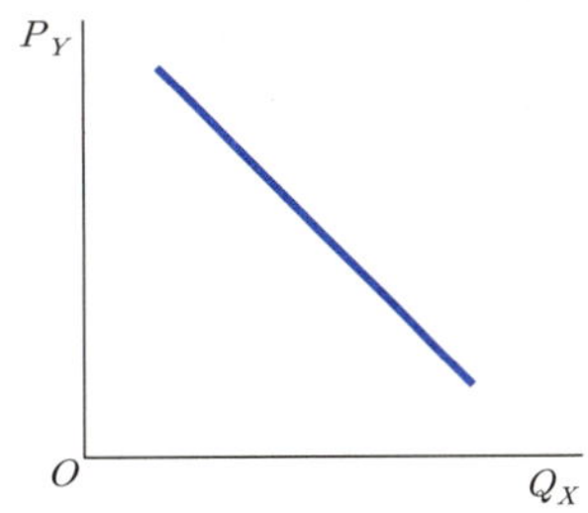

예제 탄력성 사이의 상호작용

(1) 사과에 대한 수요의 가격탄력성은 0.8이며, 소득탄력성은 0.4라고 한다. 그리고 사과에 대한 수요가 바나나 가격의 변화에 보이는 교차탄력성은 0.4라고 한다. 이제 사과 가격이 1%, 소득이 2%, 바나나 가격이 2% 상승한다고 할 때, 사과수요량의 변화율을 계산하시오.

(2) 곶감에 대한 수요함수와 공급함수는 각각 $Q^D = 305 - 3P + 2M + 4P_R$, $Q^S = 120 + 2P - 3S$로 주어져 있다. (단, Q^D는 수요량, Q^S는 공급량, P는 곶감의 가격, M은 소득, S는 저장비용, P_R은 관련된 재화의 가격)

$M = 20$, $P_R = 5$, $S = 10$인 경우의 균형점에서 수요의 소득탄력성은?

(1) 사과 수요의 가격탄력성이 0.8이므로 사과가격이 1% 상승할 때 수요는 0.8% 감소한다.
사과 수요의 소득탄력성이 0.4이므로 소득이 2% 상승할 때 수요는 0.8% 증가한다.
바나나에 대한 교차탄력성이 0.4이므로 바나나 가격이 2% 상승할 때 수요는 0.8% 증가한다.
따라서 사과수요량은 $0.8 - 0.8 + 0.8 = 0.8\%$ 증가한다.

(2) $M = 20, P_R = 5, S = 10$을 식에 대입하면, $Q^D = 365 - 3P$, $Q^S = 90 + 2P$
균형에서 $P = 55, Q = 200$이 된다.
균형에서 수요의 소득탄력성을 구하면, $\varepsilon_M = \frac{\Delta Q}{\Delta M}\frac{M}{Q} = 2 \times \frac{20}{200} = 0.2$
따라서 수요의 소득탄력성은 0.2가 된다.

Ⅳ 공급의 가격탄력성

1. 개념 및 구분

(1) 개념

① 공급의 가격탄력성(price elasticity of supply)이란 가격이 1% 변화할 때 공급량 변화율을 말한다.

$$\eta = \frac{\text{공급량의 변화율}}{\text{가격의 변화율}} = \frac{\frac{\Delta Q}{Q}}{\frac{\Delta P}{P}} = \frac{\Delta Q}{\Delta P} \cdot \frac{P}{Q}$$

→ 공급곡선 기울기의 역수 ($\frac{\Delta Q}{\Delta P}$)

② 공급의 법칙에 따라 가격 상승시 공급량이 증가하므로 공급의 가격탄력성은 항상 양의 값을 가진다.

③ 공급의 가격탄력성 공식에서 $\frac{\Delta Q}{\Delta P}$는 공급곡선의 기울기의 역수를 의미하므로 공급곡선이 가파를수록 탄력성은 작아진다.

※ 공급곡선의 기울기의 절대값과 공급의 가격탄력성은 반비례한다.

④ 공급의 가격탄력성 공식에서 $\frac{P}{Q}$는 공급곡선 상의 한 점과 원점을 연결한 직선의 기울기 또는 일종의 좌표(P, Q)를 의미한다.

(2) 구분

① 공급의 가격탄력성도 0과 무한대(∞) 사이의 값을 가지며 1보다 크면 탄력적, 1보다 작으면 비탄력적이라고 표현한다.

② 공급곡선이 수직선이면 공급의 가격탄력성은 0이고, 공급곡선이 수평선이면 무한대, 그리고 원점을 출발하는 직선이면 공급곡선상의 모든 점에서 탄력성은 1이다.

탄력성의 크기	의 미	공급곡선의 형태	예
$\eta = 0$	완전비탄력적	수직선	토지
$0 < \eta < 1$	비탄력적	가로축 절편의 우상향의 직선	주로 농산물
$\eta = 1$	단위탄력적	원점을 출발하는 우상향의 직선	
$1 < \eta < \infty$	탄력적	세로축 절편의 우상향의 직선	주로 공산품
$\eta = \infty$	완전탄력적	수평선	

2. 공급의 가격탄력성 측정

(1) 공급곡선이 직선일 때

① 공급곡선이 우상향의 직선인 경우 공급의 가격탄력성은 수요의 가격탄력성을 구하는 요령과 동일하다. (공급곡선이 곡선인 경우에도 접선을 그어서 구하면 된다.)

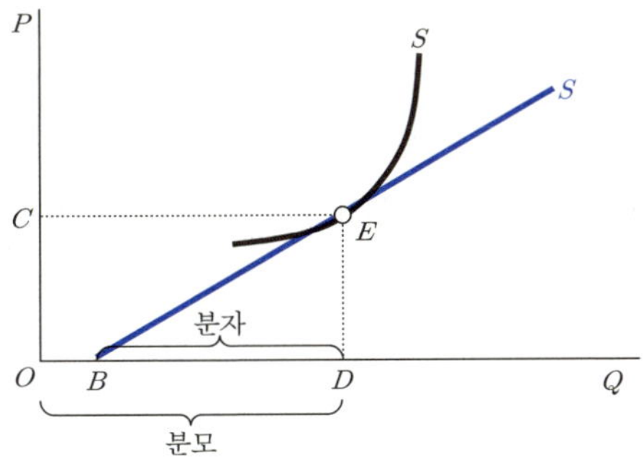

※ E점에서의 가격탄력성

$$\eta = \frac{\Delta Q}{\Delta P} \times \frac{P}{Q} = \frac{BD}{DE} \times \frac{DE}{OD} = \frac{BD}{OD}$$

② 공급곡선이 우상향의 직선일 때에는 공급곡선의 절편에 따라 공급의 가격탄력성 값이 다음과 같이 달라진다.

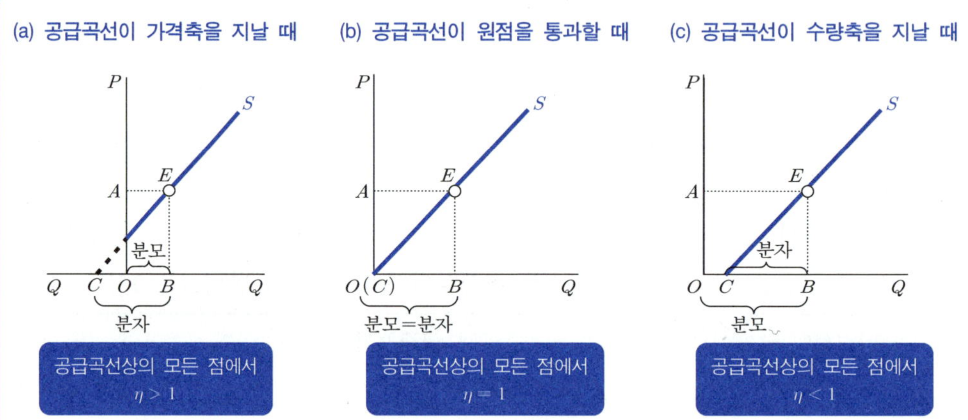

$$\eta = \frac{dQ}{dP} \cdot \frac{P}{Q} = \frac{CB}{EB} \cdot \frac{EB}{OB} = \frac{CB}{OB}$$

(2) 동일한 공급곡선 상의 각 점에서의 탄력성

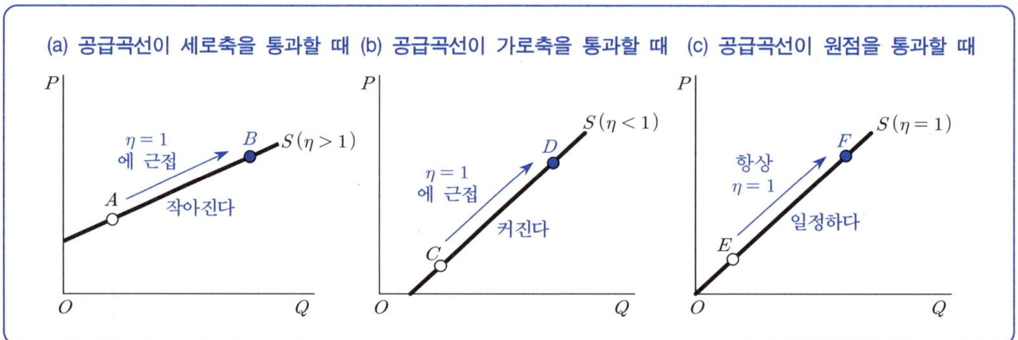

① 공급곡선이 세로축을 통과하는 경우 원점에서 멀어질수록 공급의 가격탄력성은 작아진다.

② 공급곡선이 가로축을 통과하는 경우 원점에서 멀어질수록 공급의 가격탄력성은 커진다.

③ 공급곡선이 원점을 통과하는 경우 공급곡선 상의 모든 점에서 항상 공급의 가격탄력성은 1로 일정하다.

(3) 공급곡선 상의 모든 점에서 공급의 가격탄력성이 항상 일정한 경우

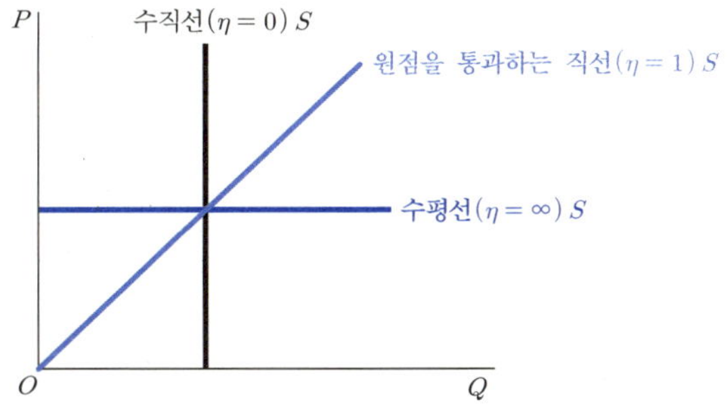

① 수요곡선과 마찬가지로 공급곡선이 수직선이라면 공급의 가격탄력성은 모든 점에서 0이 된다. 이는 항상 일정량을 판매하는 경우에 해당한다.

② 수요곡선과 마찬가지로 공급곡선이 수평선이라면 공급의 가격탄력성은 모든 점에서 무한대가 된다. 이는 항상 주어진 가격에만 판매하는 경우에 해당한다.

③ 공급곡선이 원점에서 출발하는 직선이라면 모든 점에서 분모와 분자와 동일하므로 공급의 가격탄력성은 항상 1이 된다.

3. 공급의 가격탄력성 결정요인

(1) 생산비용의 변화정도 (−)

생산량이 증가할 때 기업의 생산비용이 급격히 증가한다면 가격변화시 공급변화가 어려워지므로 공급의 가격탄력성이 낮다.

(2) 재화의 저장비용 (−)

생산된 상품의 저장비용이 높다면 가격이 상승하거나 하락할 때 기업이 대응하기 어려우므로 공급의 가격탄력성이 낮다.

(3) 진입과 퇴출의 용이성 (+)

다른 기업의 시장진입이 쉽고, 기존 기업의 시장이탈이 쉬울수록 가격이 변화시 생산량 변화가 커지므로 공급의 가격탄력성이 커진다.

(4) 유휴생산설비의 크기 (+)

유휴생산설비가 많을수록 가격상승 시 공급량 증가가 용이하므로 공급탄력성은 커진다.

(5) 기간의 장단 (+)

가격변화 이후 시간이 많이 흐를수록 개별 기업은 설비수준을 바꿀 수 있고, 새로운 기업이 시장에 진입할 수 있으므로 공급의 가격탄력성이 커진다.

예 제 그래프를 통한 탄력성 판단

직선으로 표시되는 공급곡선 S_1, S_2, S_3, S_4, S_5 상의 점 A, B, C, D, E, F, G, H에 대한 가격탄력성의 크기를 순서대로 나열하시오. (단, ε_i는 i점에서의 가격탄력성, $i = A, B, C, D, E, F, G, H$)

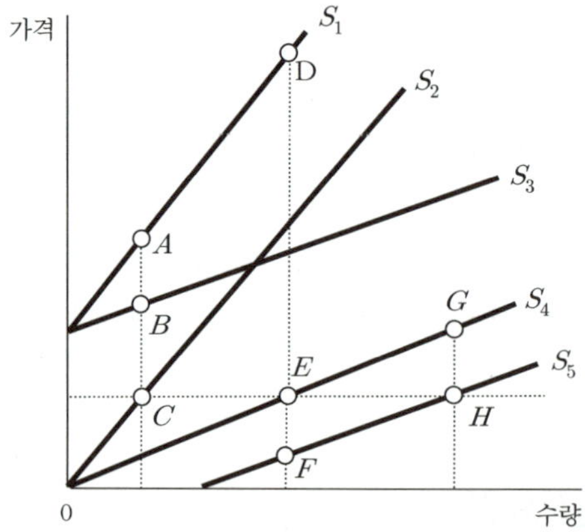

S_1, S_3는 세로축 절편을 통과하고 있으므로 공급곡선 상의 모든 점에서 공급탄력성이 1보다 크고 원점에서 멀수록 공급탄력성은 작아진다($1 < D < A$). A점과 B점은 분모는 동일하나 A점보다는 B점이 분자가 크므로 A점보다는 B점의 공급탄력성이 더 크다($A < B$). S_2, S_4는 원점을 통과하고 있으므로 공급곡선상의 모든 점에서는 공급탄력성이 1이다($C = E = G = 1$). S_5는 가로축 절편을 통과하고 있으므로 공급탄력성이 1보다 작고 원점에서 멀수록 공급탄력성이 커진다($F < H < 1$). 따라서 이를 정리하면 다음과 같다.

$$F < H < 1 = G = E = C < D < A < B$$

03

소비자 이론

제5장 한계효용이론

제6장 무차별곡선이론

제7장 소비자이론의 응용

제5장 한계효용이론

I 소비자이론의 기초

1. 소비자이론의 목적

① 소비자이론은 효용극대화를 추구하는 합리적인 소비자(가계)를 가정하여, 소비자의 효용극대화 행위로부터 우하향의 수요곡선을 도출한다.

② 이를 통해 수요의 법칙을 규명하고 소비자의 효용극대화 조건을 알아본다.

③ 또한 가격이나 소득 등이 변화할 때 소비가 어떻게 변화하는지를 분석한다.

2. 예산제약과 합리적 소비행위

(1) 예산제약식

① 경제학은 희소성의 법칙으로부터 파생되므로 소비자의 소비행위도 일정한 예산제약 하에서 이루어진다.

② 소비자이론에서 가정하는 일반적인 예산제약식은 다음과 같다

$$M = P_X \cdot X + P_Y \cdot Y$$

③ 즉 소비자는 주어진 소득(M)과 재화가격(P_X, P_Y) 하에서만 소비행위를 하며, 각 재화의 지출액의 합($P_X \cdot X + P_Y \cdot Y$)은 소득($M$)과 일치해야 한다.

(2) 소비자의 합리성

① 경제학은 합리적 선택의 학문이므로 경제학에서는 기본적으로 모든 경제주체는 합리적 경제주체라고 가정한다.

② 따라서 소비자이론에 등장하는 모든 소비자도 합리적 소비행위를 하는 합리적인 소비자라고 가정한다.

3. 효용과 효용함수

(1) 효용의 개념

① 효용(utility)이란 소비자가 재화나 서비스를 소비함으로써 느끼는 주관적인 만족감이다.

② 측정방법에 따라 기수적 효용과 서수적 효용으로 구분된다.

(2) 기수적 효용

① 기수적 효용(cardinal utility)이란 절대적 크기로 측정된 효용을 말한다.

예) : 사과의 효용은 20이고 배의 효용은 10이므로 사과의 효용이 배의 효용의 2배이다.

② 주로 한계효용이론에서 가정하는 효용개념이다.

(3) 서수적 효용

① 서수적 효용(ordinal utility)이란 순서로만 측정된 효용을 말한다.

예) : 사과의 효용은 배의 효용보다 크다.

② 주로 무차별곡선이론에서 가정하는 효용개념이다.

(4) 효용함수

① 효용함수(utility function)란 일정기간 동안 한 소비자의 재화소비량과 그에 따른 총효용의 관계를 나타내는 함수를 말한다.

② 소비자가 두 재화 X, Y를 소비할 때의 효용함수는 다음과 같이 나타낼 수 있다.

$U = f(X,\ Y)$ (단, U: 효용, X: X재 소비량, Y: Y재 소비량)

③ 예를 들어 효용함수가 $U = f(X,\ Y) = X \cdot Y$ 로 주어져 있다면 X재 3단위와 Y재 2단위를 소비할 때의 효용은 $U = f(X,\ Y) = X \cdot Y = 3 \cdot 2 = 6$이 된다.

4. 소비자이론의 구분

구분	이론	내용
확실성하의 소비자이론 (효용극대화)	한계효용이론	① 기수적 효용을 가정 ② 소비자이론의 출발점 ③ 1860년대에 한계효용학파에 의해 발전 ④ Jevons, Menger, Walras
	무차별곡선이론	① 서수적 효용을 가정 ② 현대소비자이론의 중심이론 ③ 1920년대에 발전 ③ Pareto, Slutsky, Hicks
	현시선호이론	① 객관적 효용이론 ② 기수적이든 서수적이든 효용의 측정은 불가능하다는 것을 전제로 주관적인 효용개념을 포기하고 ③ 시장에서 관찰된 객관적 사실만으로 소비행위를 설명함 ④ 1960년대에 체계화 ⑤ Samuelson, Houthakker
불확실성하의 소비자이론 (기대효용극대화)	기대효용이론	① 기대효용을 가정 ② 선택의 결과에 대한 불확실성이 존재하면 개인들은 기대효용을 기준으로 의사결정을 한다고 가정 ③ 소비자의 기대효용 극대화행위를 분석함 ④ 주로 복권, 보험시장, 도박 등의 분석에 적용 ⑤ 1940년대에 발전 ⑥ von Neumann, Morgenstern

Ⅱ 한계효용이론의 기초

1. 한계효용이론의 기본가정

(1) 기수적 효용

효용은 기수적으로 측정된다.

(2) 합리적 소비자

소비자는 합리적 경제주체이며 주어진 예산제약 하에서 효용극대화를 추구한다.

(3) 한계효용체감의 법칙

재화의 소비량이 증가하면 한계효용은 체감한다.

(4) 화폐의 한계효용

재화소비와 마찬가지로 화폐보유에도 효용이 발생하며, 화폐의 한계효용(m)은 일정하다.

(5) 완전정보

소비자는 모든 정보를 알고 있으며, 시장에서의 불확실성은 존재하지 않는다.

2. 총효용과 한계효용

(1) 총효용(TU)

① 총효용(total utility)이란 일정기간동안 일정한 양의 재화를 소비함으로써 얻게 되는 주관적인 만족의 총량을 말한다.

※ 총효용은 단순히 효용이라고도 부른다. 즉 경제학에서 효용이라고 말하면 총효용을 의미한다.

② 일반적으로 재화의 소비량이 증가함에 따라 총효용은 증가하나, 재화의 소비량이 일정수준을 넘어서면 총효용은 오히려 감소하게 된다.

③ 총효용은 한계효용의 합으로 구할 수 있다.

$$TU = \Sigma MU$$

④ 따라서 한계효용이 수식으로 주어지면 한계효용 식을 적분하면 총효용이 되고

⑤ 만약 한계효용이 곡선으로 주어지면 한계효용곡선 하방의 면적이 총효용이 된다.

(2) 한계효용(MU)

① 한계효용(marginal utility)이란 재화 1단위를 추가로 소비함으로써 얻게 되는 총효용의 증가분을 의미한다.

② 한계효용체감의 법칙에 따르면 일반적으로 재화의 소비량이 일정수준을 넘어서면 한계효용은 반드시 감소하게 된다.

③ 한계효용은 총효용의 증가분으로 구할 수 있다.

④ 따라서 총효용이 수식으로 주어진 경우 총효용 식을 재화소비량(Q)으로 미분하면 한계효용이 되고

$$MU = \frac{\Delta TU}{\Delta Q}$$

⑤ 만약 총효용이 곡선으로 주어지면 총효용곡선의 접선의 기울기가 한계효용이 된다.

(3) 평균효용(AU)

① 평균효용(average utility)이란 재화 1단위당 평균적인 효용의 크기를 의미한다.

② 일반적으로 재화의 소비량이 증가함에 따라 평균효용은 증가하나, 재화의 소비량이 일정수준을 넘어서면 평균효용은 오히려 감소하게 된다.

③ 평균효용은 총효용을 재화소비량으로 나누어서 구할 수 있다.

$$AU = \frac{TU}{Q}$$

④ 만약 총효용이 곡선으로 주어지면 총효용곡선 상의 한 점과 원점을 연결한 직선의 기울기가 평균효용이 된다.

(4) 총효용과 한계효용, 평균효용의 관계

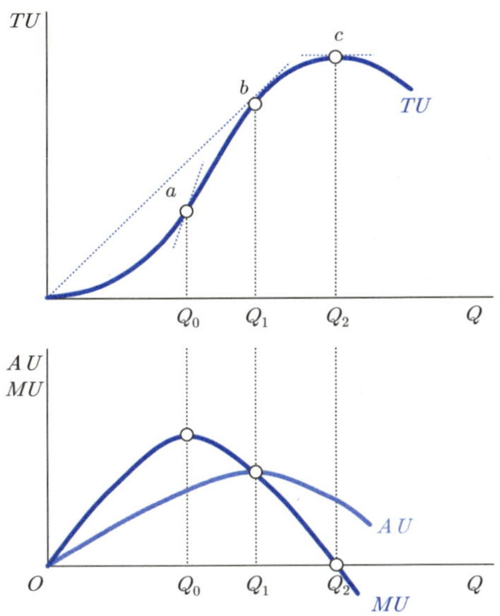

① $MU > 0 \Leftrightarrow TU$ 증가

② $MU < 0 \Leftrightarrow TU$ 감소

③ $MU = 0 \Leftrightarrow TU$극대

④ MU증가 → TU증가

⑤ MU감소 → TU불분명

⑥ TU감소 → MU감소

⑦ TU증가 → MU불분명

⑧ a점(Q_0)에서 MU극대

⑨ b점(Q_1)에서 AU극대

⑩ c점(Q_2)에서 TU극대

(5) 한계효용체감의 법칙

① 어느 한 재화의 소비량이 일정수준을 넘어서면 소비량을 증가시킴에 따라 그 재화의 한계효용이 점차 감소하는 것을 말한다.

※ 한계효용체감의 법칙을 Gossen의 제1법칙이라고도 한다.

② 즉 총효용은 증가하나 그 총효용의 증가분이 감소하면서 증가하는 것을 의미한다.

③ 한계효용이론에서는 한계효용체감의 법칙을 모든 재화의 일반적 특징으로 가정한다.

※ 재화소비량이 증가할 때 한계효용이 감소하는 것이 한계효용체감의 법칙이므로, 재화소비량이 감소하면 한계효용이 증가해야 한계효용체감의 법칙이 성립한다.

예 제 **한계효용체감의 법칙**

다음 각 효용함수에서 X재를 2개, Y재를 3개 소비할 때, 총효용과 한계효용의 크기를 구하시오. 그리고 한계효용 체감여부를 판단하시오.

(1) $U = X \cdot Y$ (2) $U = \sqrt{X \cdot Y}$ (3) $U = X^2 Y^2$

(1) ① 총효용 $U = 2 \times 3 = 6$

② 한계효용 $MU_X = \frac{\Delta TU}{\Delta X} = Y$, $MU_Y = \frac{\Delta TU}{\Delta Y} = X$

$(X, Y) = (2, 3)$이므로, $MU_X = 3$, $MU_Y = 2$

③ $\frac{\Delta MU_X}{\Delta X} = 0$이므로 X재 한계효용은 일정하다.

$\frac{\Delta MU_Y}{\Delta Y} = 0$이므로 Y재 한계효용은 일정하다.

(2) ① 총효용 $U = \sqrt{2 \times 3} = \sqrt{6}$

② 한계효용 $MU_X = \frac{\Delta TU}{\Delta X} = \frac{1}{2} X^{-\frac{1}{2}} Y^{\frac{1}{2}} = \frac{1}{2}\sqrt{\frac{Y}{X}}$

$MU_Y = \frac{\Delta TU}{\Delta X} = \frac{1}{2} X^{\frac{1}{2}} Y^{-\frac{1}{2}} = \frac{1}{2}\sqrt{\frac{X}{Y}}$

$(X, Y) = (2, 3)$이므로, $MU_X = \frac{1}{2}\sqrt{\frac{3}{2}}$, $MU_Y = \frac{1}{2}\sqrt{\frac{2}{3}}$

③ $\frac{\Delta MU_X}{\Delta X} = -\frac{1}{4} X^{-\frac{3}{2}} Y^{\frac{1}{2}} < 0$이므로 X재 한계효용은 체감한다.

$\frac{\Delta MU_Y}{\Delta Y} = -\frac{1}{4} X^{\frac{1}{2}} Y^{-\frac{3}{2}} < 0$이므로 Y재 한계효용은 체감한다.

(3) ① 총효용 $U = 2^2 \times 3^2 = 36$

② 한계효용 $MU_X = \frac{\Delta TU}{\Delta X} = 2XY^2$, $MU_Y = \frac{\Delta TU}{\Delta Y} = 2X^2 Y$

$(X, Y) = (2, 3)$이므로, $MU_X = 36$, $MU_Y = 24$

③ $\frac{\Delta MU_X}{\Delta X} = 2Y^2 > 0$이므로 X재 한계효용은 체증한다.

$\frac{\Delta MU_Y}{\Delta Y} = 2X^2 > 0$이므로 Y재 한계효용은 체증한다.

Ⅲ 소비자균형 (효용극대화 달성)

1. 소비자균형의 조건

(1) 소비자균형의 의미

소비자균형이란 주어진 예산제약 하에서 소비자의 효용이 극대화된 상태를 의미한다.

※ 소비자균형=효용극대화

(2) 예산제약식

소비자의 재화 지출액의 합($P_X \cdot X + P_Y \cdot Y$)은 소득($M$)과 일치해야 한다.

$$M = P_X \cdot X + P_Y \cdot Y$$

(M : 소득, $P_X \cdot X$: X재 지출액, $P_Y \cdot Y$: Y재 지출액)

(3) 한계효용균등의 법칙

① 소비자의 효용이 극대가 되려면 예산제약 하에서 한계효용균등의 법칙이 성립해야 한다.

② 한계효용균등의 법칙(law of equimarginal utility)이란 각 재화 마지막 소비단위에서의 화폐 1원당 한계효용이 균등화되도록 재화를 소비할 때 예산제약 하의 총효용이 극대화된다는 원칙을 말한다.

※ 한계효용균등의 법칙을 Gossen의 제2법칙이라고도 한다.

$$\frac{MU_X}{P_X} = \frac{MU_Y}{P_Y}$$

③ 주의할 것은 한계효용균등의 법칙이 "$MU_X = MU_Y$"을 의미하는 것은 아니라는 것이다.

※ "한계효용균등의 법칙"은 "화폐1원당"이란 표현을 붙여서 "화폐1원당 한계효용균등의 법칙"이라고 부르는 것이 개념을 정확히 이해하기에 좋다.

④ 현실에서 재화의 가격은 상이하므로 재화의 단위당 한계효용(MU)이 중요한 것이 아니라 화폐1원당 한계효용$\left(\frac{MU}{P}\right)$이 중요한 것이다.

※ 이런 의미에서 한계효용균등의 법칙을 "가중된 한계효용균등의 법칙"이라고도 부른다.

⑤ 넓은 의미에서 화폐도 하나의 재화이므로 화폐1원의 한계효용(m)까지 고려한 효용극대화 조건은 다음과 같이 표현할 수 있다.

$$\frac{MU_X}{P_X} = \frac{MU_Y}{P_Y} = m$$

2. 소비자균형으로의 조정과정

(1) $3 = \frac{MU_X}{P_X} > \frac{MU_Y}{P_Y} = 1$인 경우

① Y재 소비를 1원어치 감소시키고 X재 소비를 1원어치 증가시키면 Y재로부터의 효용은 1만큼 감소하나 X재로부터의 효용은 3만큼 증가하므로 소비자의 지출액은 불변인 상태에서 총효용은 2만큼 증가시킬 수 있다.

② 따라서 $\frac{MU_X}{P_X} > \frac{MU_Y}{P_Y}$인 상태는 효용극대화가 아니다.

(2) $2 = \frac{MU_X}{P_X} < \frac{MU_Y}{P_Y} = 5$인 경우

① X재 소비를 1원어치 감소시키고 Y재 소비를 1원어치 증가시키면 X재로부터의 효용은 2만큼 감소하나 Y재로부터의 효용은 5만큼 증가하므로 소비자의 지출액은 불변인 상태에서 총효용은 3만큼 증가시킬 수 있다.

② 따라서 $\frac{MU_X}{P_X} < \frac{MU_Y}{P_Y}$ 인 상태는 효용극대화가 아니다.

(3) $\frac{MU_X}{P_X} = \frac{MU_Y}{P_Y}$인 경우

① 두 재화의 소비량을 아무리 변화시켜도 주어진 예산제약 하에서 더 이상의 총효용 증가는 불가능하다.

② 따라서 $\frac{MU_X}{P_X} = \frac{MU_Y}{P_Y}$ 인 상태에서 효용극대화가 달성됨을 알 수 있다.

상 황	소비조정과정
$\frac{MU_X}{P_X} > \frac{MU_Y}{P_Y}$	X재 소비증가 + Y재 소비감소 → 총효용 증가
$\frac{MU_X}{P_X} = \frac{MU_Y}{P_Y}$	효용극대화 충족 상태
$\frac{MU_X}{P_X} < \frac{MU_Y}{P_Y}$	X재 소비감소 + Y재 소비증가 → 총효용 증가

예 제 한계효용균등의 법칙

어느 소비자의 효용함수가 $U(X, Y) = (X+4)(Y+1)$로 주어졌다. 예산제약 하에서 효용을 극대화할 때 이 소비자는 두 재화를 모두 소비한다. $(Y-X)$의 크기는 얼마인가? (단, X 및 Y의 가격은 모두 1이다)

$U = XY + X + 4Y + 4$에서 X재 한계효용$(MU_X) = Y+1$, Y재 한계효용$(MU_Y) = X+4$이므로, $\frac{Y+1}{1} = \frac{X+4}{1}$에서 $Y = X+3$ 따라서 Y를 X보다 세 단위 더 소비해야 효용극대화를 달성할 수 있다. 따라서 $(Y-X) = 3$ 임을 알 수 있다.

제6장 무차별곡선이론

I 무차별곡선이론의 개요

1. 무차별곡선이론의 의의와 구조

① 한계효용이론에서는 재화 소비에 따른 효용의 크기를 기수적으로 측정할 수 있다는 비현실적인 가정을 이용하여 소비자의 효용극대화 행위를 설명하는 문제점이 있다.

② 무차별곡선이론에서는 서수적 효용이라는 보다 현실적인 가정을 통해 소비자이론을 설명함으로써 이를 극복하였다.

※ 무차별곡선이론에서는 개인과 개인 간의 효용의 비교는 불가능하다.

③ 무차별곡선에서는 예산선과 무차별곡선을 이용하여 소비자균형을 분석한다.

④ 예산선은 예산제약식으로부터 도출되는데 소비행위의 객관적 조건(소득, 재화가격)을 나타내며,

⑤ 무차별곡선은 효용함수로부터 도출되는데 소비행위의 주관적 조건(기호, 선호)을 의미한다.

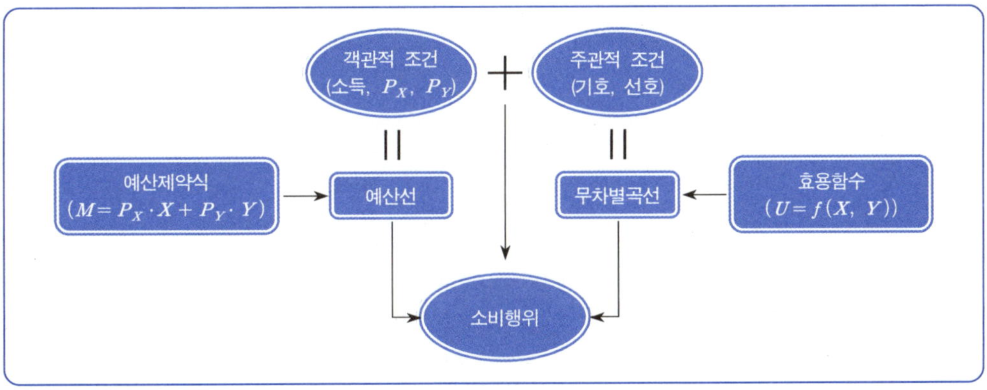

2. 소비자선호의 기본공리

(1) 필요성

① 서수적 효용개념을 통해 선호체계를 일관성 있게 판단하기 위해서는 소비자의 선호체계에 대한 몇 가지의 가정이 필요한데 이를 선호체계의 공리(axiom of preference ordering)라 한다.

※ 선호체계의 공리는 합리적 경제주체를 정의하기 위한 가정으로도 이해할 수 있다.

② 공리란 증명이 필요 없는 자명한 명제, 즉 아무 조건 없이 전제된 명제를 말한다.

(2) 소비자선호의 기본공리

완비성 (완전성)	임의의 두 소비묶음 간의 선호의 순서를 판단할 수 있다. ($X > Y$ 또는 $X < Y$ 또는 $X = Y$ 의 판단이 가능해야 한다)
이행성	$X > Y$이고 $Y > Z$이면 반드시 $X > Z$이어야 한다.
연속성	단절되지 않은 연속적인 선호체계를 가져야 한다.
단조성	소비량이 증가하면 효용도 증가한다.(=다다익선=the more, the better) ($MU \geq 0$)
볼록성	극단적인 소비묶음보다 여러 재화를 고루 소비하는 것을 선호한다.(중용의 미덕)

예 제 선호의 기본공리와 무차별곡선

지민이는 "난 사과 네 개와 배 한 개를 함께 먹는 것이나 사과 두 개와 배 세 개를 함께 먹는 것이나 똑같이 좋아해. 하지만 그보다는 사과 세 개와 배 두 개를 함께 먹는 것이 더 좋아."라고 말했다. 사과와 배에 대한 지민이의 무차별곡선 형태로 적합한 것은?

①
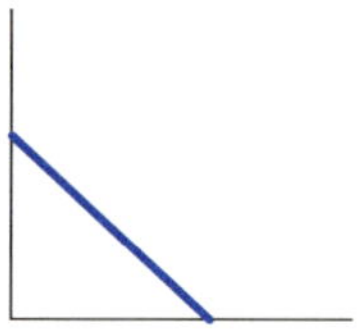

②
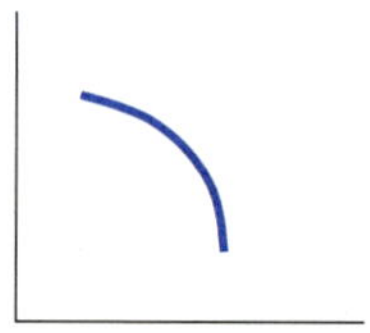

③
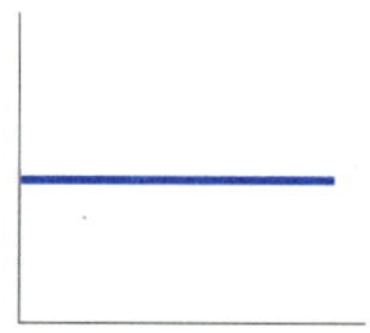

④
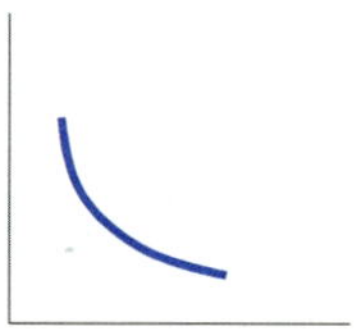

⑤
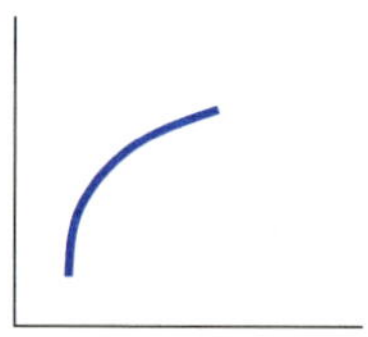

그림과 같이 극단적인 소비점(A, B)보다는 평균적인 소비점(E)에서 효용이 더 크므로 지문의 내용은 강볼록성을 의미한다.

정답 ❹

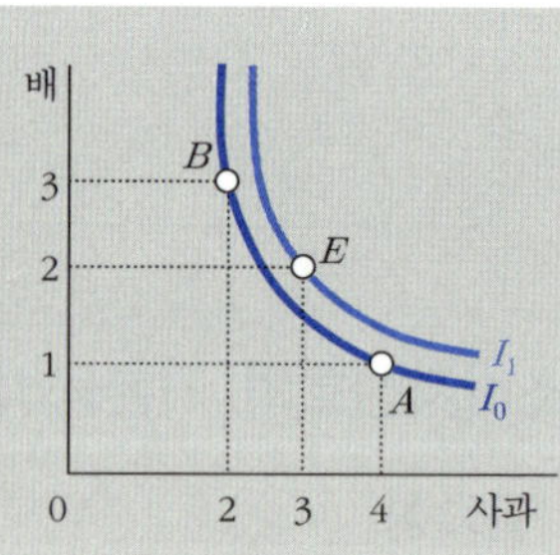

Ⅱ 예산선 (소비행위의 객관적 조건)

1. 예산제약

① 경제학은 희소성의 법칙으로부터 파생되는 합리적 의사결정에 관한 학문이므로 모든 소비행위도 일정한 제약 하에서 이루어질 수 밖에 없다.

② 소비자의 구매력이 소득(M)이라는 형태로 주어져 있고, X재의 가격을 P_X , Y재의 가격을 P_Y라고 한다면 소비점 (X, Y)는 다음과 같은 조건을 충족해야 하는데 이를 예산제약(budget constraint) 또는 예산제약식이라고 한다.

$$M = P_X \cdot X + P_Y \cdot Y$$

2. 예산선의 개념 및 도출

① 예산선이란 주어진 소득으로 구입가능한 X재와 Y재의 조합을 그림으로 나타낸 것이다.

② 예산제약식을 Y에 관해 정리하여 기울기와 절편의 형태로 나타내면 다음과 같다.

$$M = P_X \cdot X + P_Y \cdot Y \quad \Rightarrow \quad Y = -\frac{P_X}{P_Y}X + \frac{M}{P_Y}$$

③ 이를 그림으로 나타내면 기울기가 $-\frac{P_X}{P_Y}$ 인 우하향하는 직선의 예산선이 도출된다.

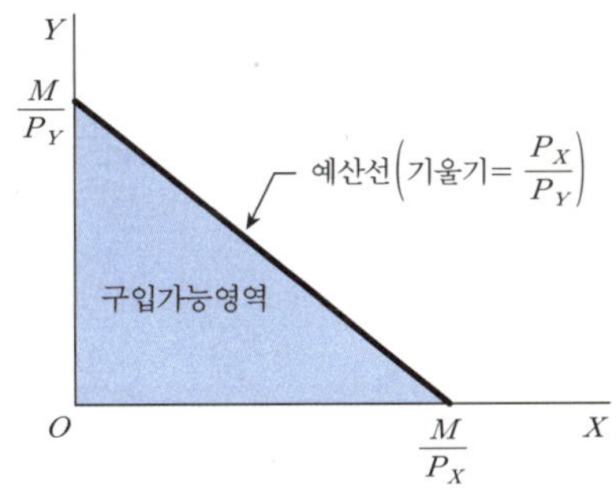

3. 예산선의 의미

(1) 예산선의 기울기

① 예산선의 기울기$\left(\dfrac{P_X}{P_Y}\right)$는 X재의 상대가격을 의미한다.

② 따라서 기울기가 가파를수록 X재가 Y재보다 상대적으로 비싸다는 것을 의미한다.

③ 또한 예산선의 기울기$\left(\dfrac{P_X}{P_Y}\right)$는 X재 1단위 소비의 기회비용을 Y재의 수량으로 표현한 것이다.

$$\begin{aligned}\text{예산선의 기울기} &= \frac{P_X}{P_Y} = X\text{재의 상대가격} \\ &= X\text{재 소비의 기회비용} \\ &= X, Y\text{의 객관적 교환비율}\end{aligned}$$

(2) 예산선의 내부의 면적

① 예산선을 포함한 내부의 삼각형 면적은 주어진 소득 하에서 구입 가능한 소비영역을 의미한다.

② 소득이 클수록 예산선 내부의 면적은 커지고 소득이 작을수록 예산선의 내부면적은 작아진다.

③ 예산선 바깥쪽 영역은 현재로서는 소비할 수 없는 소비영역을 의미한다.

(3) 예산선의 절편

① 예산선의 가로축 절편은 주어진 소득으로 최대한 소비가능한 X재의 수량을 의미한다.

② 예산선의 세로축 절편은 주어진 소득으로 최대한 소비가능한 Y재의 수량을 의미한다.

4. 예산선의 이동

P_X의 변화	P_Y의 변화	소득(M)의 변화
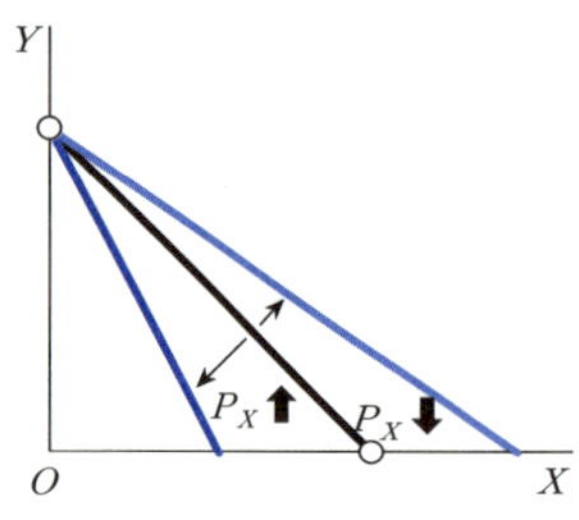	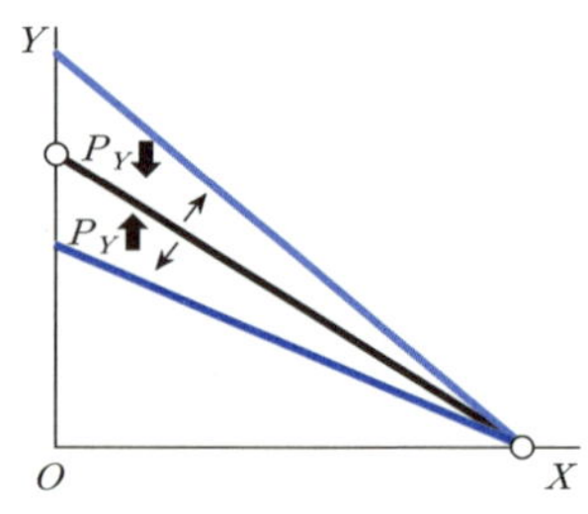	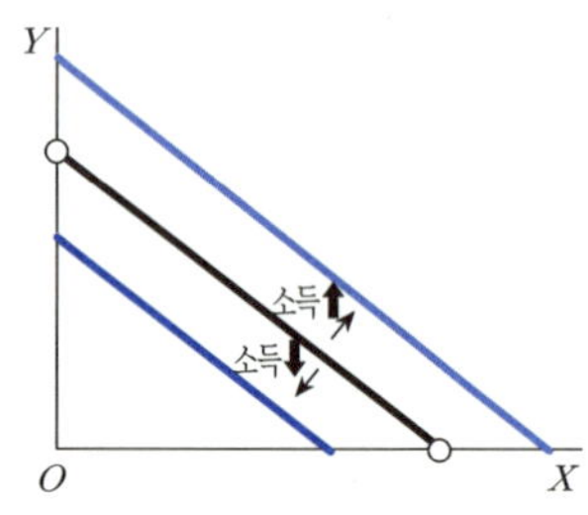

5. 특수한 경우의 예산선

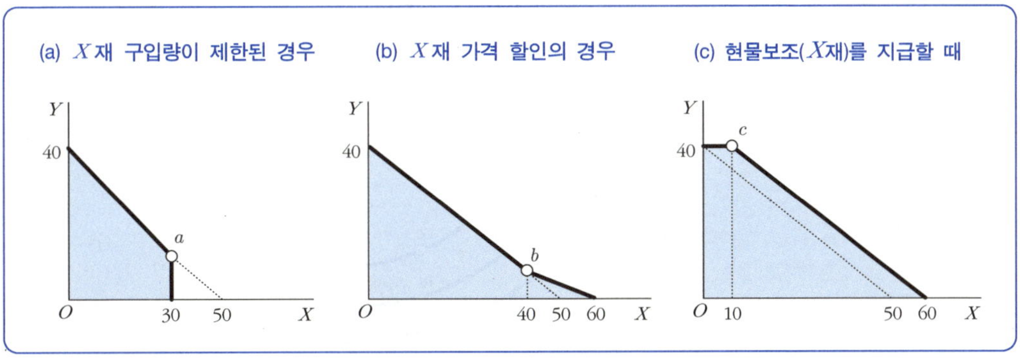

예 제 예산제약식

(1) 철수의 소득은 10,000원이다. X재의 가격이 100원, Y재의 가격이 200원일 때 철수의 예산제약식을 표현하여라.

(2) 사냥꾼 A씨는 하루에 8시간은 잠을 자야하며, 나머지 시간은 자유롭게 사용할 수 있다고 한다. A씨가 시간당 돼지 2마리를 잡든가, 참새 4마리를 잡을 수 있다면 A씨의 예산제약식을 표현하여라. (단, X : 돼지, Y : 참새)

(1) $10,000 = 100X + 200Y$

(2) 사냥꾼 A씨가 사용가능한 시간은 16시간이다. 돼지 한 마리에 $\frac{1}{2}$시간이 사용되고, 참새 1마리에 $\frac{1}{4}$시간이 사용되므로 예산제약식은 다음과 같다.

$16 = \frac{1}{2}X + \frac{1}{4}Y$ (X : 돼지, Y : 참새)

Ⅲ 무차별곡선 (소비행위의 주관적 조건)

1. 무차별곡선의 개념 및 도출

① 무차별곡선(indifference curve)은 소비자에게 동일한 효용을 주는 X재와 Y재의 소비조합점을 연결한 곡선이다.

② 따라서 무차별곡선은 다음과 같이 효용을 $\overline{U}$ 로 고정시켰을 때 X와 Y의 관계를 그래프로 나타낸 것이다.

$$U(X,\ Y) = \overline{U}$$

③ 무차별곡선은 효용함수로부터 도출되며 개인의 선호에 따라 효용함수의 형태도 달라지고 그에 따라 무차별곡선의 형태도 다양하게 도출된다.

④ 일반적인 무차별곡선은 아래 그림과 같이 원점에 대해 볼록한 우하향의 형태이다.

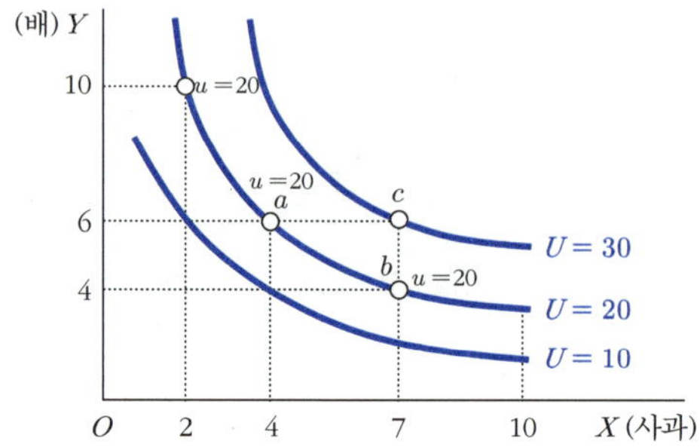

※ $U=20$, $U=30$과 같은 기수적인 표현은 이해를 돕기 위한 것일 뿐 실제로는 서수적인 표현으로 나타내야 함.

2. 무차별곡선의 성질

(1) 우하향한다.

① X재의 소비량이 증가할 때 효용이 일정하게 유지되기 위해서는 Y재의 소비는 필연적으로 감소해야 하므로 무차별곡선은 일반적으로 우하향의 기울기를 갖는다.

② 무차별곡선이 우하향하는 것은 두 재화 X, Y가 모두 재화(goods)이면서 서로 대체가 가능하다는 것을 의미한다.

※ 재화(효용재, goods)란 한계효용이 0보다 커서 소비가 증가할수록 효용이 증가하는 재화를 말한다. 반면에 비재화(비효용재, bads)란 한계효용이 0보다 작아서 소비가 증가할수록 효용이 감소하는 재화를 말한다.

(2) 원점에서 멀어질수록 더 높은 효용수준을 나타낸다.

① 원점에서 멀어질수록 재화의 소비량은 증가한다.

② 따라서 두 재화가 모두 재화(goods)인 경우 원점에서 멀어질수록 효용은 반드시 증가한다.

※ 물론 서수적 효용이므로 그 구체적 수치는 알지 못한다.

③ 강단조성을 의미한다.

(3) 무차별곡선은 결코 서로 교차하지 않는다.

① 무차별곡선이 서로 교차하면 논리적 모순이 발생하므로 무차별곡선은 서로 교차하지 않는다.

② 이행성을 의미한다.

(4) 좌표평면 상의 어느 점에서도 무차별곡선을 그릴 수 있다.

① 모든 소비점에 대해 선호를 판단할 수 있다는 의미이다.

② 완비성을 의미한다.

(5) 단절되지 않는다.

① 무차별곡선은 결코 끊어지지 않는다.

② 연속성을 의미한다.

(6) 원점에 볼록하다.

① 일반적으로 무차별곡선은 원점에 대해 볼록한 형태이다.

② 볼록성을 의미한다.

③ 볼록성으로 인해 한계대체율체감의 법칙이 성립한다.

3. 한계대체율

(1) 개념 및 직관적 의미

① 한계대체율(marginal rate of substitution : MRS_{XY})이란 무차별곡선 상의 두 점을 연결한 직선의 기울기 혹은 무차별곡선의 접선의 기울기를 의미한다.

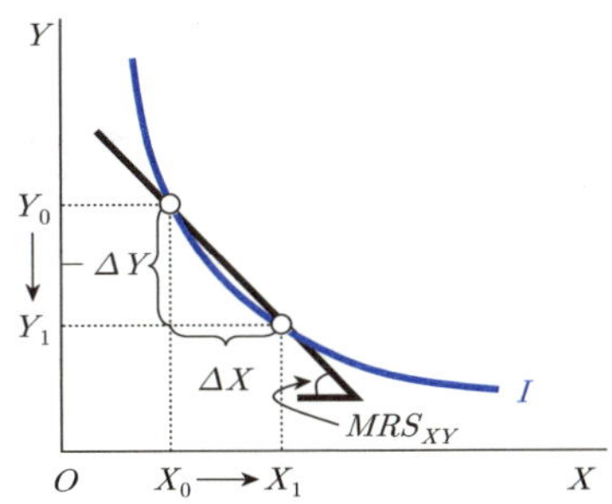

② 따라서 한계대체율(MRS_{XY})은 다음과 같이 나타낼 수 있다.

$$MRS_{XY} = \text{무차별곡선의 (접선의) 기울기} = -\frac{\Delta Y}{\Delta X} = \frac{MU_X}{MU_Y}$$

③ 즉 동일한 효용수준을 유지하면서 X재 한 단위와 교환할 용의가 있는 Y재의 양을 나타내므로 X재 한 단위의 주관적 가치를 Y재 수량으로 나타낸 것이다.

④ 예컨대 한계대체율 $MRS_{XY}=3$이라 하면, X재 한 단위의 주관적 가치가 Y재 세 단위와 같음을 말하고, $MRS_{XY}=5$라 하면, X재 한 단위의 주관적 가치가 Y재 다섯 단위와 같음을 말한다.

$$\begin{aligned} MRS_{XY} &= \text{무차별곡선의 기울기} \\ &= -\frac{\Delta Y}{\Delta X} \\ &= \frac{MU_X}{MU_Y} \\ &= (Y\text{재로 표시한) } X\text{재의 주관적 가치} \end{aligned}$$

⑤ 따라서 한계대체율이 크면 클수록 X재를 보다 선호하는 것이다.

(2) 기하학적 의미

① 기하학적으로 한계대체율은 무차별곡선 접선의 기울기를 나타낸다.

② 따라서 동일한 상품묶음에 대해 무차별곡선이 가파른 형태일수록 X재를 보다 선호하는 사람이다.

③ 아래 그림과 같이 개인 A의 무차별곡선이 개인 B의 무차별곡선보다 가파르게 주어졌다면 이는 개인 A가 개인 B보다 X재를 더 선호함을 의미한다.

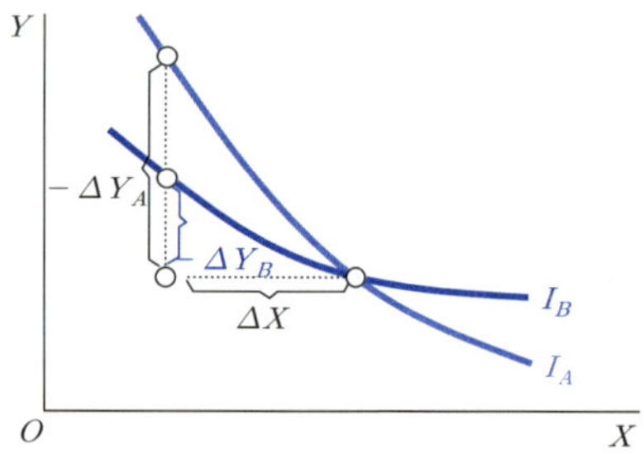

예제 한계대체율(MRS)

A, B, C 세 사람의 효용함수가 각각 $U^A = X \cdot Y$, $U^B = X^{\frac{1}{2}} Y^{\frac{1}{2}}$, $U^C = X^{\frac{2}{3}} Y^{\frac{1}{3}}$로 주어져 있다. 이들이 각각 X재 5개, Y재 10개를 소비하고 있을 때 한계대체율을 구하시오. 또한 이들 중 X재를 가장 선호하는 사람은 누구인가?

A의 경우 $MRS_{XY} = \frac{MU_X}{MU_Y} = \frac{Y}{X}$이므로 $(X, Y) = (5, 10)$에서 $MRS_{XY} = \frac{10}{5} = 2$이다.

B의 경우 $MRS_{XY}=\dfrac{MU_X}{MU_Y}=\dfrac{\frac{1}{2}X^{-\frac{1}{2}}Y^{\frac{1}{2}}}{\frac{1}{2}X^{\frac{1}{2}}Y^{-\frac{1}{2}}}=\dfrac{Y}{X}$이므로

$(X, Y)=(5, 10)$에서 $MRS_{XY}=\dfrac{10}{5}=2$이다.

C의 경우 $MRS_{XY}=\dfrac{MU_X}{MU_Y}=\dfrac{\frac{2}{3}X^{-\frac{1}{3}}Y^{\frac{1}{3}}}{\frac{1}{3}X^{\frac{2}{3}}Y^{-\frac{2}{3}}}=\dfrac{2Y}{X}$이므로

$(X, Y)=(5, 10)$에서 $MRS_{XY}=\dfrac{20}{5}=4$이다.

A, B의 경우 X재 한 단위는 Y재 두 단위의 가치가 있다고 생각하나, C의 경우 X재 한 단위는 Y재 네 단위의 가치가 있다고 생각하므로 가장 X재를 선호하는 것은 C이다.

(3) 한계대체율체감의 법칙

① 한계대체율 체감의 법칙이란 동일한 효용을 유지하면서 X재 소비를 증가시키고 Y재 소비를 감소시킴에 따라 한계대체율은 감소함을 말한다.

$$X\uparrow,\ Y\downarrow \Rightarrow MRS_{XY}\downarrow$$

② 한계대체율 체감의 법칙은 X재가 상대적으로 풍부해짐에 따라 X재에 대한 주관적 가치가 감소하는 것을 나타내므로 소비자들이 보다 고른 재화 소비를 선호함을 가정한 것이다.

③ 한계대체율이 무차별곡선 접선의 기울기를 의미하므로 한계대체율 체감의 법칙은 무차별곡선이 원점에 대해 볼록한 형태임을 나타낸다.

④ 즉, 앞서 살펴본 선호에 관한 기본공리중 볼록성의 공리가 한계대체율 체감의 법칙을 나타낸 것이다.

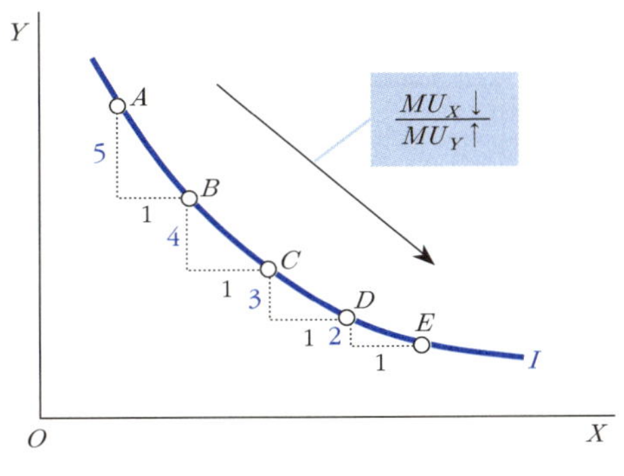

예제

다음 각 효용함수의 한계효용 체감여부와 한계대체율 체감여부를 밝히시오.

(1) $U(x, y)=x^2y^2$

(2) $U(x, y)=x+y$

(1) $U(x,y)=x^2y^2$

한계효용함수를 구해보면 $MU_x=2xy^2$, $MU_y=2x^2y$가 된다.

따라서 x가 증가할 때 MU_x가 증가하므로 x재의 한계효용은 체증한다.

또한 y가 증가할 때 MU_y가 증가하므로 y재의 한계효용은 체증한다.

한계대체율을 구해보면 $MRS_{xy}=\dfrac{2xy^2}{2x^2y}=\dfrac{y}{x}$가 된다.

x를 증가시키고 y를 감소시키면 MRS_{xy} 감소하므로 한계대체율은 체감한다.

(2) $U(x,y)=x+y$

한계효용함수를 구해보면 $MU_x=1$, $MU_y=1$이 된다.

따라서 x재, y재 모두 한계효용은 일정하다.

y에 관해 정리하면 $y=-x+U$로 기울기가 -1로 일정하므로 한계대체율이 1로 항상 일정한 형태이다.

4. 예외적인 형태의 무차별곡선

구분	그림	내용
X재가 비재화(bads)인 경우	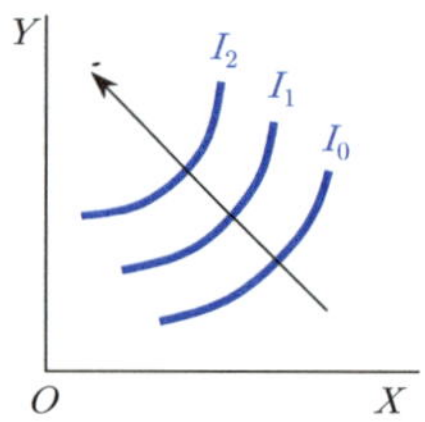	① $U=Y-X^2$ ② X재 소비량이 증가하면 효용이 감소함 ③ 효용증가를 위해서는 X를 줄이고 Y를 증가시켜야함
X재가 중립재인 경우	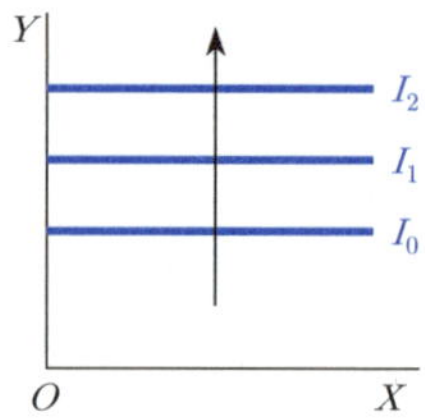	① $U=aY$ ② X재 소비량이 증가해도 효용은 불변임 ③ 효용증가를 위해서는 Y를 증가시켜야함 ④ $MRS=0$
극단적으로 한 재화를 선호하는 경우	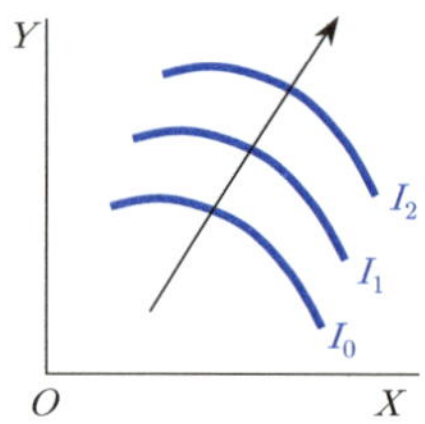	① $U=X^2+Y^2$ ② 두 재화를 골고루 소비하는 것보다는 한 재화만을 소비하는 것이 효용을 더 크게 증가시킴 ③ MRS체증

구분	그림	내용
두 재화가 모두 비재화인 경우	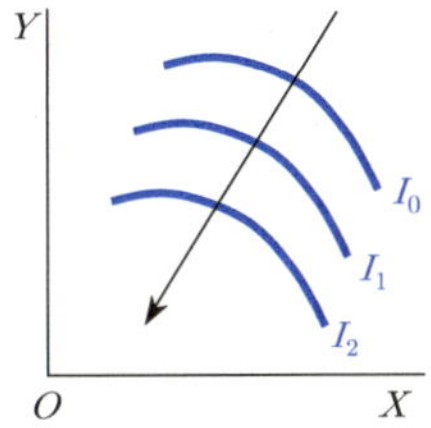	① $U=\dfrac{1}{X^2+Y^2}$ ② 두 재화 모두 비효용재이므로 원점에 가까울수록 효용이 증가
두 재화가 완전대체재인 경우	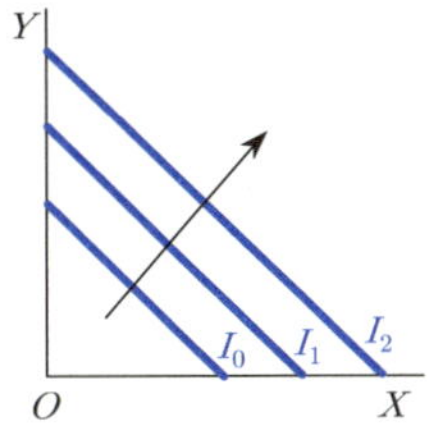	① $U=aX+bY$ (선형효용함수) ② 우하향의 직선의 무차별곡선 ③ $MRS_{XY}=\dfrac{a}{b}$: 불변
두 재화가 완전보완재인 경우	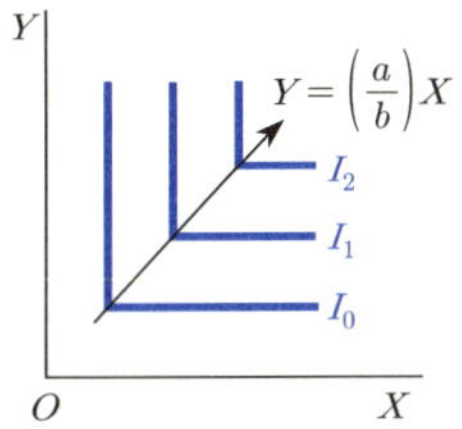	① $U=\min[aX, bY]$ (Leontief 효용함수) ② L자 형태의 무차별곡선 ③ $MRS_{XY}=0$ 또는 $MRS_{XY}=\infty$

※ 비재화(bads)는 비효용재라고도 부른다.

예제

다음 각 효용함수의 무차별곡선의 형태를 나타내시오.

(1) $U(x, y)=2x+y$

(2) $U(x, y)=\min\{2x, y\}$

(3) $U(x, y)=\min\{2x+y, x+2y\}$

(4) $U(x, y)=\max\{x, y\}$

(1) $y=-2x+U$이므로

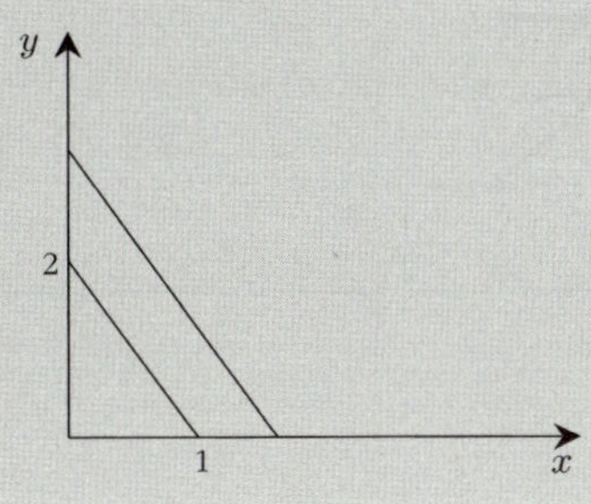

(2) 균형에서 항상 $2x=y$이므로 $y=2x$

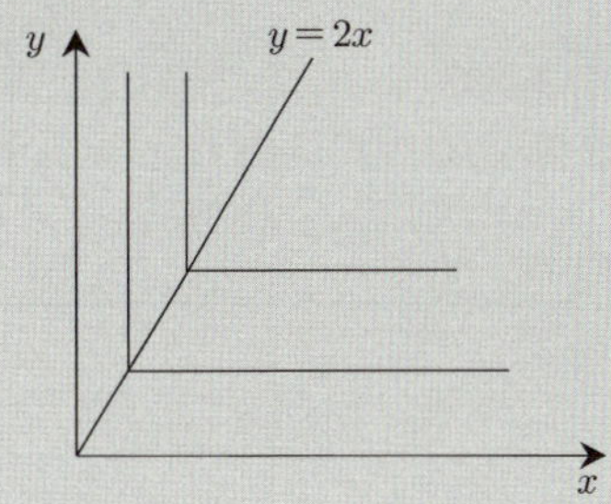

(3) • $2x+y>x+2y$ 즉 $x>y$ 인 경우 $u=x+2y$ 이고
• $2x+y<x+2y$ 즉 $x<y$인 경우 $u=2x+y$ 이므로

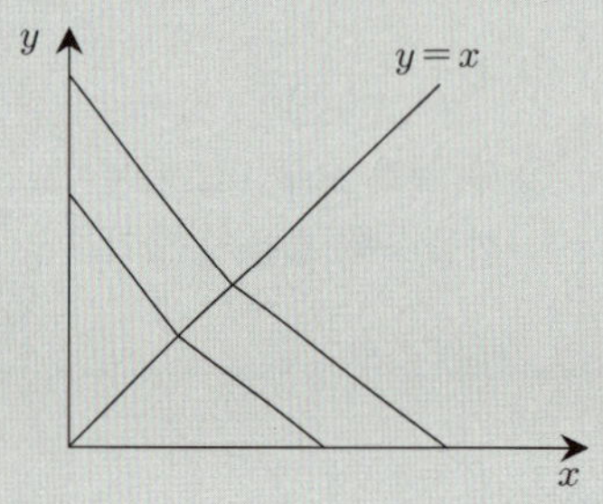

(4) $x>y$ 인 경우 $u=x$
$x<y$ 인 경우 $u=y$ 이므로

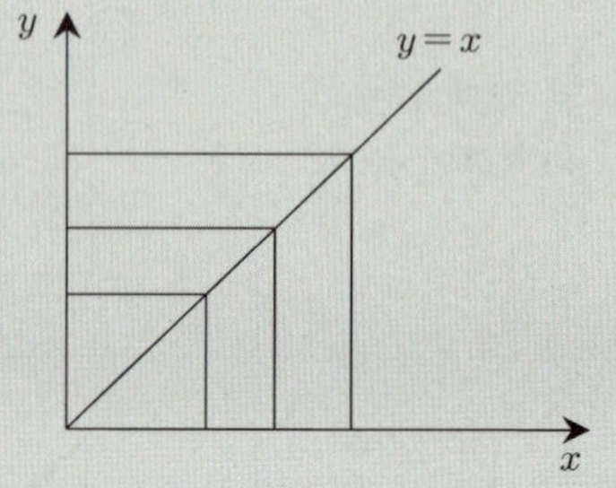

Ⅳ 소비자균형 (효용극대화조건)

1. 소비자균형의 의미

① 소비자균형이란 주어진 예산제약 하에서 소비자의 효용이 극대화된 상태를 의미한다.

② 예산선 바깥쪽은 주어진 소득으로 소비할 수 없는 영역이고, 예산선의 내부는 아직 소비를 증가시킬 여지가 있는 영역이므로 효용극대화 영역이 아니다.

③ 아래 그림의 예산선 상의 점들 중 예산선과 무차별곡선이 교차하는 점(A점, B점)은 예산선과 무차별곡선이 접하는 점(E점)보다 효용이 낮은 점이므로 효용극대화 점이 아니다.

④ 결국 예산선과 무차별곡선이 접하는 E점에서 소비자균형(효용극대화)이 달성된다.

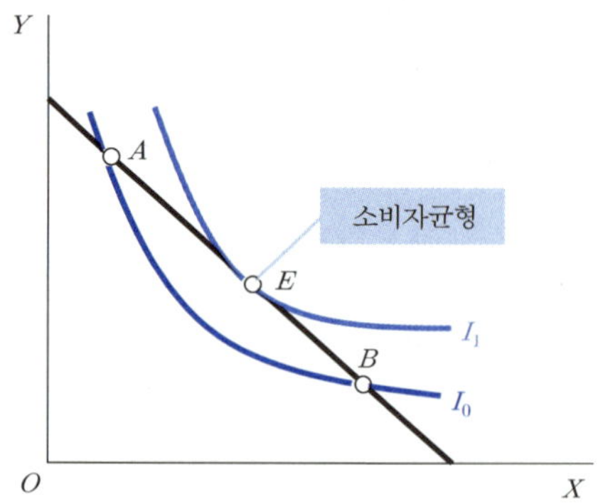

2. 소비자균형 조건 (효용극대화 조건)

① 소비자균형에서는 예산선과 무차별곡선이 접하므로 예산선의 기울기와 무차별곡선의 접선의 기울기가 일치한다.

$$\text{무차별곡선의 접선의 기울기}(MRS_{XY}) = \text{예산선의 기울기}\left(\frac{P_X}{P_Y}\right)$$

② 한계대체율(MRS_{XY})은 소비자의 주관적인 교환비율이고, $\left(\frac{P_X}{P_Y}\right)$는 시장에서 결정된 재화의 객관적인 교환비율이므로 소비자 균형조건은 다음과 같이 나타낼 수 있다.

$$\text{소비자의 주관적 교환비율} = MRS_{XY} = \frac{MU_X}{MU_Y} = \left(\frac{P_X}{P_Y}\right) = \text{시장의 객관적 교환비율}$$

③ 위의 식을 변형하면 다음과 같이 이해할 수도 있다.

$$\frac{MU_X}{MU_Y} = \left(\frac{P_X}{P_Y}\right) \Rightarrow \frac{MU_X}{P_X} = \frac{MU_Y}{P_Y} \text{ : (화폐1원당) 한계효용균등의 법칙}$$

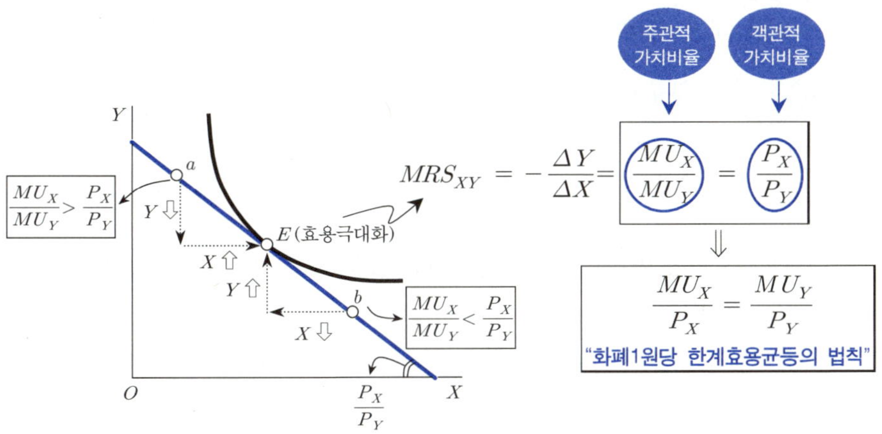

3. 소비조정과정

소비점	소비상태	소비의 조정
E점	$MRS_{XY} = \frac{P_X}{P_Y}$	효용극대화의 상태
a점	$MRS_{XY} > \frac{P_X}{P_Y}$	(X재 소비증가 + Y재 소비감소) → E점으로 이동 → (MRS_{XY} 감소 + 효용증가) → 효용극대화($MRS_{XY} = \frac{P_X}{P_Y}$)
b점	$MRS_{XY} < \frac{P_X}{P_Y}$	(X재 소비감소 + Y재 소비증가) → E점으로 이동 → (MRS_{XY}증가 +효용증가) → 효용극대화($MRS_{XY} = \frac{P_X}{P_Y}$)

예 제

(1) 철수는 현재 주스 3잔과 커피 4잔을 맞바꾸어도 효용수준에 변화가 없다고 한다. 그런데 주스 한 잔의 시장가격은 1,500원이고, 커피의 시장가격은 1,200원이다. 합리적인 소비자인 철수는 어떤 재화 소비량을 증가시키는가?

(2) 영희의 효용함수는 $U(X, Y) = X^{0.2}Y^{0.8}$이다. 영희의 소득이 100만원, X재 가격은 10만원, Y재 가격은 5만원이라면 영희의 효용극대화 소비량은 어떻게 되는가?

(1) 주스를 X, 커피를 Y라 할 때 $MRS_{XY} = -\frac{\Delta Y}{\Delta X} = \frac{4}{3}$이므로 철수는 주스 한 잔이 커피 $\frac{4}{3}$잔과 동일하다고 생각하고 있다.

반면 시장가격을 기준으로 $\frac{P_X}{P_Y} = \frac{1,500}{1,200} = \frac{5}{4}$이므로 주스 한 잔은 커피 $\frac{5}{4}$잔과 같다.

따라서 $MRS_{XY} > \frac{P_X}{P_Y}$이므로 철수는 주스 소비를 증가시키고, 커피 소비를 줄인다.

(2) 예산제약식 $100 = 10X + 5Y$ … ①

효용극대화조건식 $MRS_{XY} = \frac{P_X}{P_Y}$ … ②

$MRS_{XY} = \frac{MU_X}{MU_Y} = \frac{0.2X^{-0.8}Y^{0.8}}{0.8X^{0.2}Y^{-0.2}} = \frac{Y}{4X}$이고, $\frac{P_X}{P_Y} = \frac{10}{5}$이므로

식 ②에 대입하여 정리하면 $\frac{1}{4}\frac{Y}{X} = \frac{10}{5}$ … ③

식 ①과 ③을 연립해서 풀면 $X = 2$, $Y = 16$이 된다.

4. 예외적인 소비자 균형

일반적인 소비자 균형에서는 무차별곡선의 기울기인 한계대체율과 예산선의 기울기인 상대가격이 일치한다. 하지만, 다음과 같이 무차별곡선의 형태에 따라 소비자 균형에서 한계대체율과 상대가격이 일치하지 않는 예외적인 경우가 발생할 수 있다.

(1) 구석해 (=corner solution)

1) 특정재화에 대한 극단적 선호

X재만 구입하는 경우$\left(MRS_{XY} > \frac{P_X}{P_Y}\right)$	Y재만 구입하는 경우$\left(MRS_{XY} < \frac{P_X}{P_Y}\right)$
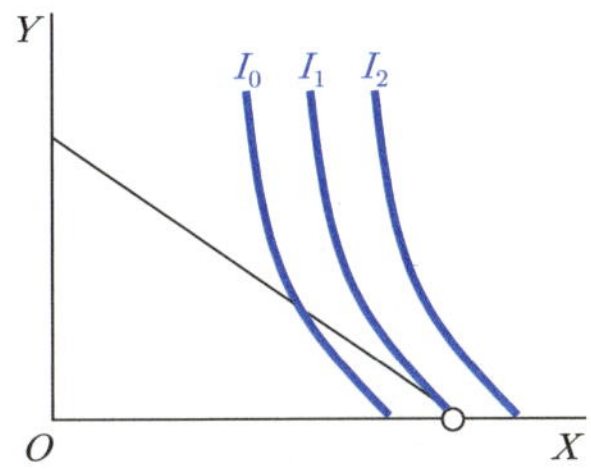	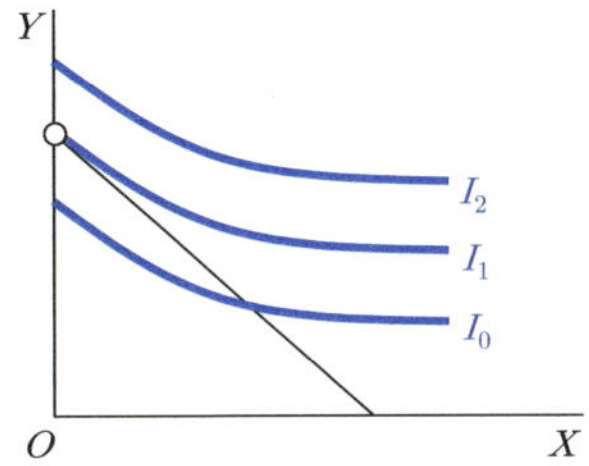

2) 완전대체재의 경우

① 완전대체재의 경우 무차별곡선이 우하향의 직선의 형태이며 효용함수가 다음과 같다.

$$U = aX + bY$$

② 완전대체재의 경우 한계대체율이 항상 $\frac{a}{b}$로 일정하므로 다음과 같은 세 가지의 균형이 나타날 수 있다.

③ $MRS_{XY} > \frac{P_X}{P_Y}$: 가로축(X)에서 구석해가 발생하므로 X재만 소비한다.

④ $MRS_{XY} < \frac{P_X}{P_Y}$: 세로축(Y)에서 구석해가 발생하므로 Y재만 소비한다.

⑤ $MRS_{XY} = \frac{P_X}{P_Y}$: 예산선과 무차별곡선이 일치하므로 예산선 상의 모든 점이 소비자균형점이 될 수 있다. 따라서 균형이 불분명하며 X, Y를 모두 소비할 수 있다.

3) 비재화(bads)의 경우

① X재가 비효용재인 경우 세로축(Y)에서 구석해가 발생하므로 Y재만 소비한다.

② Y재가 비효용재인 경우 가로축(X)에서 구석해가 발생하므로 X재만 소비한다.

4) 중립재의 경우

① X재가 중립재인 경우 세로축(Y)에서 구석해가 발생하므로 Y재만 소비한다.

② Y재가 중립재인 경우 가로축(X)에서 구석해가 발생하므로 X재만 소비한다.

두 재화가 완전대체재이며 X재만 구입하는 경우 $\left(MRS_{XY} > \dfrac{P_X}{P_Y}\right)$

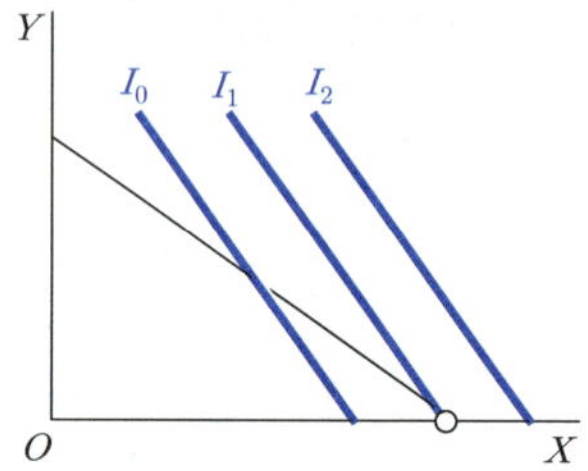

X재가 비효용재이며 Y재만 구입하는 경우

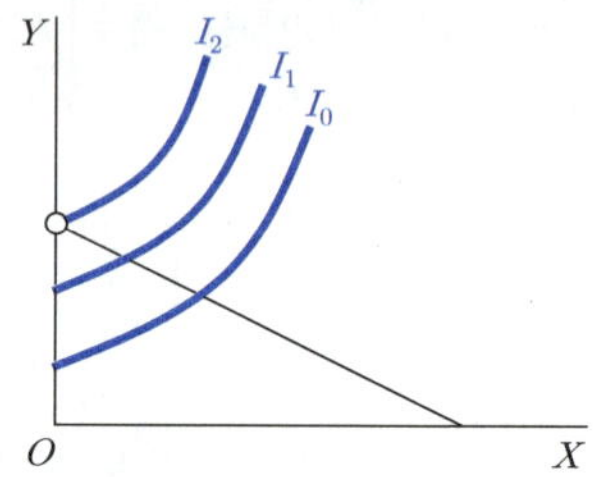

Y재가 중립재이며 X재만 구입하는 경우

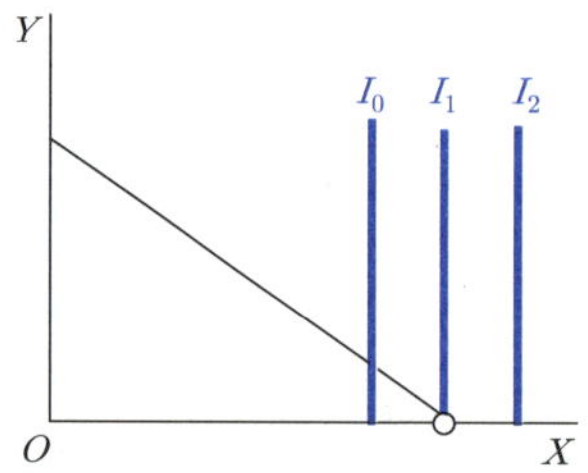

무차별곡선이 원점에 오목하며 X재만 구입하는 경우

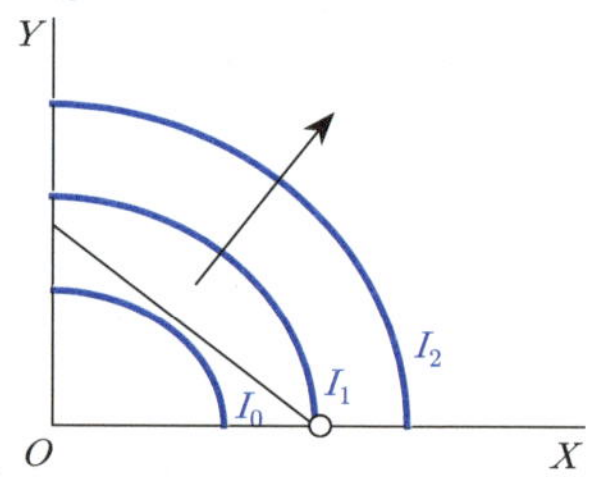

(2) 완전보완재인 경우

① 완전보완재의 경우 다음과 같은 효용함수로 항상 소비비율이 정해져 있다.

$$U = \min[aX, bY]$$

② 완전보완재의 경우 상대가격과 관계없이 최적결합비율이 $aX = bY$로 항상 일정하게 된다.

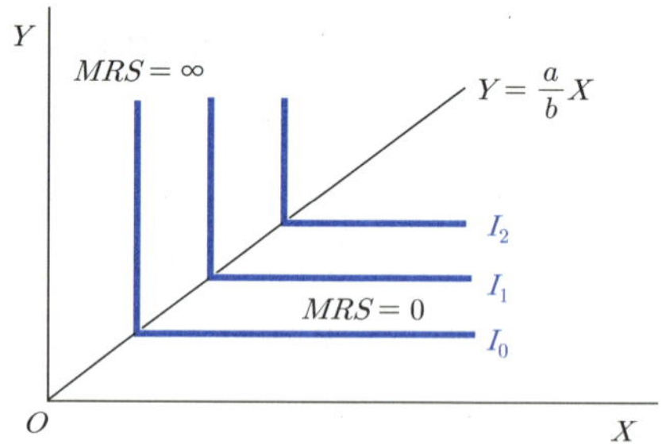

③ 즉 항상 $(X : Y) = (b : a)$의 관계가 성립한다.

④ 따라서 균형에서는 항상 다음과 같은 식이 성립한다.

$$U = aX = bY$$

예제 효용극대화

(1) 철수의 효용함수는 $U=2X+Y$이다. X재의 가격은 1원이고, Y재의 가격은 2원이라고 한다. 철수가 가진 돈이 모두 1,000원이라면 철수가 얻을 수 있는 최대효용은?

(2) 영희의 효용함수는 $U=\min[2X, Y]$ 이다. X재의 가격은 1원이고, Y재의 가격은 2원이라고 한다. 영희가 가진 돈이 모두 1,000원이라면 영희가 얻을 수 있는 최대효용은?

(1) 철수의 한계대체율을 구하면 $MRS_{XY}=\frac{2}{1}$인 상수로 나오므로 철수에게 X재와 Y재는 완전대체재이다. 항상 $MRS_{XY}=\frac{2}{1}>\frac{P_X}{P_Y}=\frac{1}{2}$이므로 모든 소득으로 X재만 구매하고 Y재는 구매하지 않는다. 이때 X재의 가격이 1원이므로 최대한 소비 가능한 X재의 수량은 1,000이다.
철수의 효용함수 $U=2X+Y$에 $X=1,000$과 $Y=0$을 대입하면
철수의 효용은 $U=2\times1,000=2,000$이 된다.

(2) 영희는 항상 $2X=Y$로 소비한다. 예산제약식은 $1,000=X+2Y$ 이므로 여기에 $2X=Y$ 를 대입하면 $X=200$, $Y=400$이 된다. 따라서 영희의 효용은 $U=\min[400, 400]=400$이 된다.

V 가격효과 분석

1. 개념

(1) 가격효과

① 가격효과(price effect)란 상품의 가격 변화에 따른 수요량 변화를 말한다.

② 가격효과는 소득효과와 대체효과로 구분될 수 있다.

가격효과＝대체효과＋소득효과

③ 예컨대, X재 가격이 100원, Y재 가격이 200원일 때 $(X, Y)=(4, 2)$를 소비하던 소비자가 있다고 하자. 만일 Y재 가격이 100원으로 하락한다면 이 소비자는 기존 소비량 $(X, Y)=(4, 2)$를 그대로 유지하더라도 200원의 소득이 남게 된다.

④ 따라서 어떤 재화의 가격변화는 상대가격 뿐 아니라 실질소득도 변화시키므로, 이를 나누어서 살펴보고자 한다.

(2) 대체효과

대체효과(substitution effect)는 실질소득이 일정할 때 상대적인 가격변화가 가져오는 수요량의 변화를 말한다.

(3) 소득효과

소득효과(income effect)는 가격변화가 유발하는 화폐의 구매력, 즉 실질소득의 변화가 가져오는 수요량 변화를 말한다.

2. 그래프를 통한 분석 (X재 가격하락의 경우)

(1) 가격효과

① 주어진 소득과 가격수준에서 최초 균형점이 a점이고, X재 소비량은 X_0이다.

② 이제 X재의 가격이 하락하면 예산선이 선분AB에서 선분AB'으로 변화한다.

③ 그 결과 새로운 균형점은 b점이 되고 X재 수요량은 X_0에서 X_1으로 증가하며 이를 가격효과라 한다.

(2) 대체효과

① 대체효과를 알아보기 위해서는 실질소득을 일정하게 유지하고, 상대가격만 변화시켜야 한다.

② 실질소득이 일정하다는 것은 곧 효용수준이 일정하다고 이해할 수 있다.

③ 따라서 가격변화 후 바뀐 예산선 선분AB'에 평행하되 원래의 무차별곡선과 접하도록 새로운 예산선을 그린다.

④ 동일한 효용을 유지하면서 예산선의 기울기만 변화하였을 때 균형점은 a점에서 c점으로 이동하고 X재 수요량은 X_0에서 X_2까지 증가하며 이를 대체효과라 한다.

(3) 소득효과

① 소득효과는 실질소득 증가로 나타나는 수요량 변화이다.

② 따라서 실질소득의 증가는 곧 효용수준의 증가로 이해할 수 있다.

③ 실질소득증가로 예산선이 바깥쪽으로 평행이동하면서 균형점은 c점에서 b점으로 이동하고 효용이 I_0에서 I_1까지 증가하였을 때 X재 수요량은 X_2에서 X_1까지 변화하며 이를 소득효과라 한다.

X =정상재

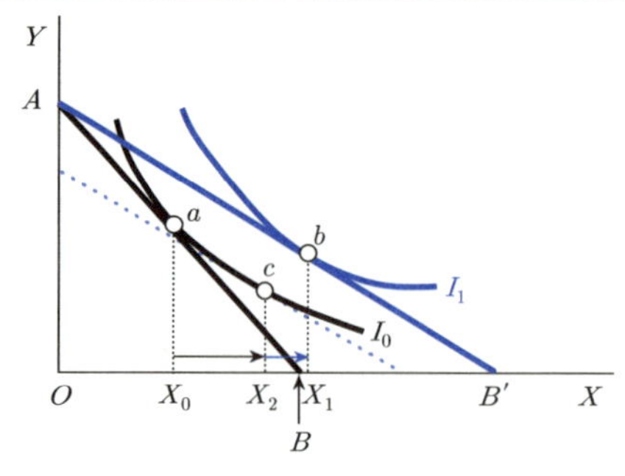

가격효과($X_0 \rightarrow X_1$)…구입량 증가
대체효과($X_0 \rightarrow X_2$)…구입량 증가
소득효과($X_2 \rightarrow X_1$)…구입량 증가

<table>
<tr>
<td>X = 열등재</td>
<td>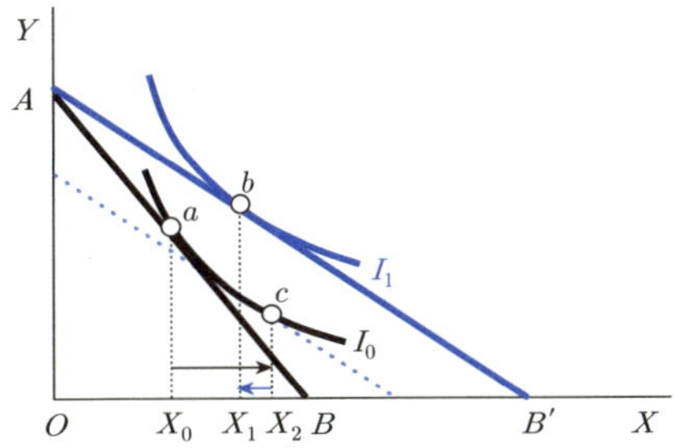

가격효과$(X_0 \rightarrow X_1)$…구입량 증가
대체효과$(X_0 \rightarrow X_2)$…구입량 증가
소득효과$(X_2 \rightarrow X_1)$…구입량 감소
(대체효과 > 소득효과)</td>
</tr>
<tr>
<td>X = 기펜재</td>
<td>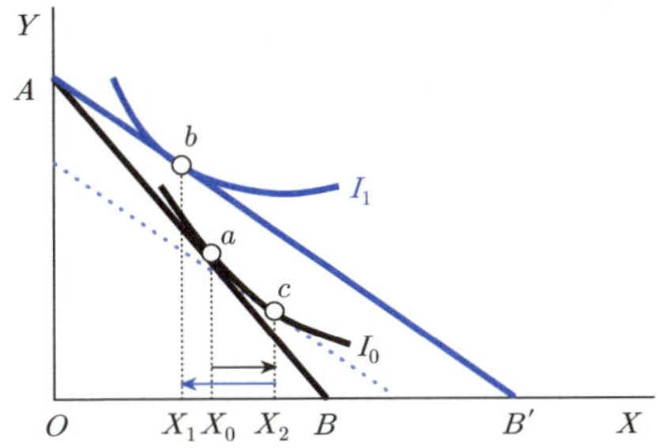

가격효과$(X_0 \rightarrow X_1)$…구입량 감소
대체효과$(X_0 \rightarrow X_2)$…구입량 증가
소득효과$(X_2 \rightarrow X_1)$…구입량 감소
(대체효과 < 소득효과)</td>
</tr>
</table>

3. 재화의 종류에 따른 가격효과, 소득효과, 대체효과

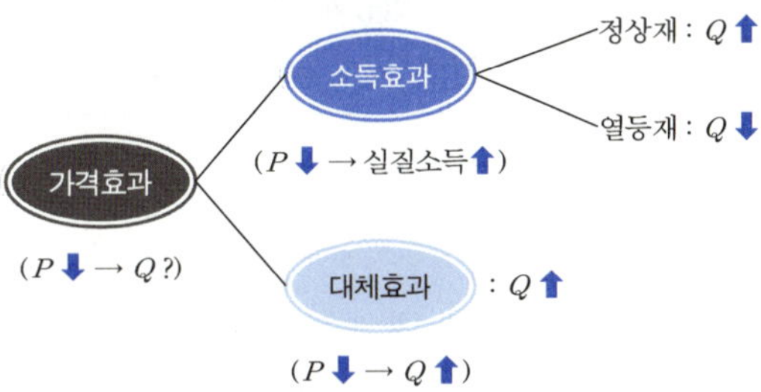

(1) 가격효과

① 재화의 가격변화가 수요량에 미치는 효과

② 가격효과 = 소득효과 + 대체효과

③ 일반적으로(−)이지만 기펜재의 경우(+)임

(2) 소득효과

① 재화가격변화에 따른 실질소득의 변화가 수요를 변화시키는 효과

② 정상재(−)와 열등재(+)가 다르게 나타남

(3) 대체효과

① 상품의 가격변화에 따른 상대가격의 변화가 수요에 미치는 효과

② 대체효과는 재화의 성격과 무관하게 항상 (−)로 일정함

4. 재화가격 하락의 경우 가격효과 분석

			가격효과	= 소득효과	+ 대체효과
$P\downarrow$	정 상 재		수요증가(−−)	수요증가(−)	수요증가(−)
	열등재	기펜재가 아닌 열등재	수요증가(−)	수요감소(+)	수요증가(−−)
		기펜재(Giffen goods)	수요감소(+)	수요감소(++)	수요증가(−)

※ ① 정상재는 소득효과와 대체효과가 동일한 방향으로 작용한다.
② 열등재는 소득효과와 대체효과가 반대 방향으로 작용한다.
③ 정상재는 결코 기펜재가 될 수 없다.
④ 기펜재는 열등재 중에서 "소득효과 > 대체효과"인 재화이다.
⑤ 대체효과는 항상 음(−)이다.
⑥ 정상재는 반드시 수요의 법칙을 충족한다.
⑦ 수요의 법칙을 위배한다면 반드시 열등재이다.
⑧ 열등재가 항상 수요의 법칙을 위배하는 것은 아니다.

5. 기펜재 (Giffen goods)

① 기펜재란 열등재 중에서 소득효과가 대체효과보다 큰 재화를 말한다.

② 기펜재는 수요의 법칙을 위배하므로 기펜재의 통상의 수요곡선은 우상향한다.

③ 기펜재라도 보상수요곡선은 소득효과를 제외하였으므로 우하향한다.

④ 정상재는 절대로 기펜재가 될 수 없다.

⑤ 모든 기펜재는 열등재이지만, 모든 열등재가 기펜재인 것은 아니다.

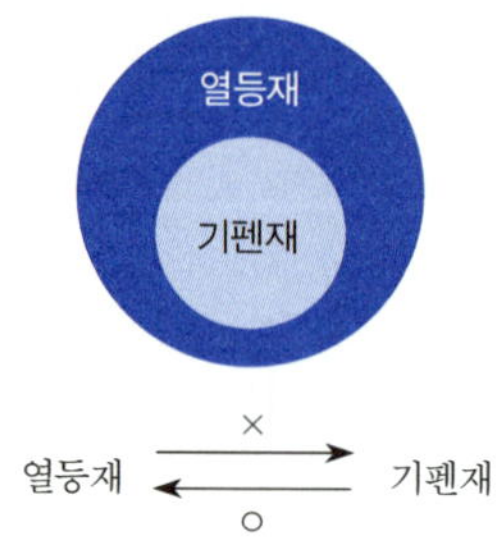

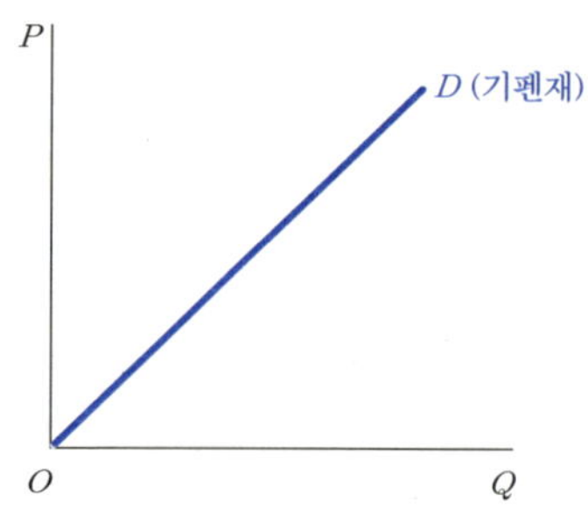

6. 통상의 수요곡선과 보상수요곡선

(1) 양자의 비교

구분	내용
통상의 수요곡선(D) = 보통의 수요곡선 = 마샬의 수요곡선	① 재화의 가격변동과 수요량변동 사이의 관계를 나타내는 일반적인 수요곡선 ② 가격효과(소득효과+대체효과)를 나타냄 ③ 동일한 수요곡선상의 점들이라도 소득효과로 인해 소비자의 실질소득이 달라지는 문제점 발생 ④ 소비자잉여, 초과부담 등의 측정시 과대(과소)평가 가능성
보상수요곡선(D_h)	① 소득효과를 제거하고 대체효과만을 나타내는 수요곡선 ② 보상수요곡선상의 모든 점에서는 실질소득이 동일함 (동일한 무차별곡선상의 점) ③ 소비자잉여, 초과부담 등의 정확한 측정이 가능함 ④ (소득효과=0) → (보통의수요곡선=보상수요곡선)
재화의 종류에 따른 보상수요곡선의 형태	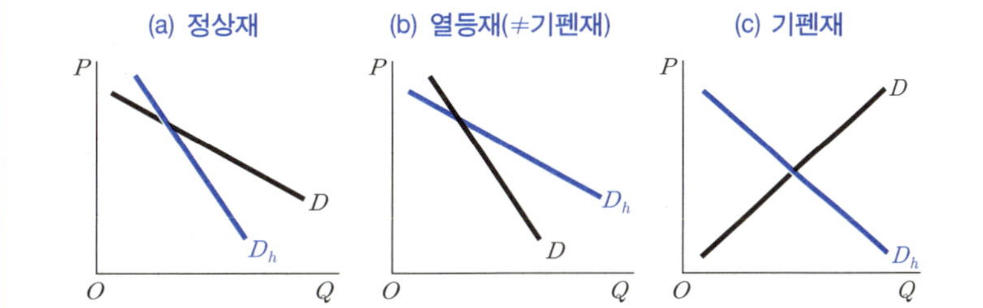

(2) 보상수요곡선 도출과정

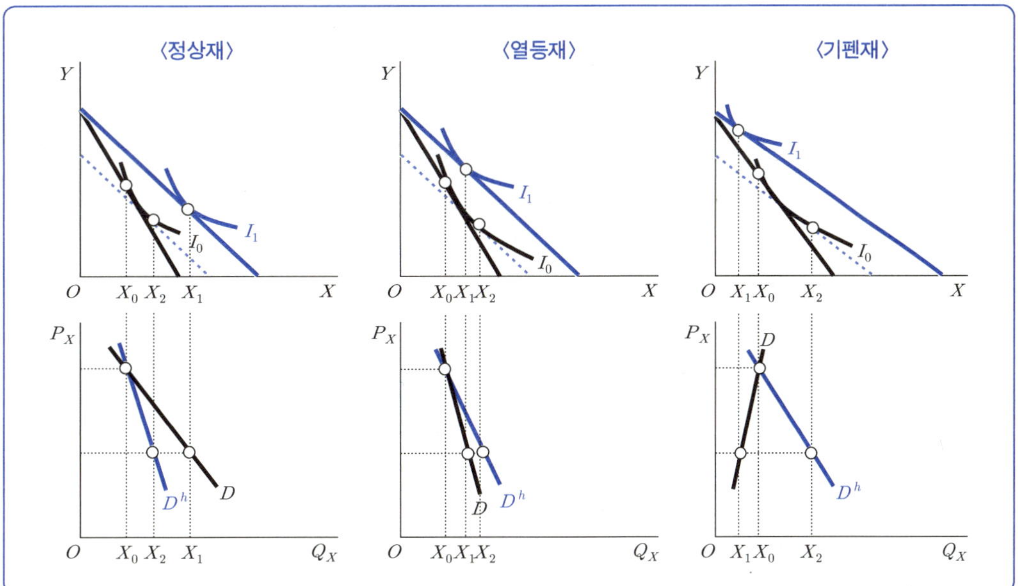

7. 보상변화(CV)와 동등변화(EV)

보상변화(CV)	동등변화(EV)
① 재화의 가격변화 후의 새로운 효용수준에서 가격변화 이전의 효용수준으로 되돌리기 위한 소득의 변화크기 ② 변화 후 가격을 기준으로 한 소비자의 후생변화 측정 방법 ③ 아래 그림에서 X재의 가격이 하락한 경우의 보상변화의 크기는 선분AD이다.	① 재화의 가격변화 이전의 효용수준에서 가격변화 이후의 새로운 효용수준을 달성하기 위한 소득의 변화크기 ② 변화 전 가격을 기준으로 한 소비자의 후생변화 측정 방법 ③ 아래 그림에서 X재의 가격이 하락한 경우의 동등변화의 크기는 선분FA 이다.
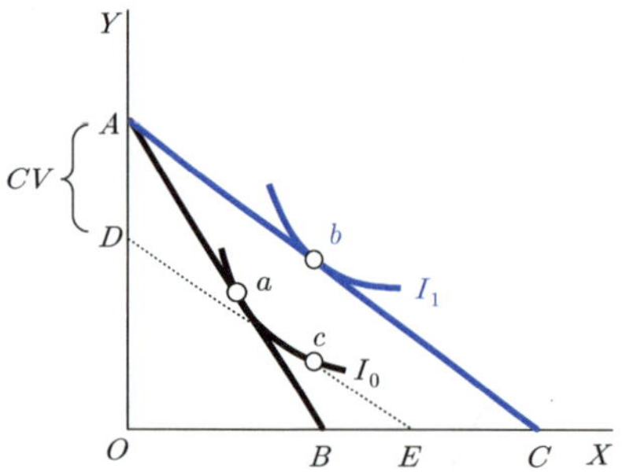	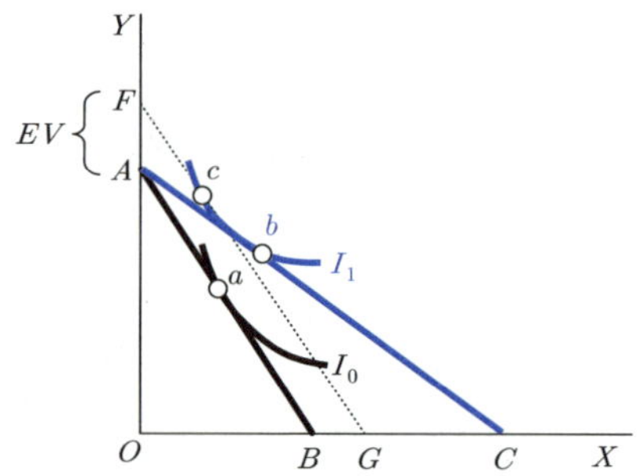

※ 결국 보상변화(CV)와 동등변화(EV)는 서수적 효용만을 가정하는 무차별곡선 이론의 한계를 보완하여, 가격 변동에 따른 효용의 기수적 변화크기를 특정하고자 하는 개념이다.

8. 예외적인 경우의 가격효과, 소득효과, 대체효과

가격효과 = 0인 경우	소득효과 = 0인 경우	대체효과 = 0인 경우
① 소득효과=대체효과 (반드시 열등재임!) ② 수직의 통상수요곡선 ③ 수요의 가격탄력성=0 ④ 수직의 PCC	① 가격효과=대체효과 ② 통상수요곡선=보상수요곡선 ③ 수요의 소득탄력성=0 ④ 수직의 ICC	① 가격효과=소득효과 ② $PCC = ICC$ ③ X, Y는 완전보완재 ④ L자의 무차별곡선 ⑤ $U=\min[\frac{X}{a}, \frac{Y}{b}]$ ⑥ 우하향의 통상수요곡선 ⑦ 수직의 보상수요곡선

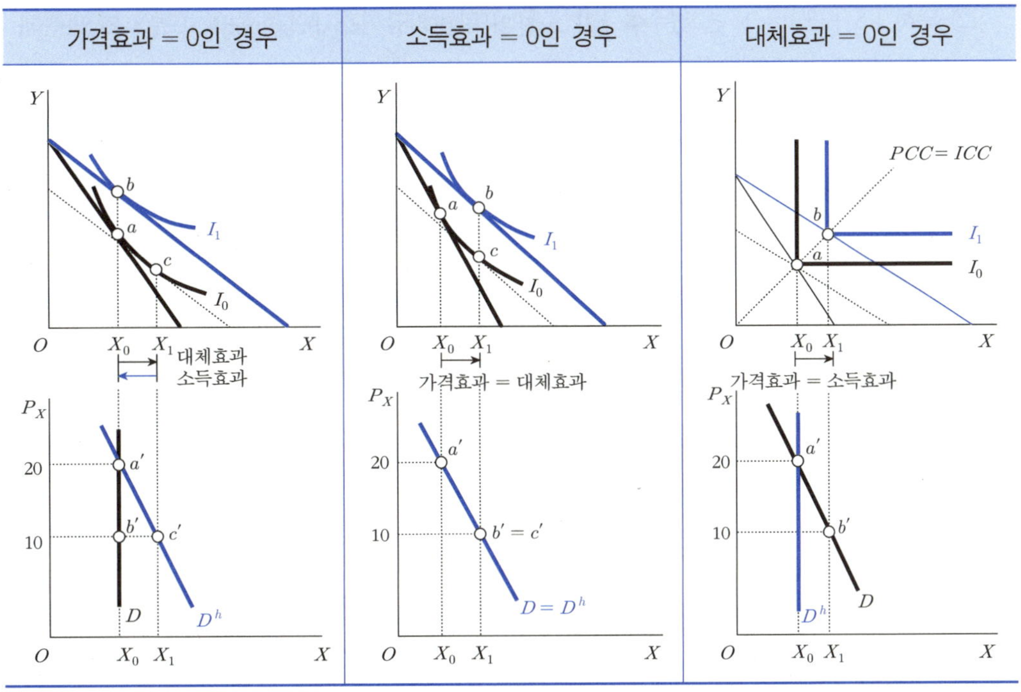

Ⅵ 주요 효용함수

1. 콥-더글러스 효용함수 (Cobb-Douglas utility function)

(1) 개념

① 콥(C. W. Cobb)과 더글러스(P. H. Douglas)에 의해 개발된 효용함수로 다음과 같이 정의된다.

$$U = AX^{\alpha}Y^{\beta} \qquad (\text{단, } \alpha > 0,\ \beta > 0)$$

② 콥-더글러스 효용함수는 소비자이론에서 가장 널리 이용하는 효용함수이다.

(2) $(\alpha+\beta)$차 동차함수

① 콥-더글러스 효용함수는 X재와 Y재의 소비량이 각각 t배로 증가하는 경우 효용은 $t^{(\alpha+\beta)}$배가 되므로 $(\alpha+\beta)$차 동차함수이다.

$$A(tX)^{\alpha}(tY)^{\beta} = t^{(\alpha+\beta)}AX^{\alpha}Y^{\beta} = t^{(\alpha+\beta)}U$$

② 특히 $(\alpha+\beta)=1$ 인 경우를 1차 동차의 콥-더글러스 효용함수라고 부르고 다음과 같이 일반화 하여 표현한다.

1차 동차의 콥-더글러스 효용함수 : $U=AX^{\alpha}Y^{(1-\alpha)}$

※ 일반적으로 1차 동차의 콥-더글러스 효용함수가 가장 많이 사용된다.

(3) 한계효용

① X재와 Y재의 한계효용은 다음과 같이 구할 수 있으며, α 와 β 의 크기에 따라 한계효용이 체감할 수도 있고 체증할 수도 있다.

$$MU_X=\frac{dU}{dX}=\alpha AX^{\alpha-1}Y^{\beta} \Rightarrow \begin{cases} \alpha>1 \cdots MU_X \text{ 체증} \\ \alpha=1 \cdots MU_X \text{ 일정} \\ \alpha<1 \cdots MU_X \text{ 체감} \end{cases}$$

$$MU_Y=\frac{dU}{dY}=\beta AX^{\alpha}Y^{\beta-1} \Rightarrow \begin{cases} \beta>1 \cdots MU_Y \text{ 체증} \\ \beta=1 \cdots MU_Y \text{ 일정} \\ \beta<1 \cdots MU_Y \text{ 체감} \end{cases}$$

② Y재 소비량이 증가하면 X재의 한계효용이 증가하고, X재 소비량이 증가하면 Y재의 한계효용이 증가한다.

(4) 한계대체율

① 콥-더글러스 효용함수의 한계대체율은 다음과 같이 $\left(\frac{Y}{X}\right)$의 함수로 나타난다.

$$MRS_{XY}=\frac{MU_X}{MU_Y}=\frac{\alpha AX^{\alpha-1}Y^{\beta}}{\beta AX^{\alpha}Y^{\beta-1}}=\frac{\alpha}{\beta}\cdot\left(\frac{Y}{X}\right)$$

② 이는 콥-더글라스 효용함수가 동차함수이기 때문이다.

③ X재 소비량이 증가하고 Y재 소비량이 감소하면 한계대체율은 체감함을 알 수 있다.

④ α 와 β 의 크기에 관계없이 한계대체율이 항상 체감하므로 무차별곡선은 원점에 대해 볼록한 우하향의 형태이다.

⑤ 한계대체율이 $\left(\frac{Y}{X}\right)$의 크기에 의존하므로 두 재화의 소비량 비율이 동일한 점에서는 무차별곡선 접선이 모두 평행하다.

※ 원점을 통과하는 직선상의 모든 점에서는 $\left(\frac{Y}{X}\right)$가 동일하다.

※ 한계대체율이 $\left(\frac{Y}{X}\right)$에만 의존하는 선호체계를 동조적 선호체계, 한계대체율이 $\left(\frac{Y}{X}\right)$에만 의존하는 효용함수를 동조 효용함수(homothetic utility function)라고 한다.

※ 콥-더글러스 효용함수의 무차별곡선

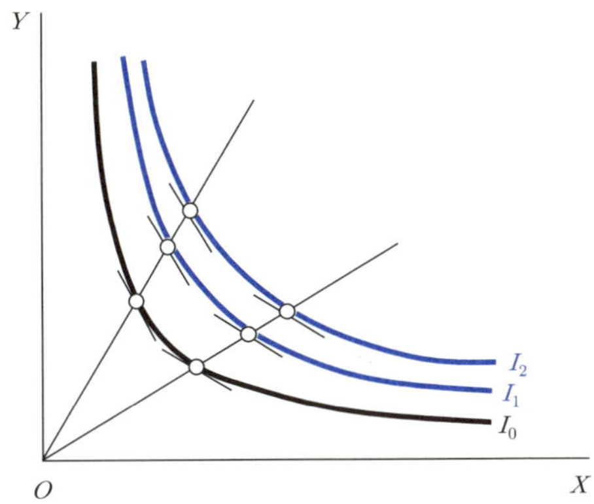

원점을 통과하는 직선상의 모든 점에서는 X재와 Y재의 소비량 비율 $\left(\frac{Y}{X}\right)$가 동일하므로 한계대체율이 동일하다. 따라서 원점을 통과하는 직선과 무차별곡선이 교차하는 점에서는 무차별곡선 접선이 모두 평행하다.

(5) 수요함수

효용함수가 $U = A X^{\alpha} Y^{\beta}$ 인 경우 각 재화의 수요함수는 다음과 같이 도출된다.

$$X\text{재의 수요함수} : X = \frac{\alpha}{(\alpha+\beta)} \cdot \frac{M}{P_X}$$

$$Y\text{재의 수요함수} : Y = \frac{\beta}{(\alpha+\beta)} \cdot \frac{M}{P_Y}$$

(6) α와 β의 의미

콥-더글라스 효용함수에서 α, β는 특별한 의미를 가지는데 다음과 같은 2가지의 의미로 해석이 가능하다.

1) 효용의 소비량에 대한 탄력성

① X재 소비량이 1% 증가하면 효용은 α%, Y재 소비량이 1% 증가하면 효용은 β% 만큼 증가한다.

② 따라서 α는 효용의 X재에 대한 탄력성, β는 효용의 Y재에 대한 탄력성과 일치한다.

$$\text{효용의 } X\text{재에 대한 탄력성} = \frac{\Delta U/U}{\Delta X/X} = \frac{\Delta U}{\Delta X} \cdot \frac{X}{U} = \alpha$$

$$\text{효용의 } Y\text{재에 대한 탄력성} = \frac{\Delta U/U}{\Delta Y/Y} = \frac{\Delta U}{\Delta Y} \cdot \frac{Y}{U} = \beta$$

2) 각 재화에 대한 지출비율

① 각 재화의 수요함수로부터 다음의 관계가 성립한다.

$$X\text{재의 지출액}: P_X X = \frac{\alpha}{(\alpha+\beta)} \cdot M$$

$$Y\text{재의 지출액}: P_Y Y = \frac{\beta}{(\alpha+\beta)} \cdot M$$

② 따라서 각 재화의 지출비율은 다음과 같다.

$$\text{소득}(M)\text{에서 } X\text{재의 지출비율}: \frac{\alpha}{(\alpha+\beta)}$$

$$\text{소득}(M)\text{에서 } Y\text{재의 지출비율}: \frac{\beta}{(\alpha+\beta)}$$

※ 따라서 콥-더글러스 효용함수를 가진 소비자는 특정재화에 항상 소득의 일정비율을 지출한다.

(7) 수요의 가격탄력성, 소득탄력성, 교차탄력성

① X재의 수요함수가 $X = \frac{\alpha}{(\alpha+\beta)} \cdot \frac{M}{P_X}$이면 다음이 성립한다.

X재 수요의 가격탄력성 : $\varepsilon = 1$

X재 수요의 소득탄력성 : $\varepsilon_M = 1$

X재와 Y의 수요의 교차탄력성 : $\varepsilon_{XY} = 0$

② 마찬가지로 Y재의 경우에도 수요의 가격탄력성과 소득탄력성은 모두 1이고, 교차탄력성은 0이다.

※ 콥-더글러스 효용함수는 재화의 수요의 가격탄력성이 항상 1로 일정하므로 수요곡선은 직각쌍곡선의 형태이다.

예 제 Cobb-Douglas 효용함수

어떤 소비자가 의류와 식료품 두 재화를 소비하고 있고, 의류에 대한 지출이 소득에서 차지하는 비중은 항상 20%를 유지한다. 이 소비자에 대한 설명 중 옳은 것은?

① 의류 수요의 소득탄력성은 0보다 작다.
② 식료품 가격의 변화에 대한 의류 수요의 교차탄력성은 0보다 작다.
③ 의류에 대한 수요함수는 수직선이다.
④ 의류 수요의 가격탄력성은 1이다.
⑤ 효용함수는 U=0.2×(의류소비량)+0.8×(식료품 소비량)일 수 있다.

소득을 M, 의류를 X재, 식료품을 Y재라고 하면 전체소득의 20%는 X재에, 나머지 80%는 Y재에 지출하고 있으므로 $P_X X=0.2M$, $P_Y Y=0.8M$의 관계가 성립한다. 따라서 두 재화의 수요함수는 각각 $X=\frac{0.2M}{P_X}$, $Y=\frac{0.8M}{P_Y}$이다. 소득 M이 일정하면 각 재화의 지출액이 일정하므로 수요곡선은 직각쌍곡선의 형태이고 두 재화의 수요의 가격탄력성은 각각 1이다. 재화가격이 일정할 때 소득이 2배가 되면 각 재화의 소비량도 2배가 되는 관계가 성립하므로 수요의 소득탄력성도 각각 1이다. 이와 같이 특정재화에 소득의 일정비율을 지출하는 경우에는 수요의 가격탄력성과 소득탄력성은 모두 1이 된다는 사실에 주목하자. 또한 이러한 특징을 가진 대표적인 효용함수가 Cobb-Douglas효용함수이며 일반적인 형태는 $u=AX^{\alpha}Y^{(1-\alpha)}$이다. 따라서 이 문제의 효용함수는 $u=X^{0.2}Y^{0.8}$일 수 있다.

정답 ④

참고 동차함수

1. 정의

함수 $f(x,\ y)$가 임의의 0이 아닌 실수 t에 대하여 다음과 같은 관계가 성립할 때 이 함수를 k차 동차함수(homogeneous function)라고 한다.

$$f(tx,\ ty)=t^k f(x,\ y)$$

2. 동차함수의 예

동차함수는 구체적인 예를 통해 살펴보는 것이 쉬우므로 몇 가지의 예를 들면 다음과 같다.

- $U(X,\ Y)=X^{\alpha}Y^{\beta}$ … $(\alpha+\beta)$차 동차 콥－더글러스 효용함수
  $(tX)^{\alpha}(tY)^{\beta}$
  $=(t^{\alpha}X^{\alpha})(t^{\beta}Y^{\beta})$
  $=t^{\alpha+\beta}(X^{\alpha}Y^{\beta})=t^{\alpha+\beta}U(X,\ Y)$
- $U(X,\ Y)=XY$ … 2차 동차 콥－더글러스 효용함수
  $(tX)(tY)$
  $=t^2(XY)=t^2U(X,\ Y)$
- $U(X,\ Y)=aX+bY$ … 1차 동차 선형효용함수
  $a(tX)+b(tY)$
  $=t(aX+bY)=t^1U(X,\ Y)$
- $U(X,\ Y)=\min[aX,\ bY]$ … 1차 동차 레온티에프 효용함수
  $\min[a(tX),\ b(tY)]$
  $=t\min[aX,\ aY]=t^1U(X,\ Y)$

2. 완전보완재의 레온티에프 효용함수 (Leontief utility function)

(1) 개념

① 소비자가 두 재화를 항상 일정한 비율로만 소비하는 경우 두 재화를 완전보완재(perfect complements)라고 한다.

(예 : 왼쪽 구두와 오른쪽 구두)

② 두 재화가 완전보완재인 경우 효용은 부족한 재화의 양에 의해 결정되므로 효용함수는 다음과 같은 형태이다.

$$U=\min[aX,\ bY] \qquad (\text{단, } a>0,\ b>0)$$

※ 레온티에프 효용함수는 $U=\min[\frac{X}{a}, \frac{Y}{b}]$로 표현하기도 한다.

③ 이와 같은 효용함수를 레온티에프 효용함수라고 하며, 무차별곡선이 L자 형태로 도출된다.

(2) 무차별곡선과 한계대체율

① 효용함수가 $U=\min[aX,\ bY]$이므로 무차별곡선 L자 형태로 도출된다.

» ┌ **$aX>bY$ → $U=bY$ → X가 증가해도 효용은 불변이므로 무차별곡선이 수평선**
└ **$aX<bY$ → $U=aX$ → Y가 증가해도 효용은 불변이므로 무차별곡선이 수직선**

» 무차별곡선이 $aX=bY$에서 직각으로 꺾어진 L자 형태로 도출

② $aX=bY$를 정리하면 $Y=\frac{a}{b}X$이므로 무차별곡선이 꺾이는 점이 항상 $Y=\frac{a}{b}X$선에 위치함을 알 수 있다.

③ $Y=\frac{a}{b}X$선의 상방에서는 무차별곡선이 수직선이므로 한계대체율이 무한대, $Y=\frac{a}{b}X$선의 하방에서는 무차별곡선이 수평선이므로 한계대체율이 0이다.

┌ $Y=\frac{a}{b}X$선의 상방 : $MU_X=a,\ MU_Y=0 \rightarrow MRS_{XY}=\infty$
└ $Y=\frac{a}{b}X$선의 하방 : $MU_X=0,\ MU_Y=b \rightarrow MRS_{XY}=0$

※ $Y=\frac{b}{a}X$선에서는 무차별곡선이 꺾어지므로 한계대체율이 정의되지 않는다.

④ 무차별곡선이 $Y=\frac{a}{b}X$선에서 꺾어진 L자 형태이므로 $\left(\frac{Y}{X}\right)$가 일정하면 한계대체율도 일정하다.

※ 예를 들어, 효용함수가 $U(X,\ Y)=\min[X,\ 2Y]$로 주어져 있다면 $X=2Y$가 성립할 때 무차별곡선이 꺾어진 형태가 되므로 $Y=\frac{1}{2}X$선의 상방은 무차별곡선이 수직선($MRS_{XY}=\infty$), 하방은 무차별곡선이 수평선($MRS_{XY}=0$)이다.

(3) 균형

① $U = \min[aX,\ bY]$ 의 형태인 레온티에프 효용함수는 항상 $aX = bY$ 인 상태에서만 균형(효용극대화)이 달성된다.

② 따라서 효용함수가 $U = \min[aX,\ bY]$ 의 형태인 경우 균형조건식은 다음과 같다.

$$U = aX = bY$$

※ 효용함수가 $U=\min\left[\frac{X}{a},\ \frac{Y}{b}\right]$ 인 경우 균형조건식은 $U=\frac{X}{a}=\frac{Y}{b}$ 이다.

③ 이 경우 균형점은 L자의 무차별곡선의 모서리에서 항상 달성된다.

예 제 　레온티에프 효용함수

소비자 갑의 효용함수는 $U=\min(X,\ 2Y)$, X재 가격은 1, Y재 가격은 2, 갑의 소득은 10이다. 효용을 극대화하는 X재의 수요량은?

$U=\min[X, 2Y]$인 경우 효용함수의 특성 상 균형에서는 $U=X=2Y$의 관계가 성립한다. $P_X=1$, $P_Y=2$이고 소득은 $M=10$이므로 예산제약식 $M=P_X X+P_Y Y$에 대입해보면 $10=(1\times 2Y)+(2\times Y)$로부터 $Y=2.5$이고, $X=2Y$이므로 $X=5$로 계산된다.

3. 완전대체재의 선형효용함수 (linear utility function)

(1) 개념

① 소비자가 두 재화를 일정한 비율로 바꾸어 소비하더라도 실질적으로는 전혀 차이가 없다면 두 재화는 완전대체재(perfect substitute)이다.
(예 : 5천 원권 지폐와 1만 원권 지폐)

② 두 재화가 완전대체재이면 소비자의 효용은 두 재화의 소비량의 합에 의해 결정되므로 효용함수는 다음과 같은 형태이다.

$$U = aX + bY \qquad (단,\ a>0,\ b>0)$$

③ 이와 같은 효용함수를 선형효용함수라고 하며, 무차별곡선이 우하향의 직선으로 도출된다.

(2) 한계효용과 한계대체율

① $MU_X = a$, $MU_Y = b$ 이므로 두 재화의 한계효용이 모두 일정하며,

한계대체율은 $MRS_{XY} = \frac{a}{b}$ 로 일정하다.

② 한계대체율이 $\frac{a}{b}$ 로 일정하므로 무차별곡선은 기울기가 $-\frac{a}{b}$ 인 우하향의 직선이다.

※ 완전보완재와 완전대체재의 무차별곡선

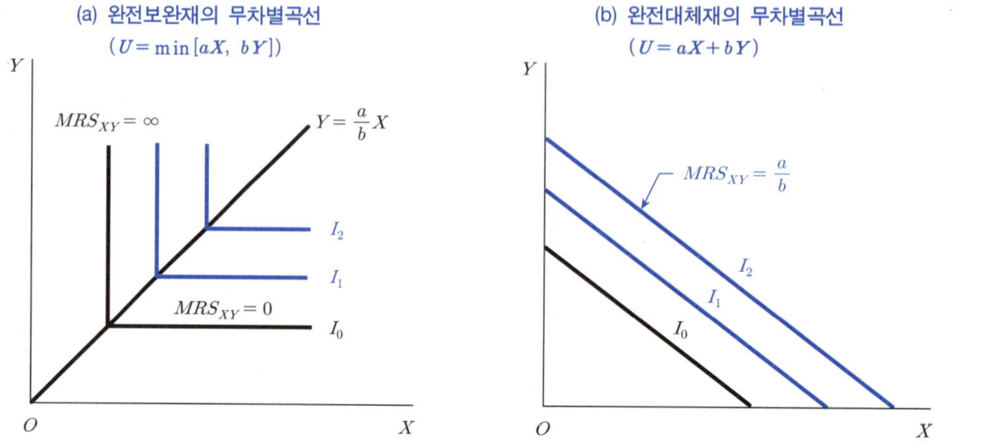

4. 준선형 효용함수

(1) 개념

① 준선형 효용함수(quasi linear utility function)란 두 재화 중 한 재화의 한계효용이 그 재화의 소비량에 관계없이 일정한 효용함수로 다음과 같은 형태이다.

X재에 대한 준선형 효용함수 : $U = aX+h(Y)$ (단, $a>0$)
Y재에 대한 준선형 효용함수 : $U = g(X)+bY$ (단, $b>0$)

② 준선형 효용함수란 두 재화 중 한 재화에 대해서만 선형인 효용함수라는 의미이다.

(2) 특징

① X재에 대한 준선형 효용함수 $U=aX+h(Y)$의 경우 $MU_X=a$, $MU_Y=h'(Y)$이므로 X재의 한계효용은 X재 소비량과 관계없이 일정하다.

② 이 경우 $MRS_{XY}=\dfrac{a}{h'(Y)}$이므로 한계대체율이 체감하려면 무차별곡선 상에서 우하방으로 이동함에 따라 Y재 소비량이 감소할 때 Y재의 한계효용 $h'(Y)$가 증가해야 한다.

※ 즉, Y재의 한계효용이 체감하면 한계대체율이 체감하므로 무차별곡선은 원점에 대해 볼록한 형태가 된다.

※ 예를 들어, X재에 대한 준선형 효용함수가 $U(X,\ Y)=X+2\sqrt{Y}$로 주어져 있다면 $MU_X=1$, $MU_Y=\dfrac{1}{\sqrt{Y}}$이므로 X재의 한계효용은 일정하고 Y재의 한계효용은 체감한다.
→ $MRS_{XY}=\sqrt{Y}$이므로 한계대체율도 체감한다.

③ X재에 대한 준선형 효용함수는 한계대체율이 Y재 소비량에만 의해서만 결정되므로 가로축에 평행한 직선 상에 있는 무차별곡선 상의 점들에서는 한계대체율이 모두 동일하다.

※ Y재에 대한 준선형 효용함수의 경우에는 한계대체율이 X재의 소비량에 의해서만 결정된다.

※ X재에 대한 준선형 효용함수의 무차별곡선

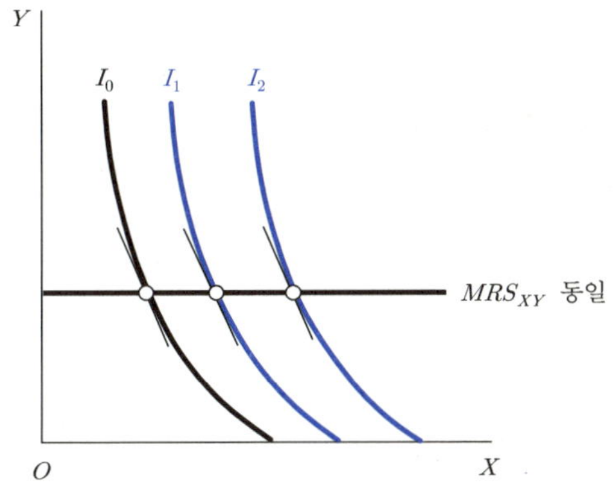

한계대체율이 Y재 소비량에 의해서만 결정되므로 Y재 소비량이 동일하면 한계대체율이 동일하다.

구 분	선형(완전대체재)	Leontief(완전보완재)	Cobb−Douglas
효용 함수	$U=aX+bY$	$U=\min[\frac{X}{a}, \frac{Y}{b}]$	$U=AX^{\alpha}Y^{\beta}$
의미	X, Y재 중 어떤 재화를 소비해도 효용을 얻을 수 있음	X, Y재를 반드시 $a : b$의 비율로 소비해야 효용이 발생	가장 일반적인 효용함수
MRS	MRS 일정($MRS=a/b$)	$MRS=0$ 또는 ∞	MRS 체감
특징	① X, Y는 완전대체재 (대체효과$=\infty$) ② 구석해의 가능성 ③ $MRS_{XY} > \frac{P_X}{P_Y}$ → X재만 소비 ④ $MRS_{XY} < \frac{P_X}{P_Y}$ → Y재만 소비 ⑤ X, Y 동시소비 → $MRS_{XY}=\frac{P_X}{P_Y}$	① X, Y는 완전보완재 →(대체효과$=0$) →[가격효과=소득효과] ② 균형조건 : $U=\frac{X}{a}=\frac{Y}{b}$ ③ $\varepsilon_M^X=1$, $\varepsilon_M^Y=1$ ④ $\varepsilon^X<1$, $\varepsilon^Y<1$	① $(\alpha+\beta)$차 동차함수 ② $\alpha=X$재의효용기여도 $=X$재의 지출비중 ③ $\beta=Y$재의효용기여도 $=Y$재의 지출비중 ④ $\varepsilon^X=1$, $\varepsilon^Y=1$ ⑤ $\varepsilon_M^X=1$, $\varepsilon_M^Y=1$ ⑥ $\varepsilon_{XY}=0$ (X, Y는 독립재관계) ⑦ 수요함수 $X=\left(\frac{\alpha}{\alpha+\beta}\right)\frac{M}{P_X}$ $Y=\left(\frac{\beta}{\alpha+\beta}\right)\frac{M}{P_Y}$ ⑧ 특정 재화에 항상 소득의 일정비율을 지출함.
무차별 곡선	우하향의 직선	L자 형태	원점에 볼록한 형태
그림	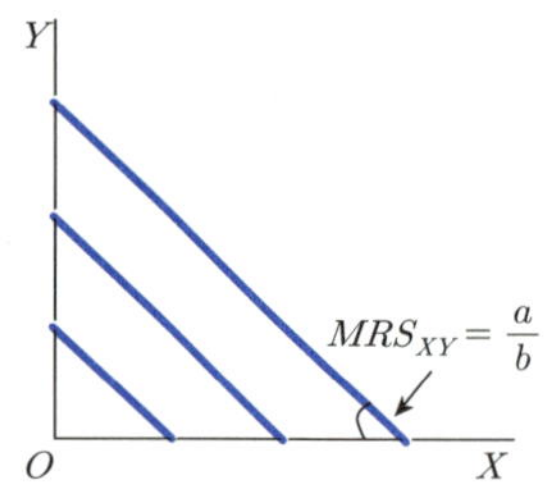	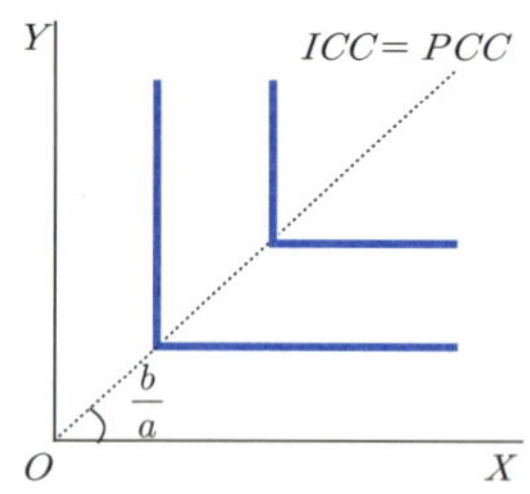	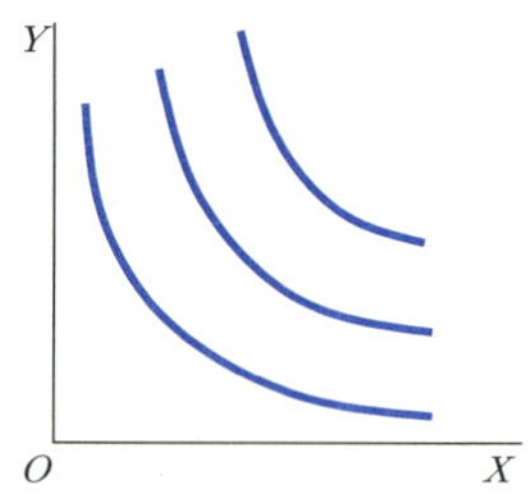

제7장 소비자이론의 응용

이자율과 저축 및 소비

I 개요

1. 저축과 소비

① 현재소득이 주어졌을 때 현재소비가 증가하면 저축은 감소하고 미래소비도 감소한다.

② 따라서 현재소득이 일정할 때 저축은 현재소비가 결정한다.

③ 또한 현재소득이 일정할 때 저축은 현재소비를 포기하고 미래소비를 증가시키는 행위로 이해할 수 있다.

④ 그러므로 이자율이 저축에 미치는 효과는 이자율이 현재소비와 미래소비에 미치는 효과와 마찬가지이며

⑤ 이자율이 저축과 소비에 미치는 효과를 분석하기 위해서는 시점 간 소비자선택 모형(intertemporal choice model) 또는 다기간모형이 필요하다.

⑥ 가장 간단하고 대표적인 다기간모형으로 피셔($I.\ Fisher$)의 2기간모형이 있다.

2. 2기간모형

(1) 가정

① 현재는 제1기, 미래는 제2기이다.

② 현재소비는 C_1, 미래소비는 C_2이다.

③ 현재소득은 Y_1, 미래소득은 Y_2이다.

④ 시장은 모두 완전경쟁이며 주어진 실질이자율(r)로 저축과 차입이 항상 가능하다.

(2) 예산제약식과 예산선

① 현재소득이 Y_1이고 미래소득이 Y_2이면 미래소득의 현재가치는 $\frac{Y_2}{(1+r)}$이다.

② 현재소비가 C_1이고 미래소비가 C_2이면 미래소비의 현재가치는 $\frac{C_2}{(1+r)}$이다.

③ 평생동안의 소득의 현재가치의 합은 소비의 현재가치의 합과 일치해야하므로 2기간 모형의 예산제약식은 다음과 같이 나타낼 수 있다.

$$Y_1 + \frac{Y_2}{(1+r)} = C_1 + \frac{C_2}{(1+r)}$$

④ 위의 예산제약식을 C_2에 대해 정리하면 다음과 같이 기울기와 절편의 형태로 나타낼 수 있다.

$$C_2 = -(1+r)C_1 + (1+r)[Y_1 + \frac{Y_2}{(1+r)}]$$

⑤ 따라서 예산선은 기울기는 $-(1+r)$이고, 절편은 $(1+r)[Y_1 + \frac{Y_2}{(1+r)}]$인 우하향의 직선이다.

〈2기간 모형의 예산선〉

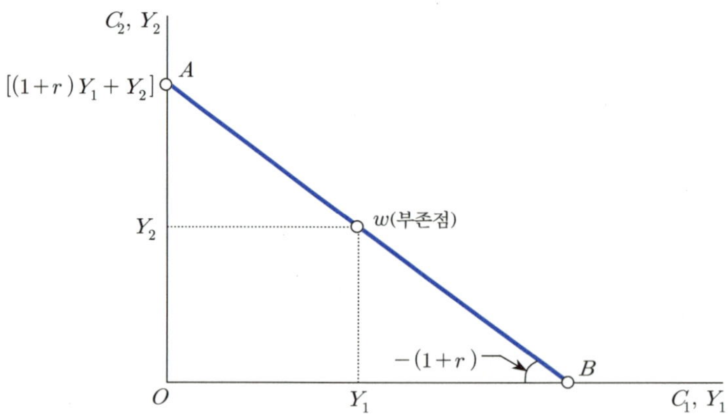

2기간 모형의 예산선은 기울기가 $-(1+r)$인 우하향의 직선이다.

Ⅱ 소비자균형 (효용극대화의 저축과 소비 결정)

1. 소비자균형조건

① 효용극대화의 소비자균형은 예산선과 무차별곡선이 접하는 점에서 결정된다.

② 예산선의 기울기는 $(1+r)$이고, 무차별곡선의 접선의 기울기는 $MRS_{C_1C_2} = \frac{MU_{C_1}}{MU_{C_2}}$이므로 현재소비와 미래소비 간의 효용극대화 조건은 다음과 같다.

$$MRS_{C_1C_2} = \frac{MU_{C_1}}{MU_{C_2}} = (1+r)$$

2. 소비자 유형에 따른 소비자균형

① 소비자가 저축을 할지, 차입을 할지의 여부는 무차별곡선의 형태에 달려 있다.

② 즉 소비자의 선호 및 초기부존점의 위치에 따라 저축자(saver)가 될 수도 있고, 차입자(borrower)가 될 수도 있다.

※ 저축자(saver)는 예금자 혹은 대여자(lender)라고도 부른다.

③ 초기부존점(initial endowment)이란 주어진 현재소득과 미래소득을 나타내는 예산선 상의 점이다.

④ 다음 그림과 같이 초기부존점보다 좌측에 소비점이 위치하면 저축자(예금자)가 되고, 초기부존점보다 우측에 소비점이 위치하면 차입자가 된다.

〈소비자유형에 따른 소비자균형〉

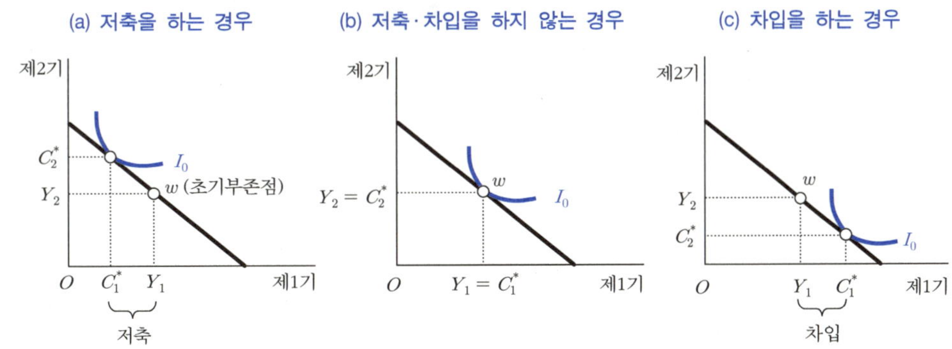

예 제 2기간모형의 효용극대화

철수의 현재소비와 미래소비에 대한 효용함수가 $U(c_1, c_2) = C_1C_2$ 이라고 한다.
철수의 현재소득은 1,000이고, 미래소득은 3,300이고, 이자율은 10%로 주어져 있다고 한다.
철수의 소비는 어떻게 이루어지는 것이 효용을 극대화하는가?

철수의 예산제약식을 구하면 $C_1 + \frac{C_2}{1.1} = 1,000 + \frac{3,300}{1.1} = 4,000$ … ①

철수의 효용극대화 선택조건은 $MRS_{C_1C_2} = \frac{C_2}{C_1} = (1+r) = 1.1$ … ②

식 ①, ②에서 $C_1 = 2,000$, $C_2 = 2,200$이 된다.
현재소득이 1,000이므로 저축은 −1,000이 된다.(차입은 1,000)

Ⅲ 이자율 변화의 효과

1. 이자율 상승에 따른 가격효과 분석

(1) 대체효과

① 실질이자율이 상승하면 현재소비(C_1)을 선택하기 위해 포기해야 하는 기회비용이 증가하므로, 이자율 상승으로 미래소비(C_2)에 대한 현재소비(C_1)의 상대가격은 상승한다.

② 예를 들어 이자율이 10%에서 20%로 상승하면 현재소비 1원을 위해 포기해야하는 미래소비는 1.1원에서 1.2원으로 상승한다.

$$r⇧ \rightarrow C_1\text{의 기회비용}⇧ \rightarrow \left(\frac{P_{C_1}}{P_{C_2}}\right)⇧$$

③ 대체효과란 상대가격이 하락한 재화로 상대가격이 상승한 재화를 대체시키는 효과이다.

④ 따라서 이자율이 상승할 때 대체효과에 따르면 현재소비(C_1)는 감소하고 미래소비(C_2)는 증가한다.

⑤ 현재소득(Y_1)이 일정할 때 현재소비(C_1)가 감소하면 저축은 증가하므로, 대체효과에 따르면 이자율 상승으로 저축은 반드시 증가한다.

※ 소득 중 현재에 소비하고 남은 부분이 저축이 되므로, 저축을 결정하는 것은 미래소비가 아니라 현재소비이다.

(2) 소득효과

① 실질이자율 상승에 따른 소득효과는 소비자가 저축자인지, 차입자인지에 따라 달라진다.

② 저축자의 경우 이자율이 상승하면 저축에 따른 이자소득이 증가하므로 실질소득이 증가하나, 차입자의 경우에는 차입자금에 대한 이자비용부담이 커지므로 실질소득이 감소한다.

③ 만약 현재소비(C_1)가 정상재라면, 이자율상승으로 저축자는 실질소득 증가에 따라 현재소비가 증가하고 저축은 감소하나, 차입자의 경우에는 실질소득이 감소하므로 현재소비는 감소하고 저축은 증가한다.

저축자 : r⇧ → 실질소득⇧ → C_1⇧(저축⇩)
차입자 : r⇧ → 실질소득⇩ → C_1⇩(저축⇧)

※ 일반적으로 특별한 언급이 없으면 현재소비와 미래소비는 정상재를 가정한다.

④ 만약 미래소비(C_2)도 정상재라면 이자율 상승으로 저축자의 미래소비는 증가하나, 차입자의 미래소비는 감소하게 된다.

(3) 가격효과

① 실질이자율이 상승할 때 소비와 저축의 증감여부는 소득효과와 대체효과를 합친 가격효과에 의해 결정된다.

② 이자율 상승에 따른 대체효과는 항상 현재소비를 감소(저축은 증가)시키고, 미래소비를 증가시키는 방향으로 작용한다.

③ 한편 이자율 상승에 따른 소득효과는 (소비가 정상재인 일반적인 경우를 가정할 때) 저축자의 경우에는 현재소비를 증가시키고 저축을 감소시키는 방향으로 작용하나 차입자의 경우에는 현재소비를 감소시키고 저축을 증가시키는 방향으로 작용한다.

④ 이제 대체효과와 소득효과를 합친 종합적인 가격효과를 분석해 보면, 저축자의 경우에는 대체효과와 소득효과가 상반된 방향으로 작용하므로 현재소비와 저축에 미치는 효과가 불분명하다.

⑤ 만약 대체효과가 소득효과보다 더 크다면 이자율 상승으로 저축자의 현재소비는 감소하고 저축은 증가하나, 소득효과가 대체효과보다 더 크다면 저축자의 현재소비는 증가하고 저축은 감소한다.

⑥ 차입자의 경우 대체효과와 소득효과는 모두 동일하게 현재소비를 감소시키고 저축을 증가시키는 방향으로 작용하므로, 이자율이 상승하면 차입자의 현재소비는 반드시 감소하고 저축은 반드시 증가한다.

※ 일반적으로 '이자율이 상승하면 저축이 증가한다.'고 말하는 것은 대체효과가 소득효과보다 더 크게 나타나기 때문이다.

(4) 이자율 상승의 가격효과(저축자의 경우)

<table>
<tr><td rowspan="3">이자율 상승의 가격효과 (저축자)</td><td rowspan="3">이자율 상승</td><td rowspan="2">소득효과
(실질소득증가)</td><td>소비=정상재</td><td>현재소비증가(=저축감소)
미래소비증가</td></tr>
<tr><td>소비=열등재</td><td>현재소비감소(=저축증가)
미래소비감소</td></tr>
<tr><td>대체효과
(소비의 기회비용 증가)</td><td>(재화의 성질과 무관하게)</td><td>현재소비감소(=저축증가)
미래소비증가</td></tr>
</table>

① 저축자의 경우 이자율이 상승하면 소비가 정상재라면 현재소비나 저축의 증감은 불분명하고 미래소비는 반드시 증가한다.

② 만약 소비가 열등재라면 현재소비는 감소하고 저축은 증가하나 미래소비의 증감은 불분명하다.

(5) 이자율 상승의 가격효과(차입자의 경우)

<table>
<tr><td rowspan="3">이자율 상승의 가격효과 (차입자)</td><td rowspan="3">이자율 상승</td><td rowspan="2">소득효과
(실질소득감소)</td><td>소비=정상재</td><td>현재소비감소(=저축증가)
미래소비감소</td></tr>
<tr><td>소비=열등재</td><td>현재소비증가(=저축감소)
미래소비증가</td></tr>
<tr><td>대체효과
(소비의 기회비용 증가)</td><td>(재화의 성질과 무관하게)</td><td>현재소비감소(=저축증가)
미래소비증가</td></tr>
</table>

① 차입자의 경우 이자율이 상승하면 소비가 정상재라면 현재소비는 반드시 감소하고 저축은 반드시 증가하며 미래소비는 불분명하다.

② 만약 소비가 열등재라면 현재소비나 저축의 증감은 불분명하고 미래소비는 반드시 증가한다.

〈이자율 상승에 따른 대체효과와 소득효과 (단, 소비가 정상재인 경우)〉

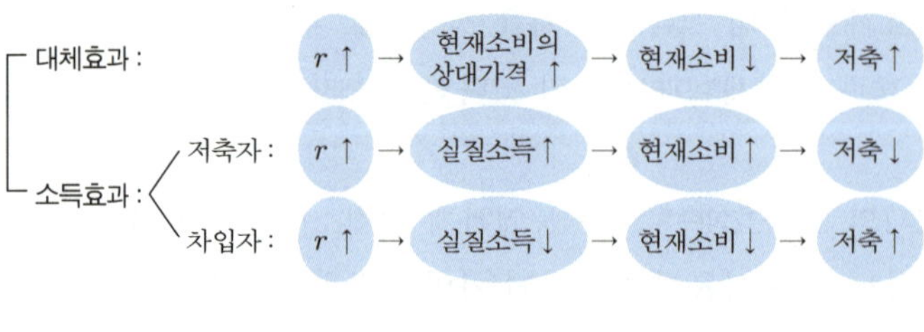

- 저축자의 경우 이자율 상승에 따른 현재소비와 저축의 변화는 불분명하다.
- 차입자의 경우 이자율이 상승하면 현재소비는 반드시 감소하고 저축은 반드시 증가한다.

예제 2기간모형

피셔(Fisher)의 2기간 최적소비선택모형에서 제1기에 소득이 소비보다 큰 소비자에 관한 설명으로 옳은 것을 모두 고른 것은? (단, 기간별 소비는 모두 정상재이며, 저축과 차입이 자유롭고 저축이자율과 차입이자율이 동일한 완전자본시장을 가정함)

> ㄱ. 제1기의 소득증가는 제1기의 소비를 증가시킨다.
> ㄴ. 제2기의 소득증가는 제2기의 소비를 감소시킨다.
> ㄷ. 실질이자율이 증가하면 제2기의 소비는 증가한다.

① ㄱ　　② ㄱ, ㄴ, ㄷ　　③ ㄱ, ㄷ

④ ㄴ　　⑤ ㄴ, ㄷ

소득이 소비보다 큰 소비자는 예금자(저축자)이다.

ㄱ. 이자율이 일정한 상태에서 제1기의 소득이 증가하면 대체효과는 발생하지 않고 소득효과만 발생한다. 소비가 모두 정상재이므로 소득이 증가하면 제1기와 제2기의 소비는 모두 증가한다.

ㄴ. 이자율이 일정한 상태에서 제2기의 소득증가는 제1기의 소득증가와 효과가 동일하다. 따라서 제2기의 소득증가로 소득효과가 발생하면 제1기와 제2기의 소비는 모두 증가한다.

ㄷ. 실질이자율이 증가하면 소득효과와 대체효과가 모두 발생한다. 소득효과에 따르면 실질이자율 증가로 예금자의 실질소득이 증가하면 정상재인 제1기와 제2기의 소비는 증가하고 저축은 감소하게 된다. 대체효과에 따르면 실질이자율 상승으로 제1기 소비의 기회비용이 증가하면 제1기의 소비는 감소(저축증가)하고 제2기의 소비는 증가한다. 따라서 실질이자율이 상승할 때 소득효과와 대체효과를 모두 고려한 종합적인 효과는 제1기 소비의 증감여부는 불분명(저축도 불분명)하고 제2기의 소비는 반드시 증가한다.

정답 ❸

2. 그래프를 통한 비교분석

(1) 이자율 상승과 예산선의 변화

① 이자율이 상승하면 예산선의 기울기$(1+r)$는 가파르게 변한다.

② 이 때 초기부존점(w)에서는 이자율의 변화와 상관없이 $Y_1 = C_1$, $Y_2 = C_2$이므로 항상 실질소득이 일정하다.

③ 따라서 이자율이 변화해도 예산선은 반드시 초기부존점을 지나야 한다.

④ 결국 이자율이 상승하면 예산선은 초기부존점을 중심으로 시계방향으로 회전이동하면서 가파르게 변한다.

(2) 저축자

〈저축자의 경우 이자율 상승에 따른 저축의 변화〉	
(a) 저축이 증가하는 경우 (대체효과>소득효과)	(b) 저축이 감소하는 경우 (소득효과>대체효과)
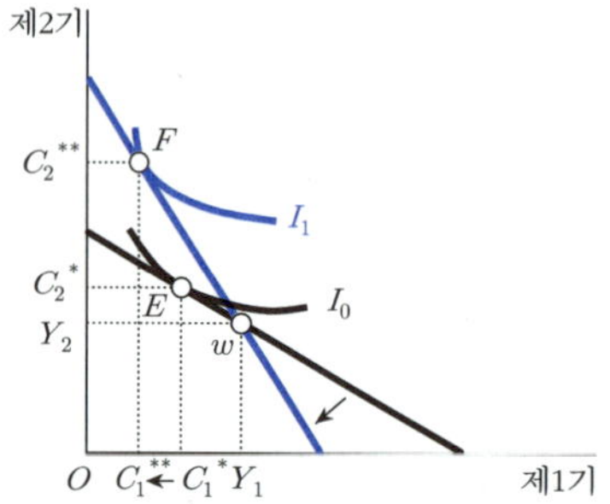	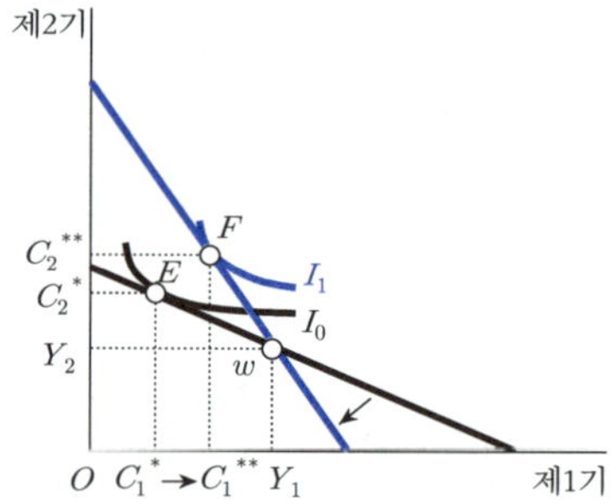
r⇧ → 대체효과 > 소득효과 → 저축⇧ → 효용⇧	r⇧ → 소득효과 > 대체효과 → 저축⇩ → 효용⇧

① 실질이자율이 상승할 때 저축자의 현재소비와 저축의 변화방향은 소득효과와 대체효과의 상대적 크기에 따라 달라진다.

② 소득효과보다 대체효과가 더 크다면 이자율 상승으로 저축자의 현재소비는 감소하고 저축은 증가한다.

③ 반면 대체효과보다 소득효과가 더 크다면 이자율 상승으로 저축자의 현재소비는 증가하고 저축은 감소한다.

④ 다만 저축자는 이자율이 상승해도 저축의 증감만 있을 뿐 여전히 저축자의 신분을 유지하며 효용은 반드시 증가한다.

※ 저축자는 이자율이 상승해도 결코 차입자가 될 수 없다.

(3) 차입자

① 차입자의 경우 대체효과와 소득효과는 모두 동일하게 현재소비를 감소시키고 저축을 증가시키는 방향으로 작용하므로, 이자율이 상승하면 차입자의 현재소비는 반드시 감소하고 저축은 반드시 증가한다.

② 이 때 저축의 증가 크기에 따라 차입자의 신분이 예금자로 바뀔 수도 있다.

③ 이자율 상승에 따른 저축 증가분이 원래의 차입보다 작다면 여전히 차입자 신분을 유지하지만, 저축 증가분이 원래의 차입보다 크다면 저축자로 신분이 변하게 된다.

④ 이자율 상승 후에 여전히 차입자의 신분을 유지한다면 효용은 반드시 감소하나, 저축자로 신분이 바뀌는 경우에는 효용의 증감여부는 불분명하다.

※ 이자율이 상승시 차입자는 여전히 차입자의 신분을 유지(효용감소)할 수도 있고, 예금자로 신분을 바꿀(효용변화 불분명) 수도 있다.

〈이자율 상승 후 차입자의 효용변화〉

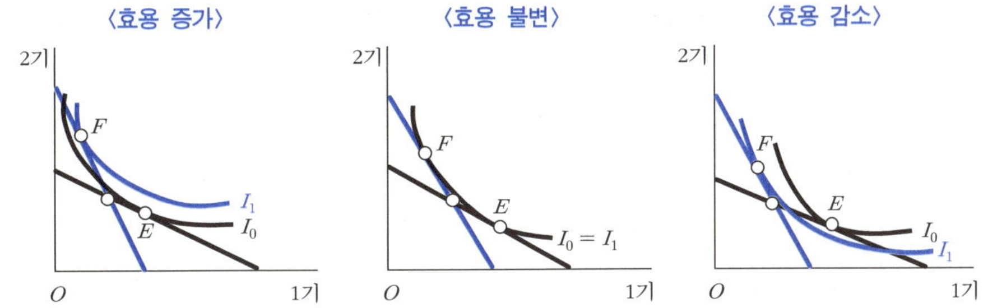

• 차입자의 경우 이자율이 상승 시 여전히 차입자의 신분을 유지할 수도 있고, 예금자로 신분을 바꿀 수도 있다. 이자율 상승 후에도 여전히 차입자의 신분을 유지하는 경우에 차입자의 효용은 반드시 감소하나, 예금자로 신분을 바꾸는 경우에는 위의 그림과 같이 효용은 불분명하다.

심화 차입제약이 존재하는 경우

① 차입제약(유동성제약)이란 차입을 통해 현재소득보다 더 큰 소비를 하고자 해도 차입이 불가능한 상황을 말한다.

② 차입제약이 없다면 차입자는 E점을 선택하겠지만 차입제약이 존재하면 초기부존점(w)보다 우측영역의 선택이 불가능하므로 효용극대화 소비점은 초기부존점과 일치할 수 밖에 없다.

③ 따라서 차입제약 상황에 놓여있는 소비자는 현재소비가 현재소득과 일치하게 된다.($C_1 = Y_1$)

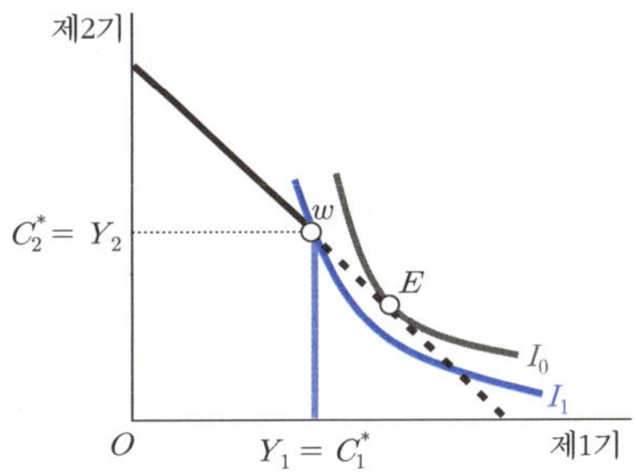

예제 레온티에프 효용함수와 2기간모형

소비자 A는 1기와 2기에 걸쳐 소비를 한다. C_1을 1기의 소비, C_2를 2기의 소비라고 할 때, 소비자 A의 효용함수는 $U(C_1, C_2) = \min[C_1, C_2]$이다. 1기의 소득은 210만원이고, 2기의 소득은 0원이며, 각 기의 소비재 가격은 1원으로 동일하다. A는 1기에 10%의 이자율로 저축을 하거나 대출을 받을 수 있다. 합리적인 소비자 A의 저축은 얼마인가?

2기간 모형의 예산제약식은 다음과 같다. $Y_1 + \dfrac{Y_2}{(1+r)} = C_1 + \dfrac{C_2}{(1+r)}$

주어진 효용함수는 Leontief효용함수로서 효용극대화 균형에서는 항상 $C_1 = C_2$가 성립해야 한다.

지문에서 $Y_1 = 210$, $Y_2 = 0$ 만원이고 $r = 10\%$이므로 이를 2기간모형의 예산제약식에 대입하면

$210 + \dfrac{0}{(1+0.1)} = C_1 + \dfrac{C_1}{(1+0.1)}$ 로부터 $C_1 = 110$이 도출된다.

따라서 소비자A는 현재소득 210만원 중 110만원을 1기에 소비하고 100만원을 저축할 때 효용이 극대화됨을 알 수 있다.

임금변화에 따른 노동공급의 변화

1. 노동공급의 결정

(1) 예산제약식

① 하루 최대한의 노동가능시간이 24시간이고 시간당 임금이 w로 주어진 경우 근로소득은 다음과 같이 결정된다.

$$M = w(24 - l) \quad (l : \text{여가},\ M : \text{소득},\ w : \text{시간당임금})$$

② 하루 최대 노동가능시간이 24시간이고 임금이 $w_0 = 1{,}000$으로 주어져 있다면 예산선은 그림과 같이 가로축(여가축) 절편이 24이고 기울기가 1,000인 우하향의 직선으로 나타난다.

※ 노동가능시간은 개인마다 달라질 수 있는데 예를 들어 하루 최대한의 여가시간이 20시간이면 가로축 절편은 20이 된다.

③ 예산선의 기울기는 시간당 임금률(w)과 일치한다.

④ 만약 시간당 임금이 $w_1 = 2{,}000$으로 상승하면 노동시간이 동일하더라도 소득이 증가하므로 예산선은 여가축(가로축) 절편을 중심으로 기울기가 가파르게 회전이동 한다.

〈노동공급 결정의 예산선〉

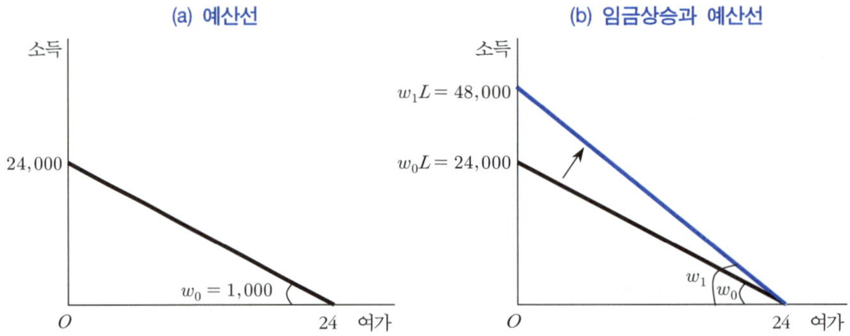

(2) 노동공급 결정

① 임금이 w_0일 때 개인의 효용극대화는 무차별곡선과 예산선이 접하는 E점에서 달성되고, 효용수준은 I_0가 된다.

② 소비자균형에서는 무차별곡선과 예산선이 접하므로 다음이 성립한다.

$$MRS_{lM} = \frac{MU_l}{MU_M} = w$$

③ 부존시간 24시간 중에서 여가시간이 l_0이므로 노동시간 $L_0 = 24 - l_0$이고, 노동소득은 $(w_0 \times L_0)$가 된다.

〈노동공급 결정〉

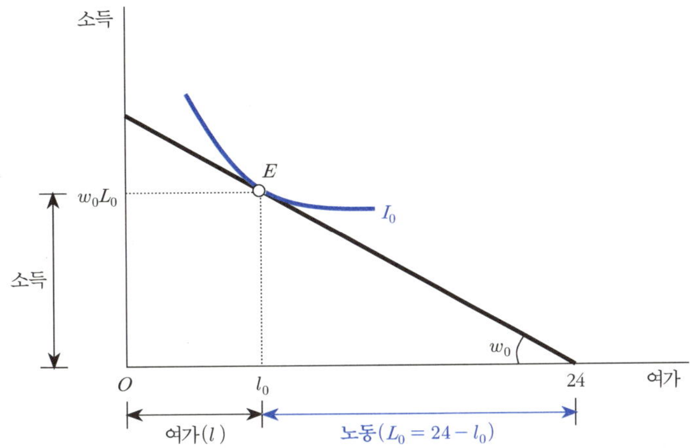

예 제 효용극대화 노동공급결정

효용함수가 $U = l \cdot M$이고 하루 최대 노동시간이 24시간이며 시간당 임금이 $w = 2$로 주어져 있을 때 효용극대화 노동시간은 하루에 몇 시간인가?

한계대체율은 $MRS_{lM} = \dfrac{MU_l}{MU_M} = \dfrac{M}{l}$이고 효용극대화조건은 $MRS_{lM} = w$이므로 $\dfrac{M}{l} = 2$이고 $M = 2l$이다. $M = 2l$를 예산제약식 $M = w(24 - l)$에 대입해보면 $2l = 2 \times (24 - l)$, $4l = 48$이므로 효용극대화 여가시간은 $l = 12$이고 효용극대화 노동시간도 12시간(=24−12)임을 알 수 있다.

2. 임금변화에 따른 노동공급의 변화

(1) 임금상승의 소득효과와 대체효과

① 임금이 상승할 때 노동시간의 증가·감소여부는 임금상승에 따른 대체효과와 소득효과의 상대적인 크기에 달려 있다.

② 대체효과는 임금상승으로 여가의 실질가격이 상승함에 따라 노동시간이 증가하는 효과를, 소득효과는 임금상승으로 인한 실질소득 증가로 여가소비가 증가함에 따라 노동시간이 감소하는 효과를 말한다.

③ 여가가 정상재인 일반적인 경우 임금 상승 시 대체효과가 소득효과보다 더 크면 노동시간이 증가하지만, 대체효과보다 소득효과가 더 크면 오히려 노동시간이 감소한다.

④ 일반적으로 임금이 낮을 때는 대체효과가 더 크게 나타나므로 임금 상승 시 노동공급량이 증가한다.

⑤ 그러나 임금이 매우 높은 수준이 되면 소득효과가 더 크게 나타나기 때문에 노동공급량은 감소하고 노동공급곡선이 후방으로 굴절(backward bending)하는 형태로 도출된다.

⑥ 만약 여가가 열등재라면 소득효과도 대체효과도 모두 노동공급량을 증가시키는 방향으로 작용하므로 임금 상승 시 노동공급은 반드시 증가하고 노동공급곡선은 우상향의 형태가 된다.

임금상승시 노동공급의 변화	임금 상승	소득효과 (실질소득증가)	여가 = 정상재	여가증가(=노동공급감소)
			여가 = 열등재	여가감소(=노동공급증가)
		대체효과 (여가의 기회비용 증가)	(재화의 성질과 무관하게)	여가감소(=노동공급증가)

(2) 노동공급곡선

1) 여가가 정상재인 경우

① 여가가 정상재인 경우에는 노동공급곡선은 우상향, 수직, 후방굴절의 형태가 모두 가능하다.

② 대체효과가 소득효과보다 더 크면 우상향의 노동공급곡선이 도출되고, 소득효과가 대체효과보다 더 크면 후방굴절 노동공급곡선이 도출되며, 대체효과와 소득효과의 절대값이 같으면 수직의 노동공급곡선이 도출된다.

2) 여가가 열등재인 경우

① 만약 여가가 열등재라면 소득효과나 대체효과의 크기와 무관하게 노동공급곡선은 반드시 우상향의 형태가 된다.

② 따라서 여가가 열등재인 경우에는 결코 노동공급곡선은 후방굴절의 형태가 될 수 없다.

노동공급곡선	후방굴절 (w⇧ → 노동⇩)	(여가=정상재) + (소득효과>대체효과)
	수 직 (w⇧ → 노동 : 불변)	(여가=정상재) + (소득효과=대체효과)
	우 상 향 (w⇧ → 노동⇧)	① 여가=열등재 ② (여가=정상재)+(소득효과 < 대체효과)
	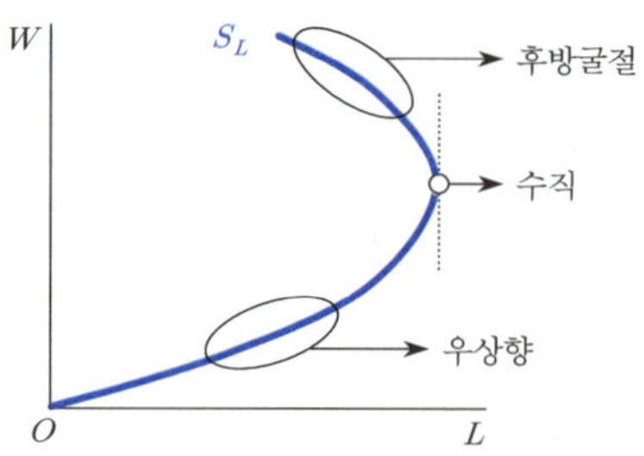	

(3) 시장전체의 노동공급곡선

① 시장노동공급곡선은 개별노동자의 노동공급곡선의 수평합으로 도출된다.

② 따라서 시장노동공급곡선은 개별노동공급곡선보다 더 완만한 형태로 도출된다.

③ 개별노동자의 노동공급곡선은 후방굴절하는 경우가 발생할 수 있으나 시장전체의 노동공급곡선은 일반적으로 우상향한다.

〈개별노동공급곡선과 시장노동공급곡선〉

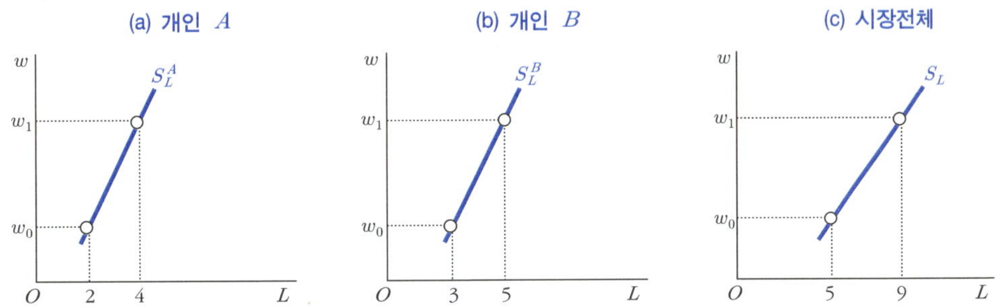

예 제 노동공급결정

대학생인 철수와 영희는 매년 여름방학에 놀이동산에서 아르바이트를 하고 있다. 올해 여름의 시간당 임금이 작년보다 20% 하락함에 따라 철수의 아르바이트 시간은 작년과 동일하였고, 영희의 아르바이트 시간은 작년보다 늘어났다. 이러한 철수와 영희의 의사결정과 관련된 다음 설명 중 가장 옳지 않은 것은?

① 영희는 임금변화에 따른 소득효과가 대체효과보다 크다.

② 두 사람 중 한 사람만 우상향의 노동공급곡선을 가진다.

③ 만약 정부가 영희에게 근로소득세를 부과하면 영희의 여가시간은 감소할 것이다.

④ 철수와 영희 모두에게 여가의 소득탄력성은 반드시 0보다 크다.

⑤ 정부가 철수와 영희에게 근로시간과 무관하게 매일 2만원을 지급한다면 철수와 영희의 노동시간은 모두 감소할 것이다.

임금이 하락해도 철수의 노동공급은 불변이므로 철수는 여가가 정상재이고 소득효과와 대체효과의 절대값이 같다. 따라서 철수의 노동공급곡선은 수직선의 형태이다. 임금이 하락할 때 영희의 노동공급은 증가하였으므로 영희는 여가가 정상재이고 소득효과가 대체효과보다 크다. 따라서 영희의 노동공급곡선은 후방굴절(좌상향)의 형태이고 근로소득세가 부과되면 영희의 실질임금은 더욱 하락하므로 노동공급은 더욱 증가하고 여가는 감소한다. 두 사람 모두 여가가 정상재이므로 여가의 소득탄력성은 0보다 크다. 정부가 근로시간과 무관하게 매일 2만원을 지급하면 시간당 임금은 일정한 상태에서 비근로소득이 발생하는 것이므로 대체효과는 발생하지 않고 실질소득 증가에 따른 소득효과만 발생하며 두 사람 모두 여가가 정상재이므로 반드시 여가는 증가하고 노동공급은 감소하게 된다.

정답 ❷

04

생산자 이론

제8장 생산이론

제9장 비용이론

제8장 생산이론

I 생산자이론의 기초

1. 생산과 생산요소

(1) 생산

생산(production)이란 생산요소를 사용하여 재화나 서비스의 가치를 창출하는 행위를 말하며 생산의 주체는 기업이다.

(2) 생산요소

① 생산요소(factors of production)란 재화를 생산하는데 필요한 투입물을 말한다.
② 기업이 이용하는 생산요소의 종류는 매우 많으나, 분석의 편의를 위해 노동(L)과 자본(K) 두 가지로 나타내도록 한다.

(3) 생산함수

생산함수(production function)란 일정 기간 동안 생산요소를 가장 효율적으로 사용할 경우, 생산요소의 투입량과 최대 산출량과의 관계를 나타내는 함수이다.

$$Q = f(L, K)$$

2. 단기와 장기의 구분

구 분	의 미	생산함수(비용함수)	현 상
단 기	① (하나라도)고정된 생산요소가 존재하는 기간 ② 고정요소(고정비용)와 가변요소(가변비용)이 모두 존재 ③ 기업의 시장 진입이나 탈퇴가 불가능할 정도로 짧은 기간	$Q = f(L, \overline{K})$ $(TC = wL + r\overline{K})$	수확체감의 법칙
장 기	① 모든 생산요소가 가변적인 기간 ② 오직 가변요소(가변비용)만 존재 ③ 기업의 시장 진입이나 탈퇴가 자유로울 정도로 충분히 긴 기간	$Q = f(L, K)$ $(TC = wL + rK)$	규모에 대한 보수

3. 생산과 비용의 쌍대관계

① 생산자에게 주어진 비용하의 생산극대화의 문제는 주어진 생산량하의 비용극소화와 동일한 문제이다.

② 따라서 생산측면과 비용측면은 동전의 양면과 같은 대칭성이 존재한다.

③ 앞으로 배울 내용들을 미리 정리하여 생산측면과 비용측면의 대칭성을 비교해보면 다음과 같다.

구 분	내 용
$MRTS_{LK}=\frac{w}{r}$	(주어진 비용하의) 생산극대화 = (주어진 생산량하의) 비용극소화
	규모수익체증 = 비용체감
$MC=\frac{w}{MP_L}$	MP_L 체감 = MC 체증
$AVC=\frac{w}{AP_L}$	AP_L 체감 = AVC 체증

Ⅱ 단기의 생산함수

1. 단기 생산함수

① 단기란 하나라도 고정된 생산요소가 존재하는 시기를 말한다.

② 일반적으로 노동보다는 자본이 고용변화에 많은 시간이 소요되므로, 단기에 노동(L)은 가변적이나 자본(K)이 $\overline{K}$로 고정되어 있다고 가정하면 단기생산함수는 다음과 같이 나타낼 수 있다.

$$Q=f(L,\overline{K}) \qquad (\text{단, } K=\overline{K}\text{로 일정함})$$

2. 총생산물, 평균생산물, 한계생산물

총생산물(TP, Q)	① 일정기간동안 생산된 재화의 총량 ② 한계생산물의 합 또는 한계생산물의 적분값
평균생산물(AP_L)	① 노동 1단위당 평균적인 생산량$\left(AP_L = \frac{TP}{L} = \frac{Q}{L}\right)$ ② 총생산물곡선의 한 점과 원점을 이은 직선의 기울기
한계생산물(MP_L)	① 노동 1단위 투입증가에 따른 총생산물의 증가분 ② 총생산물의 미분값$\left(MP_L = \frac{\Delta TP}{\Delta L} = \frac{\Delta Q}{\Delta L}\right)$ ③ 총생산물곡선의 한 점에서의 접선의 기울기

〈 총생산, 평균생산, 한계생산〉

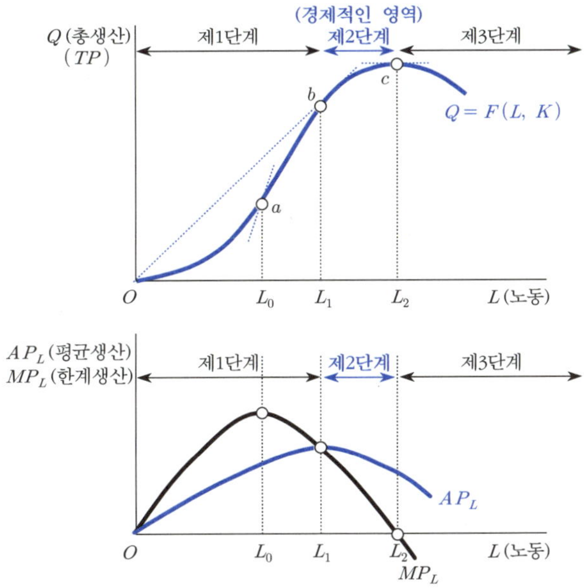

3. 수확체감의 법칙 (=한계생산물체감의 법칙)

① 고정요소($\overline{K}$)가 존재하는 단기에 가변요소(L)의 투입을 증가시킴에 따라 증가된 가변요소(L)의 한계생산물(MP_L)이 지속적으로 감소하는 현상을 말한다.

〈수확체감의 법칙〉

$\overline{K}$일 때, L⇧ → MP_L⇩

혹은

$\overline{K}$일 때, L⇩ → MP_L⇧

② 모든 생산과정에서 발생하는 일반적인 현상으로 이해하기로 한다.

③ 단기의 개념인 수확체감의 법칙과 장기의 개념인 규모수익은 아무런 관계가 없다.

④ 수확체감의 법칙이 적용되는 구간에서 총생산물과 평균생산물은 증가할 수도 있고 감소할 수도 있다.

예 제

생산함수가 $Q=\sqrt{LK}$ 이며, 자본투입량이 4로 고정되어 있다. 노동 투입량이 4일 때 노동의 평균생산과 한계생산, 그리고 노동 투입량이 9일 때 노동의 평균생산과 한계생산을 구하시오.

$K=4$일 때, 단기 생산함수는 $Q=2\sqrt{L}$이므로

$AP_L = \frac{Q}{L} = \frac{2\sqrt{L}}{L} = 2\frac{1}{\sqrt{L}}$이고, $MP_L = \frac{\Delta Q}{\Delta L} = \frac{1}{\sqrt{L}}$

노동투입량이 4일 때 $AP_L = 2\frac{1}{\sqrt{4}} = 1$, $MP_L = \frac{1}{\sqrt{L}} = \frac{1}{2}$

노동투입량이 9일 때 $AP_L = 2\frac{1}{\sqrt{9}} = \frac{2}{3}$, $MP_L = \frac{1}{\sqrt{9}} = \frac{1}{3}$

Ⅲ 장기의 생산함수 (등량곡선이론)

1. 등량곡선이론의 구조

① 등량곡선이론에서는 등비용선과 등량곡선을 이용하여 생산자균형을 분석한다.

② 등비용선은 비용제약식으로부터 도출되는데 생산행위의 객관적 조건(비용, 요소가격)을 나타내며, 소비자이론의 예산선에 대응되는 개념이다.

③ 등량곡선은 생산함수로부터 도출되는데 생산행위의 주관적 조건(생산기술)을 의미하며, 소비자이론의 무차별곡선에 대응되는 개념이다.

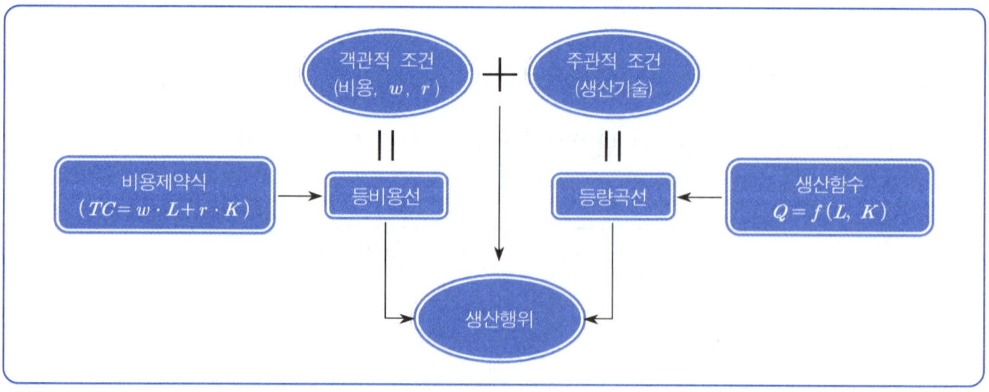

2. 등비용선 (생산을 위한 객관적 조건)

(1) 비용제약식

① 기업의 총비용(TC)이 주어져 있고, 노동의 가격인 임금이 w, 자본의 가격인 자본임대료(이자율)가 r이면 노동고용에 따른 비용(wL)과 자본고용비용(rK)의 합은 총비용과 일치해야하므로 다음과 같은 비용제약식이 도출된다.

$$TC = w \cdot L + r \cdot K$$

② 비용제약식으로부터 등비용선을 도출할 수 있다.

(2) 등비용선

① 등비용선이란 주어진 총비용으로 고용 가능한 생산요소의 조합을 그림으로 나타낸 것이다.

② 비용제약식을 K에 관해 정리하여 기울기와 절편의 형태로 나타내면 다음과 같다.

$$TC = w \cdot L + r \cdot K \Rightarrow K = -\frac{w}{r}L + \frac{TC}{r}$$

③ 이를 그림으로 나타내면 기울기가 $-\frac{w}{r}$인 우하향하는 직선의 등비용선이 도출된다.

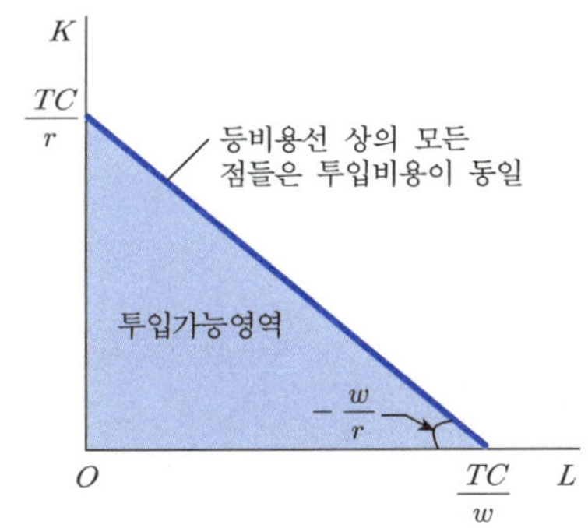

(3) 등비용선의 기울기

① 등비용선의 기울기$\left(\frac{w}{r}\right)$는 자본에 대한 노동의 상대가격(요소상대가격)을 의미한다.

② 따라서 기울기가 가파를수록 노동이 자본보다 상대적으로 비싸다는 것을 의미한다.

③ 한편 등비용선의 기울기$\left(\frac{w}{r}\right)$는 요소시장에서 결정된 생산요소의 상대적 가치를 나타낸다.

등비용선의 기울기$=\frac{w}{r}=$객관적으로 평가된 생산요소의 상대적 가치

(4) 등비용선의 이동

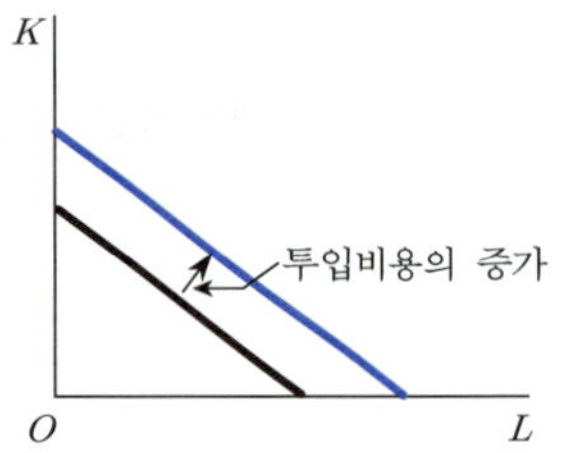

3. 등량곡선 (생산을 위한 주관적 조건)

(1) 등량곡선의 정의

① 등량곡선(isoquant)은 동일한 산출량 Q를 생산할 수 있는 노동(L)과 자본(K)의 조합을 나타낸 곡선이다.

② 생산함수가 주어진 경우 등량곡선은 다음과 같이 생산량을 $\overline{Q}$ 로 고정시켰을 때 노동(L)과 자본(K)의 관계를 그래프로 나타낸 것이다.

$$\overline{Q} = f(L, K)$$

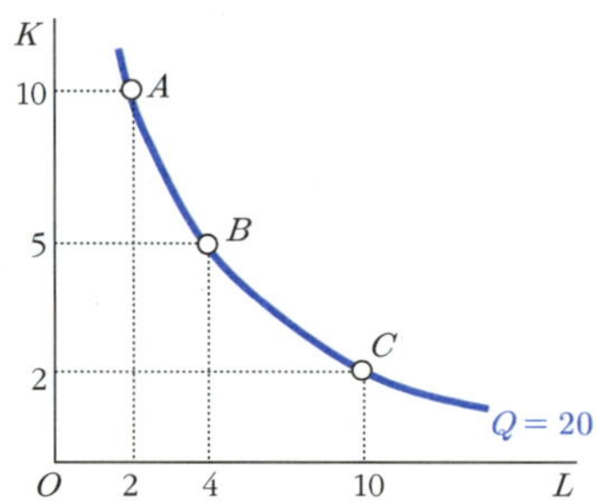

※ 무차별곡선은 서수적 개념이지만, 등량곡선은 기수적인 개념임에 주의하라.

(2) 등량곡선의 성질

1) 우하향하는 형태

① 동일한 산출량을 생산하기 위하여 한 생산요소를 줄이면 다른 생산요소를 늘려야 한다.

② 따라서 등량곡선은 우하향한다.

2) 원점에서 멀수록 높은 생산량

① 생산요소 투입량이 많을수록 산출량은 증가한다.

② 따라서 원점에서 멀어질수록 산출량이 큰 등량곡선이다.

3) 교차하지 않음

① 서로 다른 산출량 Q_0와 Q_1이 (L_1, K_1) 에서 교차한다면, $Q_1 = f(L_1, K_1)$ 이 성립하여 $Q_0 = Q_1$이 되므로 모순이다.

② 따라서 서로 다른 등량곡선은 교차하지 않는다.

4) 원점에 대해 볼록

① 생산에 있어서의 중용의 미덕을 의미한다.

② 볼록성으로 인해 한계기술대체율이 체감한다.

4. 한계기술대체율

(1) 개념 및 직관적 의미

① 한계기술대체율(marginal rate of technical substitution : $MRTS_{LK}$)이란 등량곡선 상의 두 점을 연결한 직선의 기울기 혹은 등량곡선의 접선의 기울기를 의미한다.

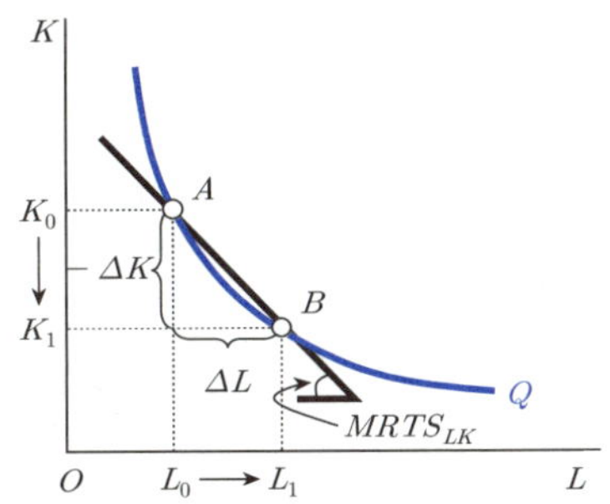

② 따라서 한계기술대체율($MRTS_{LK}$)은 다음과 같이 나타낼 수 있다.

$$MRTS_{LK} = \text{등량곡선의 (접선의) 기울기} = -\frac{\Delta K}{\Delta L} = \frac{MP_L}{MP_K}$$

③ 즉 동일한 생산량 수준을 유지하면서 노동(L) 한 단위와 교환할 용의가 있는 자본(K)의 양을 나타내므로 노동(L) 한 단위의 생산성을 자본(K)의 수량으로 표현한 것이다.

④ 예컨대 한계기술대체율 $MRTS_{LK}=10$ 이라면, 노동투입량을 1단위 증가시킬 때 절약할 수 있는 최대한의 자본의 양이 10단위로, 노동이 대신할 수 있는 자본의 양을 나타낸다.

$$\begin{aligned} MRTS_{LK} &= \text{등량곡선의 기울기} \\ &= -\frac{\Delta K}{\Delta L} \\ &= \frac{MP_L}{MP_K} \\ &= (K\text{로 표시한}) \ L\text{의 주관적 가치} \end{aligned}$$

⑤ 따라서 한계기술대체율이 크면 클수록 기업은 노동(L)을 자본(K)보다 상대적으로 선호하는 것이다.

5. 한계기술대체율 체감의 법칙

① 한계기술대체율 체감의 법칙이란 동일한 생산량을 유지하면서 노동을 증가시키고 자본을 감소시킴에 따라 한계기술대체율이 감소함을 말한다.

$$\overline{Q},\quad L⇧,\ K⇩ \Rightarrow MRTS_{LK}⇩$$

② 이는 두 생산요소 중에서 한 가지만 집중적으로 많이 사용하는 것보다 두 생산요소를 적당한 비율로 섞어 사용하는 것이 더 효율적임을 의미한다.

③ 한계기술대체율이 등량곡선의 접선의 기울기를 의미하므로 기하학적으로 한계기술대체율 체감의 법칙은 등량곡선이 원점에 대해 볼록한 형태임을 나타낸다.

④ 즉, 한계기술대체율 체감의 법칙은 등량곡선이 우하향하기 때문에 발생하는 것이 아니라 등량곡선이 원점에 볼록(볼록성)하기 때문에 발생하는 현상이다.

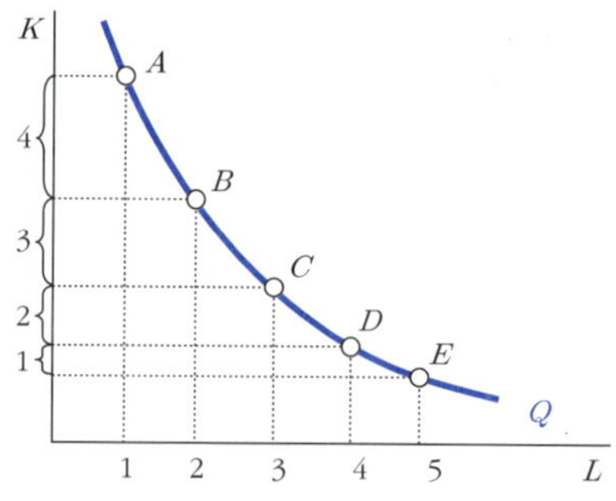

한계기술대체율 체감의 법칙이란 원점에 볼록한 등량곡선 하에서 발생하는 현상으로, 동일한 생산량을 유지한 상태에서 노동이 증가할수록 지속적으로 $MRTS_{LK}$가 감소하는 현상이다.

예제 한계기술대체율($MRTS$)

생산함수가 $Q=L^{\frac{2}{3}}K^{\frac{1}{3}}$ 으로 주어져 있다.
노동투입량이 2, 자본투입량이 4일 때 한계기술대체율을 구하시오.
그리고 한계기술대체율 체감의 법칙이 성립하는지 판단하시오.

$$MRTS_{LK}=\frac{MP_L}{MP_K}=\frac{\frac{2}{3}L^{-\frac{1}{3}}K^{\frac{1}{3}}}{\frac{1}{3}L^{\frac{2}{3}}K^{-\frac{2}{3}}}=2\frac{K}{L}$$

따라서 노동투입량이 2, 자본투입량이 4일 때 $MRTS_{LK}=\frac{K}{L}=2\frac{4}{2}=4$가 된다.

그리고 $MRTS_{LK}=2\frac{K}{L}$에서 L이 증가하고, K가 감소하면 $MRTS_{LK}$는 감소하므로 한계기술대체율은 체감한다.

Ⅳ 생산자 균형 (= 생산극대화 = 비용극소화)

1. 생산자균형의 의미

① 생산자균형이란 주어진 비용제약 하에서의 생산극대화가 달성된 상태, 혹은 주어진 생산량 하에서 비용이 극소화된 상태를 의미한다.

② 기업에게 생산극대화와 비용극소화는 동일한 문제이므로 생산자균형에서도 양자를 동일하게 취급하여 모두 생산자의 최적 균형으로 이해한다.

2. 생산극대화 조건

① 생산극대화란 주어진 비용제약 하에서 생산량이 극대화된 상태를 의미한다.

② 등비용선과 등량곡선이 접하는 E점에서 생산자균형(생산극대화)이 달성된다.

〈생산자균형(생산극대화)〉

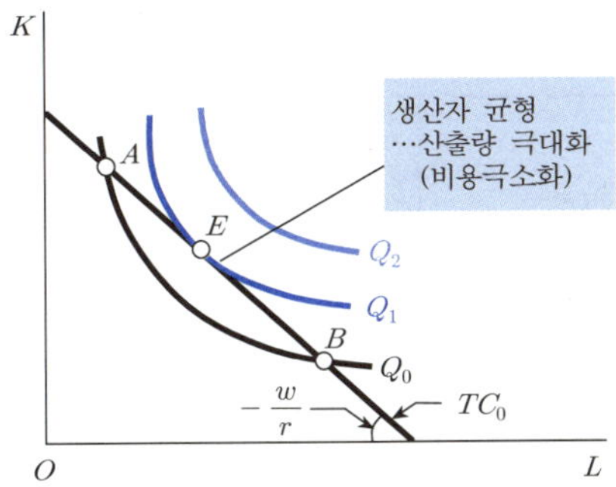

③ 따라서 다음의 관계가 성립한다.

> 등량곡선의 접선의 기울기($MRTS_{LK}$)=등비용선의 기울기$\left(\frac{w}{r}\right)$

④ 한계기술대체율($MRTS_{LK}$)은 생산자의 주관적인 요소교환비율이고, $\left(\frac{w}{r}\right)$는 시장에서 결정된 요소의 객관적인 교환비율이므로 생산자 균형조건은 다음과 같이 나타낼 수 있다.

> 생산자의 주관적 교환비율$=MRTS_{LK}=\frac{MP_L}{MP_K}=(\frac{w}{r})=$시장의 객관적 교환비율

⑤ 위의 식을 변형하면 다음과 같이 이해할 수도 있다.

> $\frac{MP_L}{MP_K}=(\frac{w}{r})$ ⇨ $\frac{MP_L}{w}=\frac{MP_K}{r}$: (화폐1원당) 한계생산물 균등의 법칙

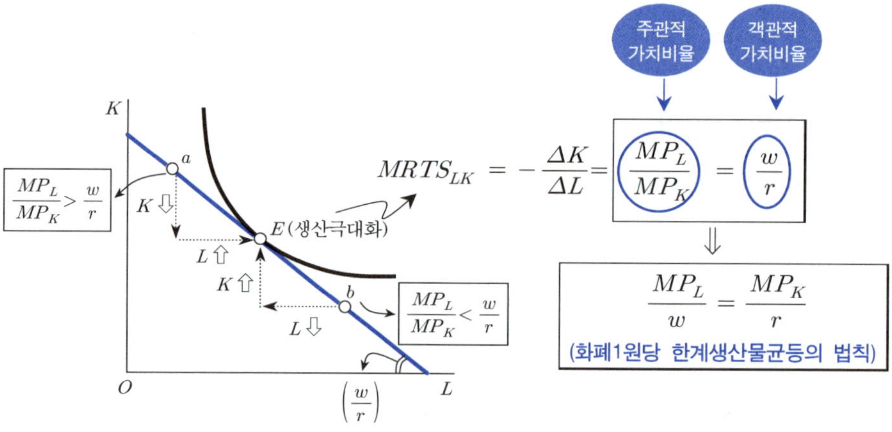

⑥ 생산조정과정

생산점	상 태	생산의 조정
E점	$MRTS_{LK}=\frac{w}{r}$	생산자균형의 상태
a점	$MRTS_{LK}>\frac{w}{r}$	(L고용증가+K고용감소) → E점으로 이동 → ($MRTS_{LK}$감소+생산증가) → 생산극대화($MRTS_{LK}=\frac{w}{r}$)
b점	$MRTS_{LK}<\frac{w}{r}$	(L고용감소+K고용증가) → E점으로 이동 → ($MRTS_{LK}$증가+생산증가) → 생산극대화 ($MRTS_{LK}=\frac{w}{r}$)

3. 비용극소화 조건

① 만약 비용제약은 없지만 기업의 목표생산량이 Q_0로 주어져 있다면 최소의 비용점은 생산량 Q_0를 나타내는 등량곡선과 원점에 가장 가까운 등비용선이 접하는 점에서 결정된다.

② 즉 아래 그림의 E점에서 생산자균형(생산극대화)이 달성된다.

③ 그런데 E점에서도 등량곡선의 접선의 기울기($MRTS_{LK}$)와 등비용선의 기울기($\frac{w}{r}$)가 일치해야 한다.

④ 결국 비용극소화조건도 생산극대화와 조건과 동일하게 나타남을 알 수 있다.

등량곡선의 접선의 기울기($MRTS_{LK}$)=등비용선의 기울기($\frac{w}{r}$)

〈생산자균형(비용극소화)〉

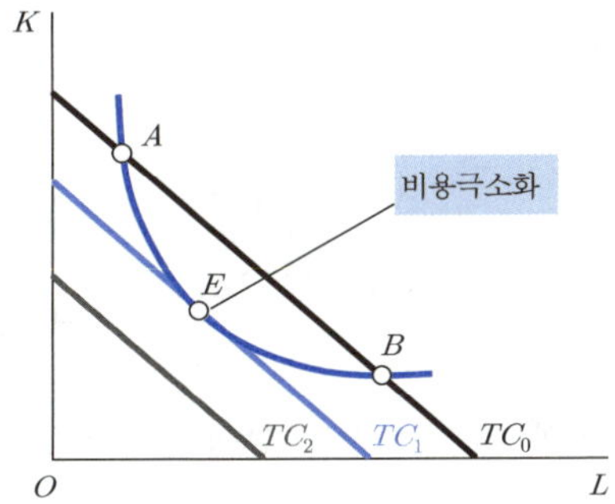

V 대체탄력성

1. 개념

① 대체탄력성(elasticity of substitution)은 한 생산요소가 다른 생산요소로 얼마나 쉽게 대체될 수 있는지를 나타내는 지표로 등량곡선의 곡률과 밀접한 관련이 있다.

② 즉 대체탄력성은 생산량을 일정수준으로 유지할 때 노동과 자본 사이의 대체의 용이성을 나타내는 지표이다.

2. 대체탄력성의 계산

① 대체탄력성은 한계기술대체율이 1% 변화할 때 자본－노동비율의 변화율로 측정된다.

② 또한 대체탄력성은 노동의 상대가격$\left(\frac{w}{r}\right)$이 1% 변화할 때 자본-노동비율의 변화율로도 측정된다.

$$\sigma = \frac{\Delta\left(\frac{K}{L}\right)/\left(\frac{K}{L}\right)}{\Delta MRTS/\ MRTS} = \frac{\Delta\left(\frac{K}{L}\right)/\left(\frac{K}{L}\right)}{\Delta\left(\frac{w}{r}\right)/\left(\frac{w}{r}\right)}$$

③ 한계기술대체율은 자본에 대한 노동의 상대적 생산성을 나타내므로, 대체탄력성은 노동의 상대적 생산성이 변화할 때 노동과 자본투입비율을 변화시키는 정도를 나타낸다.

3. 대체탄력성과 대체의 용이성

① σ가 크면 1%의 노동생산성 변화가 유발하는 요소투입비율 변화가 크므로 자본과 노동간의 대체가 용이함을 나타낸다.

② $\sigma = 0$ 이면 노동생산성이 변화하더라도 요소투입비율을 전혀 변화시키지 못하므로 자본과 노동간의 대체가 불가능함을 나타낸다.

③ $\sigma = \infty$ 이면 노동생산성이 조금만 변화하더라도 요소투입비율을 무한대로 변화시킬 수 있으므로 자본과 노동간의 대체가 완벽함을 나타낸다.

④ 즉, 대체탄력성이 크면 클수록 두 생산요소간 기술적 대체는 보다 완전해짐을 보여준다.

4. 대체탄력성과 등량곡선의 형태

① 대체탄력성은 등량곡선의 곡률과 밀접한 관련이 있다.

② 등량곡선의 곡률이 클수록 대체탄력성은 작아지고, 등량곡선이 선형에 가까울수록 대체탄력성은 커진다.

〈등량곡선의 형태와 대체탄력성〉	
대체탄력성이 작은 경우	대체탄력성이 큰 경우
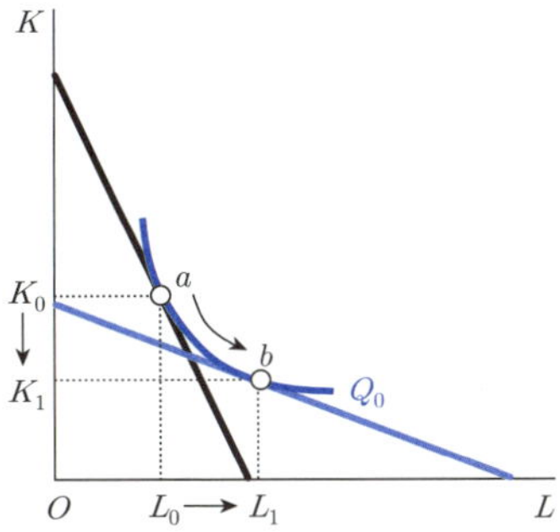	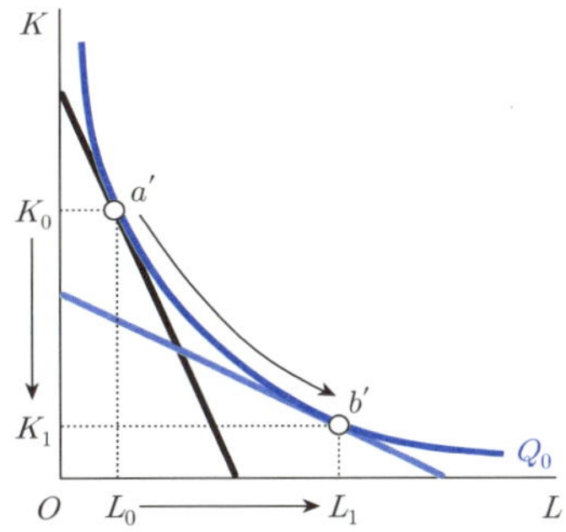

5. 생산함수와 대체탄력성

레온티에프생산함수	$Cobb-Douglas$ 생산함수	선형생산함수
대체탄력성=0	대체탄력성=1	대체탄력성=∞
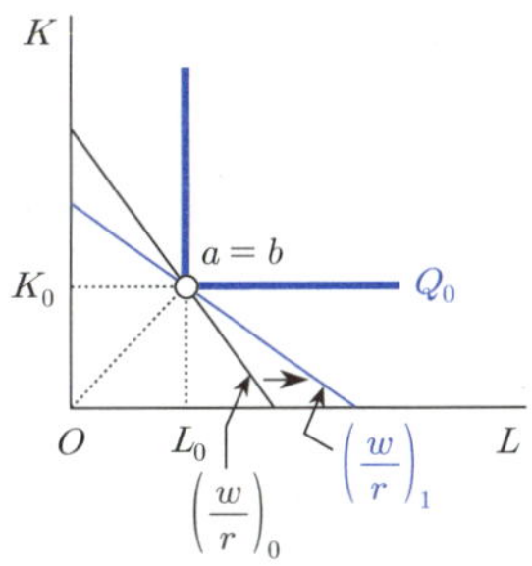	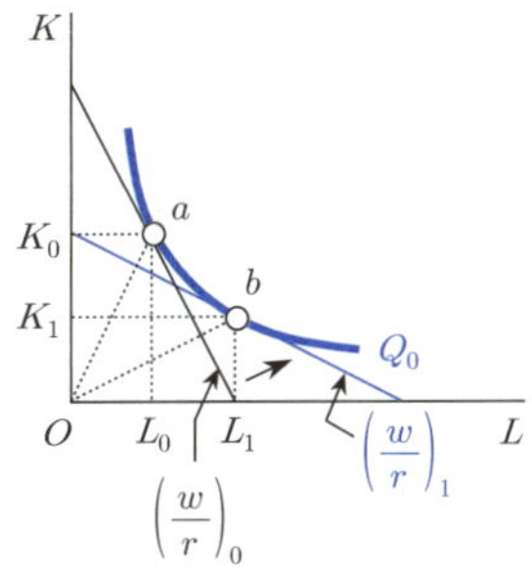	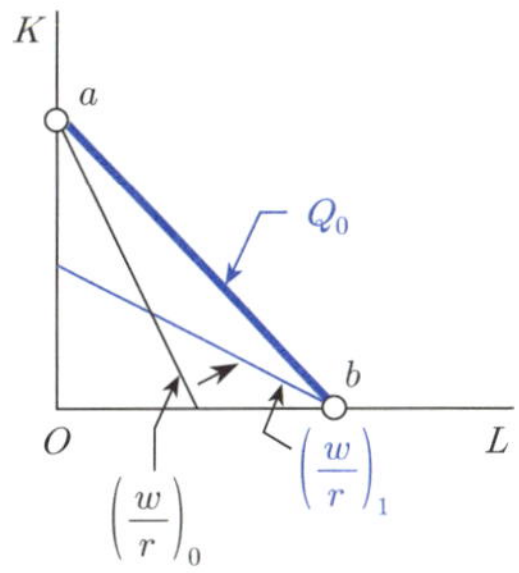

Ⅵ 규모에 대한 수익(보수)

1. 개념

① 모든 생산요소의 투입을 일정한 비율로 증가시킬 때 생산량의 변화를 나타내는 것을 규모에 대한 수익(return to scale)이라 한다.

② 모든 생산요소가 가변적인 경우를 가정하므로 장기의 개념이다.

2. 규모에 대한 수익과 등량곡선

(1) 규모수익체증(IRS)	(2) 규모수익불변(CRS)	(3) 규모수익체감(DRS)
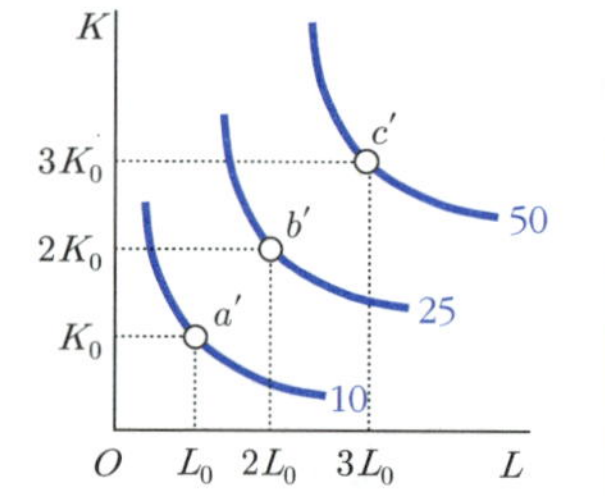	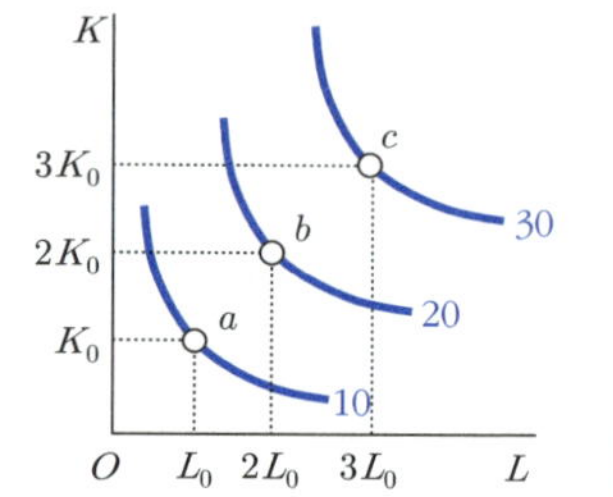	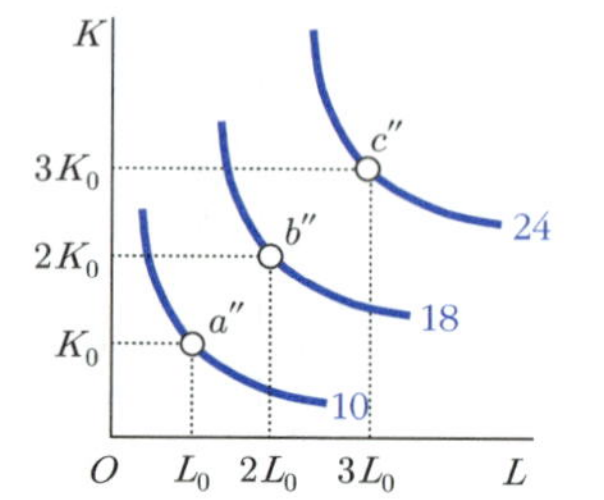
① 노동과 자본이 일정하게 증가하면 생산량은 체증적으로 증가한다. ② 따라서 생산량이 일정하게 증가하면 노동과 자본은 체감적으로 증가한다(비용체감).	① 노동과 자본이 일정하게 증가하면 생산량도 일정하게 증가한다. ② 따라서 생산량이 일정하게 증가하면 노동과 자본도 일정하게 증가한다(비용불변).	① 노동과 자본이 일정하게 증가하면 생산량은 체감적으로 증가한다. ② 따라서 생산량이 일정하게 증가하면 노동과 자본은 체증적으로 증가한다(비용체증).

3. 유형

(1) 규모에 대한 수익체증 (increasing returns to scale : IRS)

① 모든 생산요소의 투입량을 λ배 증가시킬 때, 생산량이 λ배보다 더 크게 증가하는 것을 규모에 대한 수익 체증이라 한다.

② 이는 기업규모가 커짐에 따라 분업화와 전문화를 통한 생산성 향상이 나타나기 때문이다.

③ 규모수익체증의 경우 생산량이 증가함에 따라 장기평균비용(LAC)은 체감하게 된다.

(2) 규모에 대한 수익불변 (constant returns to scale : CRS)

① 모든 생산요소의 투입량을 λ배 증가시킬 때, 생산량이 λ배와 동일하게 증가하는 것을 규모에 대한 수익 불변이라 한다.

② 규모수익불변의 경우 생산량이 증가해도 장기평균비용(LAC)은 일정하게 된다.

(3) 규모에 대한 수익체감 (decreasing returns to scale : DRS)

① 모든 생산요소의 투입량을 λ배 증가시킬 때, 생산량이 λ배보다 더 작게 증가하는 것을 규모에 대한 수익 체감이라 한다.

② 일반적으로 기업 규모가 계속 증가하다보면 규모에 대한 수익 체감 현상이 나타난다.

③ 이는 요소 투입량을 계속 증가시키더라도 이를 적재적소에 배치하는 경영능력은 한계를 가지기 때문이다.

④ 규모수익체감의 경우 생산량이 증가함에 따라 장기평균비용(LAC)은 체증하게 된다.

4. 동차함수와 규모에 대한 보수

(1) k차 동차함수

0보다 큰 모든 λ에 대하여 노동과 자본을 각각 λ배 하였을 때, 생산량이 항상 λ^k으로 증가하는 생산함수를 k차 동차 생산함수(homogeneous function of degree k)라 한다.

$$f(\lambda L, \lambda K) = \lambda^k Q$$

(2) 동차함수와 규모에 대한 보수

k차 동차함수는 k값에 따라 규모에 대한 보수체증, 불변, 체감을 표현할 수 있다.

k 차 동차 생산함수 $f(\lambda L, \lambda K) = \lambda^k Q$ 에서
(1) $0 < k < 1$: 규모에 대한 보수 체감
(2) $k = 1$: 규모에 대한 보수 불변
(3) $k > 1$: 규모에 대한 보수 체증

예 제

다음 각 생산함수의 규모에 대한 수익체증여부를 설명하시오.

1. $Q = 5L^{\frac{2}{3}}K^{\frac{1}{3}}$
2. $Q = LK$
3. $Q = 5L + K$
4. $Q = L^{\frac{1}{2}} + K^{\frac{1}{2}}$
5. $Q = \min[2L, 3K]$

노동과 자본을 λ배 한 후 생산량이 몇 배가 되는지를 확인하면 된다.

1. $5(\lambda L)^{\frac{2}{3}}(\lambda K)^{\frac{1}{3}} = \lambda 5L^{\frac{2}{3}}K^{\frac{1}{3}} = \lambda Q$
   1차 동차 생산함수이므로 규모에 대한 수익불변이다.
2. $Q = (\lambda L)(\lambda K) = \lambda^2 LK = \lambda^2 Q$
   2차 동차 생산함수이므로 규모에 대한 수익체증이다.
3. $5(\lambda L) + (\lambda K) = \lambda(5L + K) = \lambda Q$
   1차 동차 생산함수이므로 규모에 대한 수익불변이다.
4. $(\lambda L)^{\frac{1}{2}} + (\lambda K)^{\frac{1}{2}} = \lambda^{\frac{1}{2}}(L^{\frac{1}{2}} + K^{\frac{1}{2}}) = \lambda^{\frac{1}{2}} Q$
   $\frac{1}{2}$차 동차 생산함수이므로 규모에 대한 수익체감이다.
5. $\min[2\lambda L, 3\lambda K] = \lambda \min[2L, 3K] = \lambda Q$
   1차 동차 생산함수이므로 규모에 대한 수익불변이다.

Ⅶ 주요 생산함수

1. 콥-더글러스 생산함수 (Cobb-Douglas production function)

(1) 형태

콥-더글러스 생산함수는 실증분석에서 가장 많이 사용되는 생산함수로 다음과 같은 형태이다.

$$Q = AL^{\alpha}K^{\beta}$$

(단, $A>0$, $\alpha>0$, $\beta>0$), (A : 효율계수, α, β : 분배 계수)

(2) 노동과 자본의 한계생산

① 노동과 자본의 한계생산을 구해보면 각각 다음과 같다.

$$MP_L = \frac{dQ}{dL} = \alpha AL^{\alpha-1}K^{\beta}$$
$$MP_K = \frac{dQ}{dK} = \beta AL^{\alpha}K^{\beta-1}$$

② 노동 투입량이 증가할 때 한계생산이 체감하는지 여부는 α가 1보다 큰지 작은지에 따라 달라진다.

③ α가 1보다 크면 노동의 한계생산이 체증, α가 1보다 작으면 노동의 한계생산이 체감한다.

④ 마찬가지로 β가 1보다 크면 자본의 한계생산이 체증, β가 1보다 작으면 자본의 한계생산이 체감한다.

(3) 한계기술대체율

① 한계기술대체율은 구하면 다음과 같이 자본-노동비율($\frac{K}{L}$)의 함수로 나타난다.

② 이는 콥-더글러스 생산함수가 동차생산함수이기 때문이다.

$$MRTS_{LK} = \frac{\alpha AL^{\alpha-1}K^{\beta}}{\beta AL^{\alpha}K^{\beta-1}} = \frac{\alpha}{\beta}(\frac{K}{L})$$

③ L이 증가하고 K가 감소하면 한계대체율은 체감함을 확인할 수 있다.

④ 한계기술대체율($MRTS_{LK}$)이 체감하므로 등량곡선은 원점에 볼록한 우하향의 형태이다.

(4) 대체탄력성

① 콥－더글러스 생산함수는 몇 차 동차이건 대체탄력성은 다음과 같이 항상 1로 일정하다.

$$\sigma = \frac{\Delta(K/L)/(K/L)}{\Delta MRTS/MRTS} = \frac{\Delta(\frac{K}{L})/\frac{K}{L}}{\frac{\alpha}{\beta}\Delta(\frac{K}{L})/\frac{\alpha}{\beta}\frac{K}{L}} = 1$$

② 대체탄력성이 1이면 요소가격이 변해도 노동소득과 자본소득의 분배율은 항상 일정하다.

(5) $(\alpha+\beta)$차 동차함수

① 콥－더글러스 생산함수는 노동과 자본을 λ배하는 경우 생산량이 $\lambda^{\alpha+\beta}$ 배가 되므로 $\alpha+\beta$ 차 동차생산함수이다.

② 따라서 $\alpha+\beta$ 값에 따라 규모에 대한 수익이 달라진다.

$$A(\lambda L)^{\alpha}(\lambda K)^{\beta} = \lambda^{\alpha+\beta}AL^{\alpha}K^{\beta} = \lambda^{\alpha+\beta}Q$$

- $\alpha+\beta > 1$: 규모에 대한 수익 체증 (IRS)
- $\alpha+\beta = 1$: 규모에 대한 수익 불변 (CRS)
- $\alpha+\beta < 1$: 규모에 대한 수익 체감 (DRS)

③ 특히 $(\alpha+\beta)=1$ 인 경우를 1차 동차의 콥－더글러스 생산함수라고 부르고 다음과 같이 일반화 하여 표현한다.

1차 동차의 콥－더글러스 생산함수 : $Q = AL^{\alpha}K^{1-\alpha}$

(6) 효율계수와 분배계수

① 노동과 자본의 투입량이 주어져 있을 때 A가 크면 클수록 생산량은 증가한다.

② 따라서 A는 기술수준을 나타내는 파라메터로서 효율계수(efficiency parameter) 또는 총요소생산성이라고 부른다.

③ 기술진보를 A의 증가로 표현하기도 한다.

(7) α와 β의 의미

콥－더글러스 생산함수에서 α, β는 특별한 의미를 가지는데 다음과 같은 2가지의 의미로 해석이 가능하다.

1) 생산의 노동탄력성과 자본탄력성

① 노동 투입량을 1% 증가시킬 때 생산량은 $\alpha\%$, 자본투입량을 1% 증가시킬 때 생산량은 $\beta\%$ 증가한다.

② 따라서 α는 생산의 노동탄력성, β는 생산의 자본탄력성과 일치한다.

$$\text{생산의 노동탄력성} = \varepsilon_L = \frac{\Delta Q/Q}{\Delta L/L} = \frac{\Delta Q}{\Delta L}\cdot\frac{L}{Q} = \alpha$$

$$\text{생산의 자본탄력성} = \varepsilon_K = \frac{\Delta Q/Q}{\Delta K/K} = \frac{\Delta Q}{\Delta K}\cdot\frac{K}{Q} = \beta$$

2) 노동과 자본에 대한 분배비율

① 노동과 자본의 각 단위에 한계생산물만큼 지급한다면 생산량 중 노동에 대한 분배비율은 α, 자본에 대한 분배비율 β 이다.

② 따라서 α와 β를 분배계수(distribution parameter)라 한다.

- $\frac{\text{노동분배}}{\text{총생산량}} = \frac{L\cdot MP_L}{Q} = \frac{\alpha\cdot Q}{Q} = \alpha$
- $\frac{\text{자본분배}}{\text{총생산량}} = \frac{K\cdot MP_K}{Q} = \frac{\beta\cdot Q}{Q} = \beta$

③ $Q = AL^{\alpha}K^{\beta}$ 인 경우 노동소득과 자본소득의 분배비율은 $\left(\frac{\text{노동소득}}{\text{자본소득}}\right) = \left(\frac{\alpha}{\beta}\right)$로 항상 일정하다.

2. 레온티에프 생산함수 (Leontief production function)

(1) 형태

① 레온티에프 생산함수는 생산요소 간 대체가 불가능한 생산함수로 다음과 같은 형태이다.

$$Q = \min[aL, bK] \quad (a > 0,\ b > 0)$$

② 노동과 자본을 $aL = bK$ 비율로 결합하여 생산을 하고, 그 이외에 여분의 생산요소는 전혀 생산에 기여하지 못한다.

③ 레온티에프 생산함수의 등량곡선은 L자 형태이다.

(2) 균형

① $Q = \min[aL, bK]$ 의 형태인 레온티에프 생산함수는 항상 $aL = bK$ 인 상태에서만 균형(생산극대화)이 달성된다.

② 따라서 생산함수가 $Q = \min[aL, bK]$ 의 형태인 경우 균형조건식은 다음과 같다.

$$Q = aL = bK$$

③ 이 경우 균형점은 L자의 등량곡선의 모서리에서 항상 달성된다.

④ 확장선은 원점을 출발하는 기울기가 $\frac{a}{b}$인 직선이다.

레온티에프 생산함수 $Q = \min[aL, bK]$ 의 등량곡선과 확장선

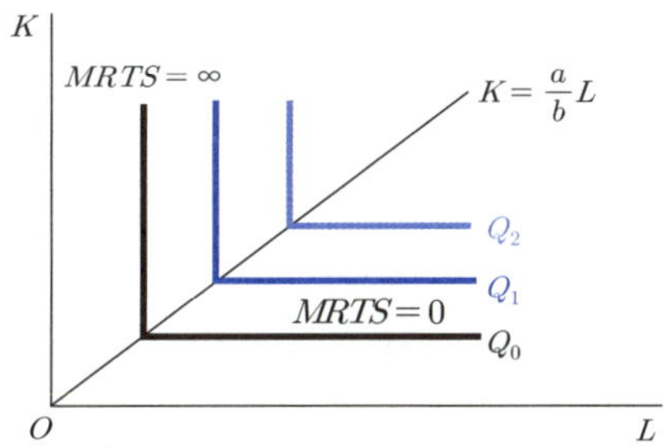

(3) 한계기술대체율

① 고정투입비율 $aL = bK$ 보다 노동이 많은 경우 노동이 생산에 기여하지 못하므로 한계기술대체율은 0으로 일정하고,

② $aL = bK$ 보다 자본이 많은 경우 자본이 생산에 기여하지 못하므로 한계기술대체율은 무한대로 일정하다.

$aL > bK$ 인 경우 $MRTS_{LK} = 0 \rightarrow MP_L = 0$

$aL < bK$ 인 경우 $MRTS_{LK} = \infty \rightarrow MP_K = 0$

(4) 대체탄력성

① 노동과 자본의 대체가 불가능하므로 대체탄력성은 0이다.

② 대체탄력성이 1보다 작으므로 $\left(\frac{w}{r}\right)$이 증가하면 $\left(\frac{노동소득}{자본소득}\right)$도 증가한다.

(5) 1차 동차함수

① 레온티에프 생산함수는 노동과 자본을 λ배하는 경우 생산량이 λ배가 되므로 1차 동차생산함수이다.

② 따라서 규모에 대한 수익불변이다.

$$Q = \min[aL, bK]$$
$$\min[a(\lambda L), b(\lambda K)] = \lambda \min[aL, bK] = \lambda Q$$

3. 선형생산함수 (linear production function)

(1) 형태

① 선형생산함수는 생산요소 간 대체가 완전한 생산함수로 다음과 같은 형태이다.

$$Q = aL + bK \ (a > 0, \ b > 0)$$

② 등량곡선은 우하향의 직선의 형태이다.

〈선형생산함수의 등량곡선〉

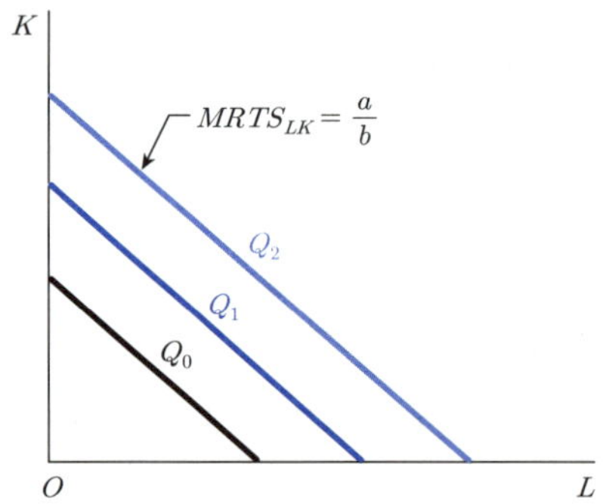

(2) 노동과 자본의 한계생산

① 노동의 한계생산은 $MP_L = a$이고, 자본의 한계생산은 $MP_K = b$이다.

② 한계생산물이 일정하므로 수확체감의 법칙은 성립하지 않는다(수확불변).

(3) 한계기술대체율

등량곡선이 기울기가 $\frac{a}{b}$로 일정하므로 한계기술대체율도 $\frac{a}{b}$로 일정하다.

$$MRTS_{LK} = \frac{a}{b}$$

(4) 대체탄력성

노동과 자본이 완전대체 관계이므로 대체탄력성은 ∞이다.

(5) 1차 동차함수

① 선형 생산함수는 노동과 자본을 λ배하는 경우 생산량이 λ배가 되므로 1차 동차생산함수이다.

$$Q = aL + bK$$
$$a(\lambda L) + b(\lambda K) = \lambda(aL + bK) = \lambda Q$$

② 따라서 규모에 대한 수익불변이다.

(6) 선형생산함수와 구석해

① $MRTS_{LK} > \frac{w}{r}$인 경우 → 노동(L)만 고용! → 가로축=확장선

$\left[MRTS_{LK} > \frac{w}{r}\right]$인 경우 선형생산함수의 균형

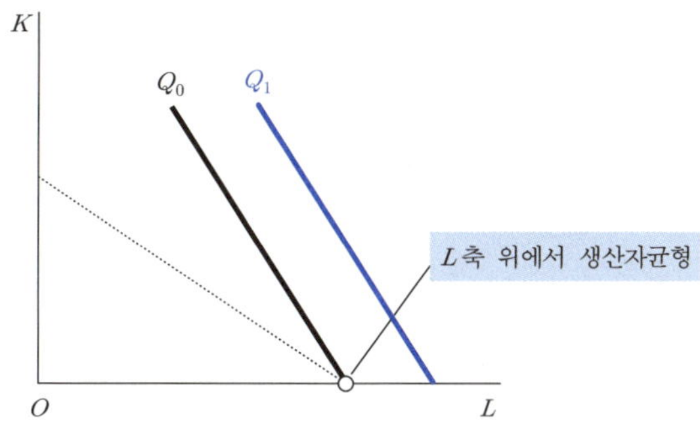

② $MRTS_{LK} < \frac{w}{r}$인 경우 → 자본(K)만 고용! → 세로축=확장선

③ $MRTS_{LK} = \frac{w}{r}$인 경우 → 노동(L)과 자본(K) 모두 고용 가능! → 확장선 불분명

제9장 비용이론

I 비용이론의 기초개념

1. 비용함수와 비용

(1) 비용함수

① 비용함수란 생산량 변동이나 요소투입량 변동에 따른 비용의 변화를 나타내는 함수를 말한다.

② 생산함수는 생산량과 요소투입량의 관계를 통해 생산기술을 나타내고 비용함수는 생산량과 생산비용의 관계를 통해 생산기술을 나타내므로

③ 생산함수와 비용함수는 모두 생산기술에 대한 두 가지 다른 표현방법이다.

④ 비용함수는 2가지 형태로 표현할 수 있다.

⑤ 생산량 변화에 따른 비용함수는 생산량(Q)이 독립변수이므로 다음과 같다.

$$TC = f(Q)$$

⑥ 요소투입량의 변화에 따른 비용함수는 생산요소(L, K)가 독립변수이므로 다음과 같다.

$$TC = wL + rK$$

(2) 비용

① 경제학에 등장하는 기업의 기본적인 목표는 이윤극대화이고, 이윤은 총수입에서 총비용을 차감한 금액이다.

$$\text{이윤}(\pi) = \text{총수입}(TR) - \text{총비용}(TC)$$

② 비용극소화는 기업의 이윤극대화와 밀접한 관계에 있으므로, 비용은 기업의 가격과 생산량 결정에 중요한 요인이다.

③ 또한 기업의 공급곡선(MC)의 형태를 결정하고 시장구조에도 영향을 미친다.

④ 경제학의 비용(경제적비용)은 기회비용의 관점에서 측정한 비용을 의미한다.

2. 경제적 비용과 회계적 비용

(1) 회계적 비용

① 회계적 비용(accounting cost)이란 기업회계에서 산정되는 비용을 말한다.

② 회계적 비용에는 통상적으로 기업이 실제로 지급한 명시적 비용(explicit cost)만 포함되므로 경제적 비용의 본질을 파악하는데 적절하지 않다.

(2) 경제적 비용

① 경제적 비용(economic cost)이란 생산과정에서 발생한 모든 비용을 기회비용(opportunity cost)의 관점에서 측정한 것을 말한다.

② 경제적 비용에는 명시적 비용뿐만 아니라 암묵적 비용(implicit cost)도 포함되므로 기회비용 측면의 모든 비용을 고려할 수 있다.

③ 다만 매몰비용(sunk cost)은 기회비용이 아니므로 경제적 비용에서 제외된다.

(3) 암묵적 비용

① 암묵적 비용(묵시적 비용, implicit cost)이란 명시적으로 드러나지 않는 잠재적 비용이다.

② 즉 명시적 비용계산에는 포함되지 않지만 생산과정으로부터 발생하는 포기한 것의 가치를 의미한다.

※ 암묵적 비용은 귀속비용이라고도 부른다.

③ 암묵적 비용에는 귀속임금, 귀속임대료, 귀속지대, 정상이윤 등이 포함된다.

④ 정상이윤(normal profit)이란 기업가로 하여금 동일한 상품을 계속 생산하도록 하기 위해서 보장되어야하는 최소한의 이윤을 말한다.

⑤ 정상이윤은 투자된 자본에 대한 정상적인 수익에 해당되므로 경제학에서는 기회비용에 포함시킨다.

〈경제적 비용과 회계적 비용의 차이〉

경제적 비용 = 명시적 비용 + 암묵적 비용

암묵적 비용:
① 정상이윤
② 잠재적 임금
③ 잠재적 이자
④ 잠재적 지대

예 제

바리스타 영희는 A업체에서 월급 300만원을 받고 있었지만, 독립하여 본인이름으로 커피숍을 개업하였다. 개업 자금으로 모두 2억이 들었는데. 이는 자신의 돈 1억과 년간 12% 이자율의 은행 대출로 1억으로 충당하였다.
기타 종업원 급여로 월 200만원, 건물 임대료로 월 100만원을 지출하고 있다면, 영희의 커피숍의 경제적 비용은 한 달에 얼마인가?

> 명시적 비용으로 은행이자 $(1억 \times 12\%)/12 = 100$만원, 종업원 급여 200만원, 건물 임대료 100만원이 있다. 그리고 묵시적 비용으로 자기 자신에 급여 300만원, 자신 자본에 대한 이자 $(1억 \times 12\%)/12 = 100$만원이 있다.
> 따라서 경제적 비용은 (100+200+100)+(300+100)=800만원이 된다.

Ⅱ 단기비용함수와 단기비용곡선

1. 총비용

(1) 단기총비용의 구성

단기 총비용은 총가변비용과 총고정비용으로 구성된다.

$$TC = w \cdot L + r \cdot \overline{K} = \text{총가변비용} + \text{총고정비용}$$

(2) 총고정비용 (total fixed cost : TFC)

① 고정비용이란 생산량과 무관한 비용으로 고정요소로 인해 발생한다.

② 자본이 고정요소라면 고정비용은 자본투입량에 자본의 가격 r을 곱한 값이다.

$$TFC = r \cdot \overline{K}$$

③ 생산량이 변화해도 고정비용은 일정하므로 TFC곡선은 수평선의 형태이다.

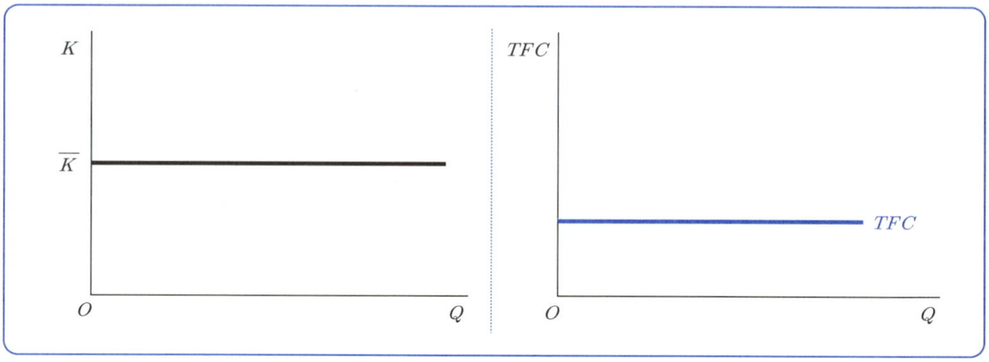

(3) 총가변비용 (total variable cost : TVC)

① 가변비용이란 생산량에 따라 변화하는 비용으로 가변요소로 인해 발생한다.

② 노동이 가변요소라면 가변비용은 노동 수요량에 노동의 가격 w를 곱한 값이다.

$$TVC = w \cdot L$$

③ 단기생산함수와 단기비용함수는 동전의 양면처럼 대칭성을 갖는데, 이를 생산과 비용의 쌍대관계(duality)라고 한다.

④ 따라서 단기 총가변비용곡선은 단기총생산함수와 다음과 같이 대칭적인 형태를 갖는다.

〈총가변비용곡선과 총생산물곡선의 대칭성〉

총가변비용(TVC)	총생산함수(Q)
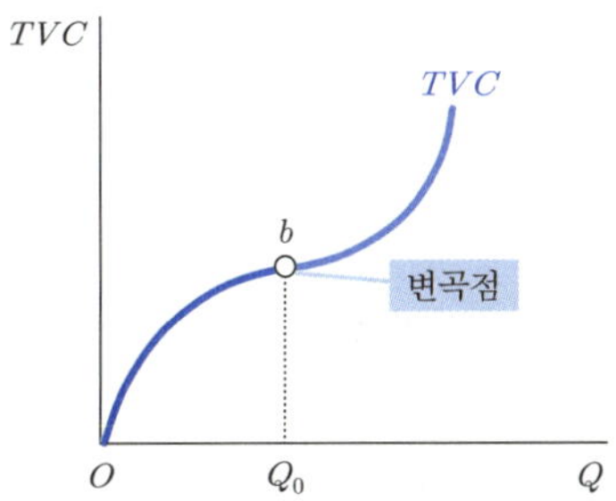	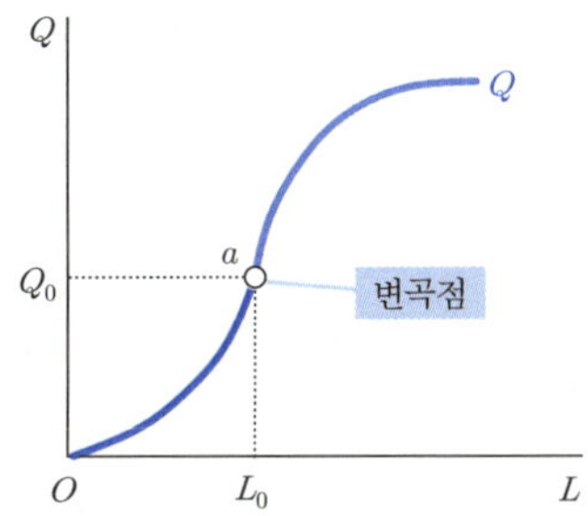

(4) 총비용(total cost : TC)

① 단기총비용은 생산에 소요되는 모든 비용으로 총고정비용과 총가변비용의 합으로 나타난다.

$$TC = r \cdot \overline{K} + w \cdot L = TFC + TVC$$

② 총고정비용이 일정하므로 총비용곡선은 총가변비용곡선을 총고정비용곡선만큼 상방으로 이동시킨 것이다.

③ 따라서 총비용곡선(TC)과 총가변비용곡선(TVC)은 서로 평행하며, 같은 형태를 가진다.

〈단기의 총비용〉

(a) 총가변비용

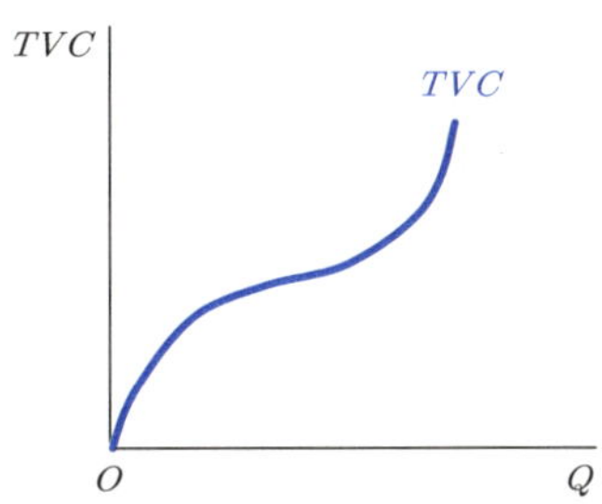

(b) 총비용

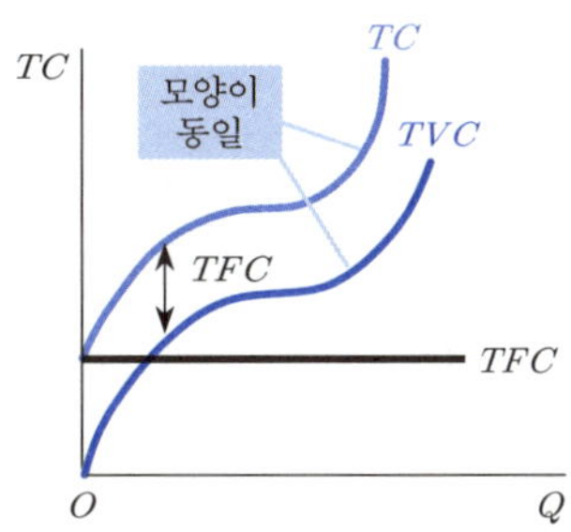

2. 평균비용

(1) 단기평균비용의 구성

단기평균비용은 상품 한 단위당 비용으로 다음과 같이 평균고정비용과 평균가변비용의 합으로 나타낼 수 있다.

$$AC = \frac{TC}{Q} = \frac{TVC + TFC}{Q} = \frac{TVC}{Q} + \frac{TFC}{Q} = AVC + AFC$$

(2) 평균고정비용

① 평균고정비용(Average Fixed Cost : AFC)은 생산량 한 단위당 고정비용으로, 총고정비용을 생산량으로 나눈 값으로 정의된다.

$$AFC = \frac{TFC}{Q} = \frac{r \cdot \overline{K}}{Q}$$

② 이 때 TFC 는 생산량과 무관한 상수이므로 평균고정비용은 생산량 증가에 따라 지속적으로 감소하는 직각쌍곡선의 형태가 된다.

③ 기하학적으로 평균고정비용곡선(AFC)은 원점과 총고정비용곡선을 연결한 직선의 기울기로 측정된다.

(3) 단기평균가변비용

① 평균가변비용(Average Variable Cost : AVC)은 생산량 한 단위당 가변비용으로, 총가변비용을 생산량으로 나눈 값으로 정의된다.

$$AVC = \frac{TVC}{Q} = \frac{w \cdot L}{Q}$$

② 기하학적으로 평균가변비용곡선(AVC)은 원점과 총가변비용곡선을 연결한 직선의 기울기로 측정된다.

(4) 단기평균비용

① 단기평균비용(short-run average cost : AC)은 생산량 한 단위당 비용으로, 총비용을 생산량으로 나눈 값으로 정의된다.

② 단기평균비용(AC)은 평균가변비용과 평균고정비용의 합으로 나타난다.

$$AC = \frac{TC}{Q} = \frac{TFC}{Q} + \frac{TVC}{Q} = AFC + AVC$$

③ 평균고정비용곡선(AC)은 항상 평균가변비용곡선(AVC)보다 상방에 위치하지만 생산량 증가에 따라 평균고정비용(AFC)이 지속적으로 감소하므로 점차 평균가변비용곡선(AVC)에 접근해간다.

〈평균고정비용과 평균가변비용〉

(a) 평균고정비용 | (b) 평균가변비용

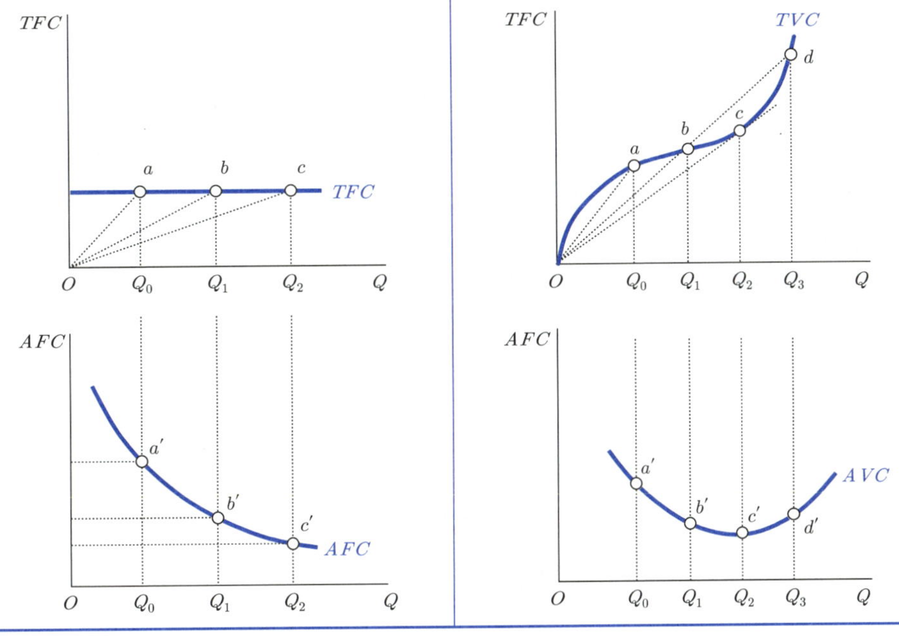

〈여러가지 평균비용곡선들〉

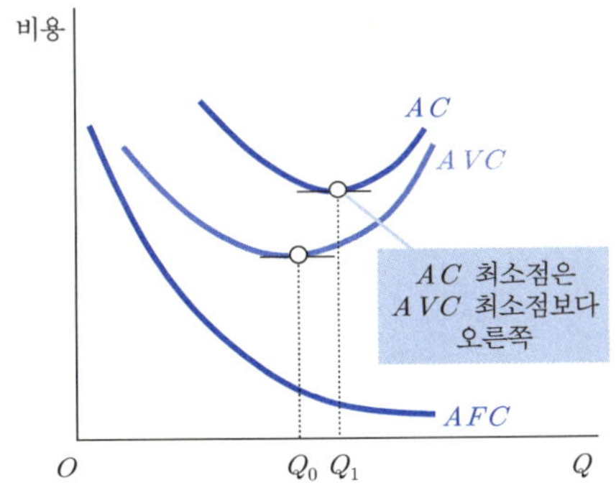

3. 한계비용

(1) 개념

① 한계비용(marginal cost : MC)이란 생산량을 한 단위 더 늘릴 때 발생하는 단기비용의 증가분을 말한다.

② 생산량을 증가시킬 때 총고정비용은 변화하지 않고, 총가변비용만 변화하므로 단기한계비용은 다음과 같이 계산된다.

$$MC=\frac{\Delta TC}{\Delta Q}=\frac{\Delta TFC+\Delta TVC}{\Delta Q}=\frac{\Delta TVC}{\Delta Q}$$

③ 기하학적으로 한계비용곡선(MC)은 총비용곡선 또는 총가변비용곡선 접선의 기울기로 측정된다.

〈한계비용곡선〉

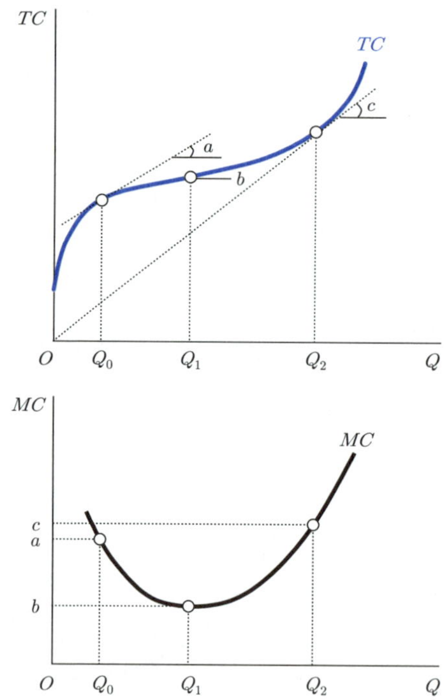

(2) 단기평균비용과 단기한계비용과의 관계

① 생산함수에서 살펴본 평균과 한계의 일반적 관계는 비용함수에서도 성립한다.

$MC > AC \Leftrightarrow AC$ 증가
$MC = AC \Leftrightarrow AC$ 불변
$MC < AC \Leftrightarrow AC$ 감소

② 따라서 단기평균비용(AC)과 단기평균가변비용(AVC)이 감소하는 구간에서 한계비용은 평균비용보다 아래에 위치하고, 단기평균비용(AC)과 단기평균가변비용(AVC)이 증가하는 구간에서 한계비용은 평균비용보다 상방에 위치한다.

4. 단기 비용곡선들의 관계

〈단기 비용곡선들의 관계〉

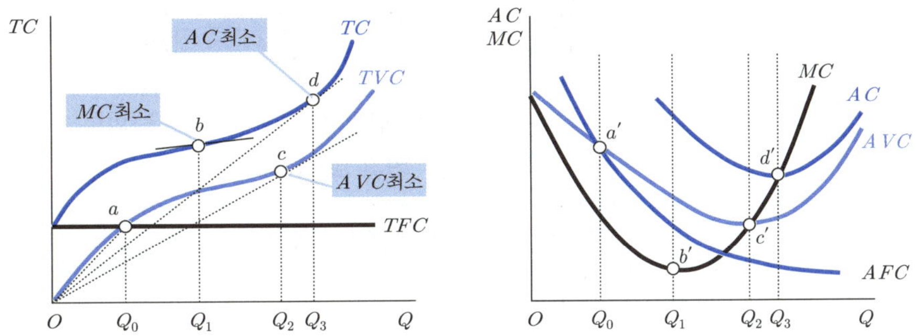

① AC, AVC, MC는 모두 U자형이다.

② AVC는 항상 AC아래에 위치한다.

③ 생산량이 증가함에 따라 AFC는 계속해서 감소하고(직각쌍곡선의 형태), 이에 따라 AVC는 점점 AC에 접근한다.

④ AVC의 극소점은 AC의 극소점보다 왼쪽에 위치한다.

⑤ MC는 AVC 및 AC의 최저점을 통과한다.

⑥ MC는 AC가 감소할 때는 AC아래에 위치하고, AC가 증가할 때는 AC 위에 위치한다.

구 분	내 용	특 징
총비용 (TC)	총비용 = 총가변비용 + 총고정비용 $TC = wL + r\overline{K} = TVC + TFC$	단기의 비용은 가변요소(L)에 의한 가변비용과 고정요소(K)에 의한 고정비용으로 구분된다.
평균비용 (AC)	$AC = \frac{TC}{Q} = \frac{TVC}{Q} + \frac{TFC}{Q}$ $= AVC + AFC$	① AC도 가변비용과 고정비용이 모두 고려됨 ② AC의 크기는 곡선의 한 점과 원점을 이은 직선의 기울기를 의미 ③ AFC곡선은 직각쌍곡선의 형태임
한계비용 (MC)	$MC = \frac{\Delta TC}{\Delta Q} = \frac{\Delta TVC}{\Delta Q}$ ($\because\ \Delta TFC = 0$)	① MC는 고정비용과는 무관함 ② 오직 가변비용만이 MC를 결정 ③ MC의 크기는 TC곡선의 접선의 기울기를 의미

5. 비용과 생산의 관계

① 요소투입량과 생산량의 관계는 생산함수, 즉 생산기술에 의해 규정된다.

② 마찬가지로 생산비용과 생산량의 관계도 생산기술에 의해 규정된다.

③ 생산함수와 비용함수 사이에는 언제나 다음과 같은 역의 관계가 성립한다.

$$AVC = \frac{wL}{Q} = \frac{w}{Q/L} = \frac{w}{AP_L}$$

$$MC = \frac{\Delta(w \cdot L)}{\Delta Q} = w\frac{\Delta L}{\Delta Q} = \frac{w}{\Delta Q/\Delta L} = \frac{w}{MP_L}$$

④ 즉, 노동의 평균생산성이 높다는 것은 평균가변비용이 낮다는 것을 의미하고, 노동의 한계생산성이 높다는 것은 한계비용이 낮다는 것을 의미한다.

〈비용과 생산의 관계〉

(a) 평균 생산물과 한계생산물

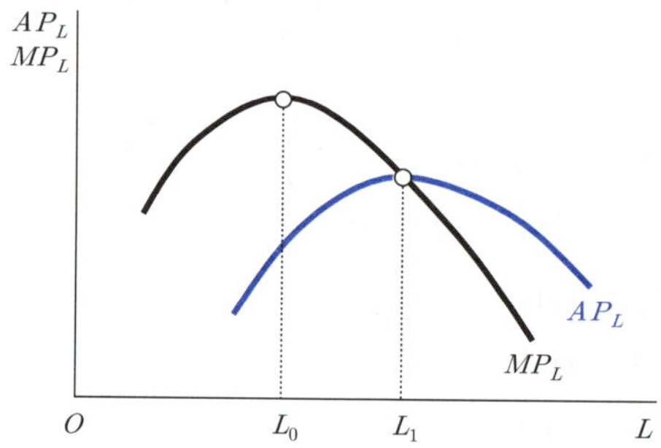

- AP_L ↑ ↔ AVC ↓
- AP_L 극대 ↔ AVC 극소
- AP_L ↓ ↔ AVC ↑

(b) 평균 가변비용과 한계비용

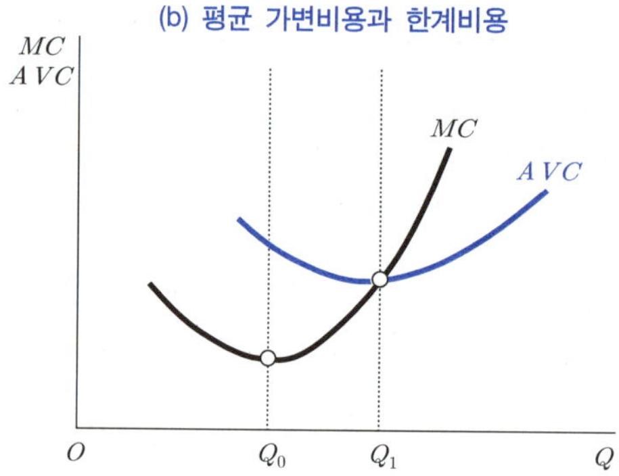

- MP_L ↑ ↔ MC ↓
- MP_L 극대 ↔ MC 극소
- MP_L ↓ ↔ MC ↑

예제

A기업의 단기 생산비용에 대한 정보는 다음 표와 같다. 괄호 안의 값을 구하시오. (단, Q는 생산량, TC는 총비용, MC는 한계비용, ATC는 평균총비용, AVC는 평균가변비용, AFC는 평균고정비용, FC는 고정비용)

Q	TC	MC	ATC	AVC	AFC	FC
3	60			(ㄱ)	10	30
4		(ㄴ)	18			30
5		(ㄷ)		11		30

$Q=3$일 때 $TC=60$이므로 $ATC=\frac{TC}{Q}=\frac{60}{3}=20$이고 $AVC=ATC-AFC=20-10=10$이다.

$Q=4$일 때 $ATC=18$이므로 $TC=ATC\times Q=18\times 4=72$이고 $MC=72-60=12$이다.

$Q=5$일 때 $AFC=\frac{FC}{Q}=\frac{30}{5}=6$이므로 $ATC=AVC+AFC=11+6=17$이고,

$TC=ATC\times Q=17\times 5=85$이며, $MC=85-72=13$이다.

Q	TC	MC	ATC	AVC	AFC	FC
3	60		20	10	10	30
4	72	12	18	42/4	30/4	30
5	85	13	17	11	6	30

Ⅲ 장기비용함수와 장기비용곡선

1. 장기비용의 특징

① 장기비용이란 기업이 생산설비를 자유롭게 변경할 수 있어 모든 생산요소의 투입량이 가변적일 때의 비용을 말한다.

② 단기의 비용이 고정비용과 가변비용으로 구분되는데 비해 장기의 비용은 모든 비용이 가변비용에 해당한다.

③ 단기에는 설비규모가 고정되어 있으나, 장기에는 생산설비규모를 장기 최적수준으로 조정하는 것이 가능하다.

④ 따라서 장기에는 각 생산설비에 대응하는 단기비용곡선 중에서 주어진 생산량을 최소의 비용으로 생산할 수 있는 점들을 연결하여 구할 수 있다.

⑤ 따라서 장기의 비용은 단기의 비용보다 작거나 같은 것이 일반적이다.

⑥ 장기총비용곡선은 단기총비용곡선의 아래쪽 포락선이다.

⑦ 단기비용곡선이 수확체감의 법칙에 따라 도출되는 데 반해, 장기비용곡선은 규모에 대한 수익에 따라 도출된다.

〈장기비용과 단기비용의 비교〉

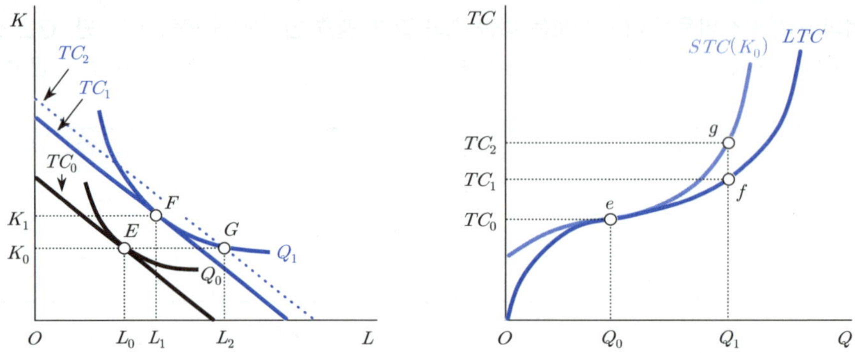

2. 일반적인 장기비용

① LTC는 STC의 아래쪽의 포락선(envelope curve)이다.

② LAC는 SAC들의 포락선이다.

③ LTC과 STC가 접하는 점에서 LAC와 SAC도 접하고 LMC와 SMC는 서로 교차함.

④ LAC의 최저점과 접하는 SAC_1에 대응하는 시설규모(Q_3)를 장기최적시설규모라 한다.

⑤ 최적시설규모에서 LAC는 수평선의 형태임

⑥ Q_3 왼쪽 영역=규모의 경제=규모수익체증(IRS)=비용체감

⑦ Q_3 오른쪽 영역=규모의 불경제=규모수익체감(DRS)=비용체증

〈일반적인 장기비용곡선〉

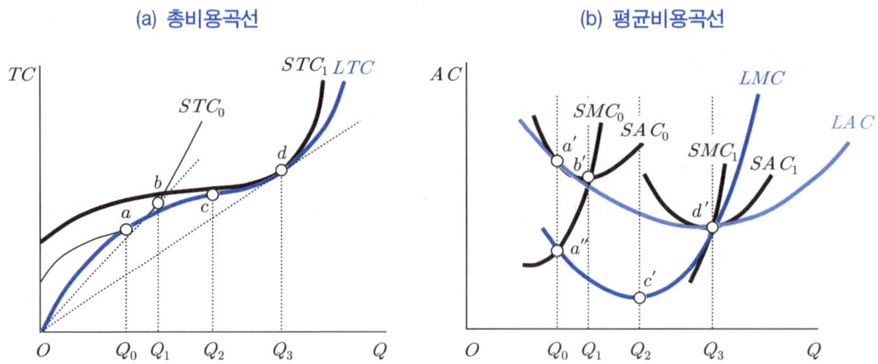

3. 규모에 대한 수익과 장기비용곡선

(1) 규모에 대한 수익체증(IRS)의 경우

① 규모에 대한 수익이 체증하므로 생산량이 증가함에 따라 평균비용은 체감한다.
(비용체감의 영역)

② 규모의 경제가 발생

③ $k>1$인 k차 동차생산함수의 구간

④ 자연독점의 발생 가능성

⑤ 우하향의 LAC곡선

⑥ $LAC>LMC$

⑦ 기울기가 체감하는 LTC

〈규모수익체증(IRS)과 장기비용곡선〉

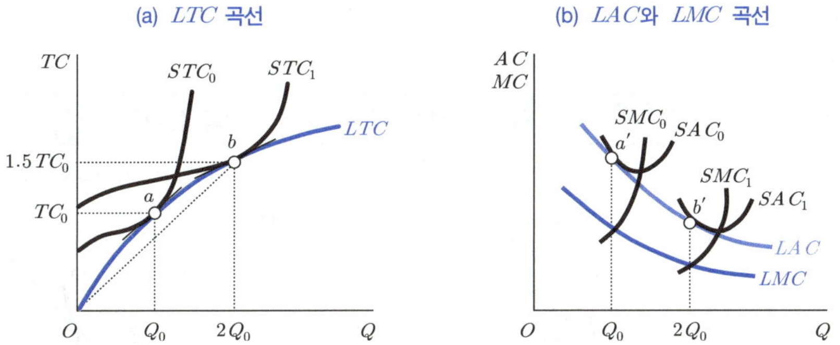

(2) 규모에 대한 수익불변(CRS)의 경우

① 규모에 대한 수익이 불변하므로 생산량이 변화해도 평균비용은 불변이다. (비용불변의 영역)

② LAC곡선의 최저점에서 생산하므로 장기최적시설규모를 달성한다.

③ $k=1$인 1차동차 생산함수의 구간

④ 완전경쟁의 장기균형 상태와 동일하다.

⑤ 수평의 LAC곡선

⑥ $LAC=LMC$

⑦ 기울기가 일정한 직선의 LTC

〈규모수익불변(CRS)과 장기비용곡선〉

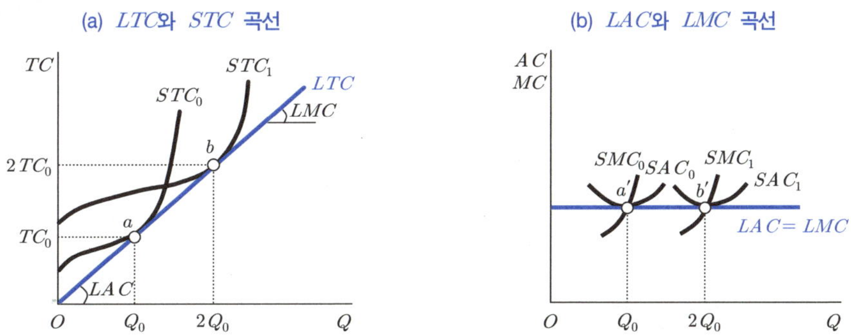

(3) 규모에 대한 수익체감(*DRS*)의 경우

① 규모에 대한 수익이 체감하므로 생산량이 증가함에 따라 평균비용은 체증한다. (비용체증의 영역)

② 규모의 불경제가 발생한다.

③ $k < 1$인 k차 동차생산함수

④ 경영의 비효율성 발생

⑤ 우상향의 LAC곡선

⑥ $LAC < LMC$

⑦ 기울기가 체증하는 LTC

〈규모수익체감(*DRS*)과 장기비용곡선〉

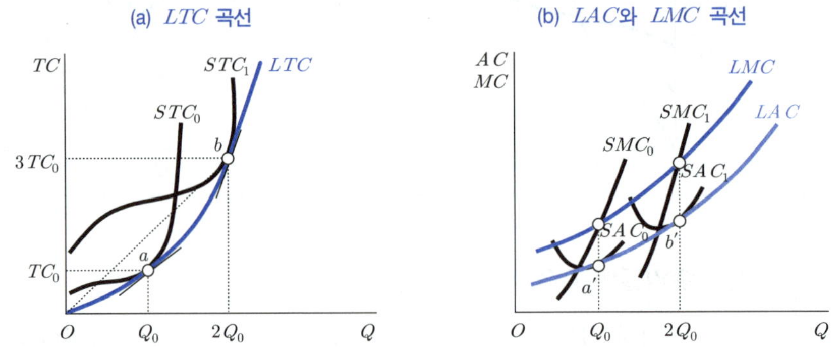

4. 확장경로와 장기총비용곡선

〈확장경로와 장기비용곡선〉

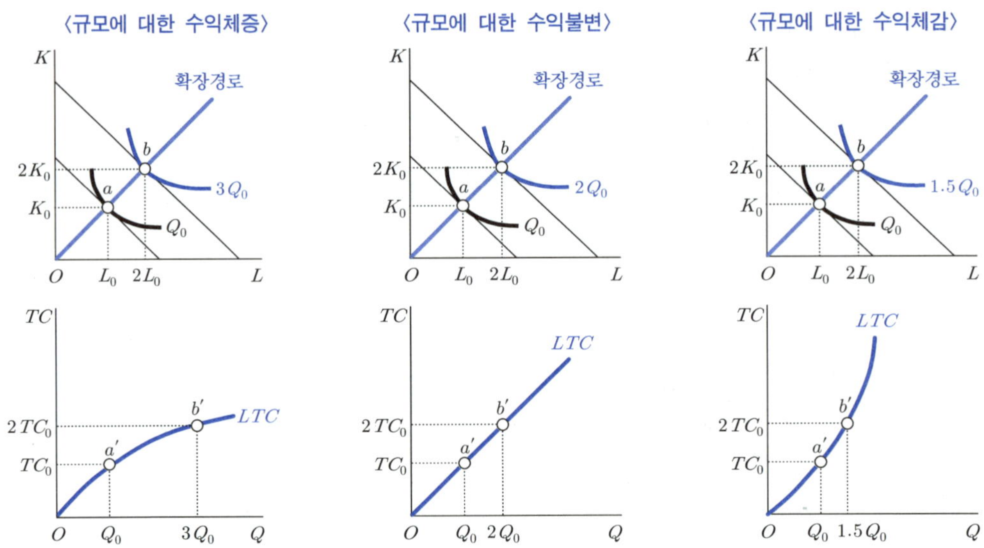

05

시장 이론

제10장 완전경쟁시장

I 시장이론의 기초

1. 시장의 구분

① 시장은 크게 완전경쟁시장과 불완전경쟁시장으로 구분되고, 불완전경쟁시장은 다시 독점, 과점, 독점적 경쟁시장으로 구분된다.

② 시장을 구별하는 기준은 다양하나 그 중 기업의 수로 구별하는 방법이 있다.

③ 특별한 언급이 없는 한 시장에 존재하는 소비자의 수는 무수히 많다고 가정하므로 소비자는 가격수용자이다.

④ 이제 시장 내에 존재하는 기업의 수가 많을수록 기업 간 경쟁이 치열하므로 시장은 완전경쟁에 가까워지고 기업의 수가 적을수록 시장은 독점에 가까워진다.

⑤ 완전경쟁에 가까울수록 경제적 효율성과 사회후생은 커지고, 독점에 가까울수록 작아진다.

구 분	완전경쟁	불완전경쟁		
		독 점	독점적 경쟁	과 점
기업의 수	무수히 많다	1개	다수의 기업	소수의 기업
시장지배력	전혀 없다	매우 강함	약 함	강 함
가격설정능력	없 다	있 다		
개별 기업이 직면하는 수요곡선	수평선	우하향의 수요곡선 (단, 우하향의 기울기는 독점의 경우가 가장 가파른 형태)		
P와 MC의 관계	$P=MC$	$P>MC$		
상품의 동질성	동질적	동질적	차별화된 상품	동질적 또는 이질적
진입의 자유	매우 자유로움	진입장벽 강함	자유로움	진입제한
비가격경쟁	없음 (오직 가격경쟁)	없음 (경쟁없음)	비가격 경쟁	가장 치열한 비가격경쟁
장기초과이윤	장기초과이윤=0	장기초과이윤>0	장기초과이윤=0	장기초과이윤 가능
시장에서의 기업의 행동	독립적			상호의존적(담합)
현실적인 예	농산물, 주식, 외환시장(완벽한 의미의 완전경쟁시장은 존재하지 않음)	철도, 전력, 상수도, 통신	식당, 약국, 미용실, 다방	TV, 자동차, 시멘트, 맥주

2. 시장이론에서 단기와 장기의 구별

① 생산이론에서는 개별기업의 입장을 기준으로 고정요소가 존재하는 시기를 단기, 모든 생산요소가 가변적인 시기를 장기라고 구분하였다.

② 반면 시장이론에서는 산업전체의 차원에서 기존기업의 퇴거나 새로운 기업의 진입이 불가능할 정도의 짧은 기간을 단기, 새로운 기업의 진입이나 기존기업의 탈퇴가 자유로울 정도로 충분히 긴 기간을 장기라고 부른다.

구 분	개별기업	산업전체
단기	고정요소가 존재하는 기간	기존기업의 퇴거나 새로운 기업의 진입이 불가능할 정도의 짧은 기간
장기	모든 생산요소가 가변요소	기업의 진입과 퇴거가 자유롭게 이루어질 수 있는 충분히 긴 기간

3. 기업의 목표 (이윤극대화가설)

① 현실에서 기업의 목표는 다양하며 이를 설명하기 위한 이론들도 다양하다.

② 그러나 경제학에서는 특별한 언급이 없는 한 모든 기업은 이윤극대화를 추구하는 것으로 가정한다.

③ 이제 기업의 목표는 이윤극대화라고 가정하고, 기업의 이윤은 기업의 총수입에서 총비용을 뺀 나머지로 정의된다.

이윤=총수입−총비용

$$\pi(Q) = TR(Q) - TC(Q)$$

④ 앞서 생산자이론(4편)에서 기업의 총비용함수를 도출하였지만, 이것만으로 기업의 생산량을 결정할 수는 없다.

⑤ 기업이 생산량을 변화시킬 때 총수입과 총비용이 모두 함께 변화하기 때문에 총수입함수를 알아야 이윤극대화 생산량을 결정할 수 있다.

4. 총수입, 평균수입, 한계수입

(1) 총수입

① 총수입(Total Revenue : TR)이란 기업이 상품을 판매하여 벌어들이는 수입의 총량을 의미한다.

② 기업의 상품 생산량은 모두 판매된다고 가정한다.

③ 기업의 총수입(Total Revenue : TR)은 상품 가격에 판매량을 곱한 값으로 정의된다.

$$TR = P \times Q$$

(2) 평균수입

① 평균수입(Average Revenue : AR)은 상품 한 단위당의 평균적인 수입을 나타낸다.

② 수리적으로 평균수입(AR)은 총수입(TR)을 판매량(Q)으로 나눈 값으로 구할 수 있다.

$$AR = \frac{TR}{Q} = \frac{P \cdot Q}{Q} = P$$

③ 기하학적으로는 평균수입(AR)은 총수입(TR)곡선 상의 한 점과 원점을 연결한 직선의 기울기로 측정된다.

④ 총수입(TR)을 판매량(Q)으로 나누어 보면 평균수입(AR)은 항상 가격(P)과 일치하므로 평균수입(AR)은 수요곡선의 수직거리의 높이(P)와 일치한다.

⑤ 따라서 평균수입곡선은 수요곡선과 일치한다.

(3) 한계수입

① 한계수입(Marginal Revenue : MR)은 판매량(Q)이 1단위 증가할 때의 총수입(TR)의 증가분을 말한다.

② 한계수입(MR)은 총수입(TR)함수를 판매량(Q)으로 미분하여 구할 수 있다.

$$MR = \frac{\Delta TR}{\Delta Q}$$

③ 기하학적으로는 한계수입(MR)은 총수입(TR)곡선의 접선의 기울기로 측정된다.

④ 시장의 형태에 따라 한계수입(MR)은 가격(P)과 일치할 수도 있고, 가격(P)보다 작을 수도 있다.

※ 완전경쟁시장이면 $P = MR$이 성립하나, 독점시장이면 $P > MR$의 관계가 성립한다.

(4) 수요곡선이 직선인 경우

① 수요곡선이 우하향의 직선인 경우 수요함수는 $P = a - bQ$의 형태이며 총수입, 평균수입, 한계수입을 구해보면 다음과 같다.

② 따라서 수요곡선과 평균수입곡선은 일치한다.

※ 만약 수요함수가 $P = 40 - Q$인 경우 평균수입도 $AR = 40 - Q$가 된다.

③ 한계수입곡선은 수요곡선과 절편이 동일하고, 한계수입곡선의 기울기는 수요곡선의 기울기의 2배인 관계이다.

※ 만약 수요함수가 $P = 40 - Q$인 경우 한계수입은 $MR = 40 - 2Q$가 된다.

※ **수요함수**: $P = a - bQ$

$$TR = P \times Q = (a - bQ) \times Q = aQ - bQ^2$$

$$AR = \frac{TR}{Q} = \frac{P \cdot Q}{Q} = P = a - bQ$$

$$MR = \frac{\Delta TR}{\Delta Q} = a - 2bQ$$

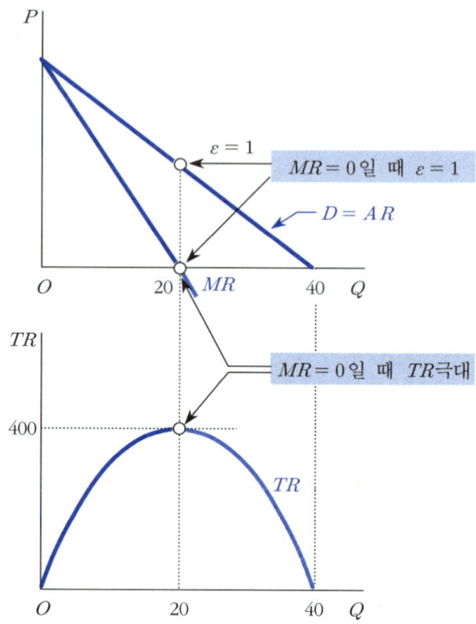

(5) 총수입(TR) 극대화 조건

① 그림에서 알 수 있듯이 수요의 가격탄력성이 1보다 큰 구간에서는 가격을 인하하면 총수입이 증가하고, 수요의 가격탄력성이 1보다 작은 구간에서는 가격을 인상하면 총수입이 증가한다.

② 따라서 기업의 총수입(판매수입)이 극대화되기 위해서는 수요의 가격탄력성이 1이 되도록 판매량을 결정해야한다.

③ 그런데 수요의 가격탄력성이 1이 되는 점에서는 한계수입(MR)은 영(0)이 된다.

④ 결국 기업의 총수입(판매수입)이 극대화되기 위해서는 수요의 가격탄력성이 1이거나, 한계수입(MR)이 영(0)이 되어야 한다.

$\varepsilon = 1$ 또는 $MR = 0$ ⇨ TR 극대화

(6) Amoroso-Robinson 공식

① 한계수입을 다음과 같이 변형할 수 있다.

$$MR = \frac{dTR}{dQ} = P + Q \cdot \frac{dP}{dQ} = P[1 + \frac{Q}{P} \cdot \frac{dP}{dQ}] = P\left[1 - \frac{1}{-\frac{dQ}{dP} \cdot \frac{P}{Q}}\right] = P\left[1 - \frac{1}{\varepsilon}\right]$$

② 정리하면 다음과 같이 가격(P)과 한계수입(MR) 그리고 수요의 가격탄력성 간의 관계를 나타내주는 식을 얻을 수 있는데, 이를 Amoroso-Robinson 공식이라고 부른다.

$$MR = P\left[1 - \frac{1}{\varepsilon}\right]$$

5. 이윤극대화 조건

(1) 이윤극대화의 제1계조건

① 기업의 이윤극대화 1계 조건은 함수가 극값을 가질 조건과 동일하다.

② 따라서 극대화 되는 생산량을 찾기 위해서 이윤함수를 Q에 관해 미분하였을 때 그 값이 0이 되어야 한다.

③ 총수입과 총비용을 Q에 관해 미분한 값이 한계수입과 한계비용이므로, 이윤극대화 1계조건은 한계수입과 한계비용이 일치하는 것이다.

$$\frac{\Delta\pi(Q)}{\Delta Q} = \frac{\Delta TR(Q)}{\Delta Q} - \frac{\Delta TC(Q)}{\Delta Q} = 0$$
$$MR(Q) - MC(Q) = 0$$
$$\therefore\ MR = MC \quad \text{----} \quad \text{제1계 조건}$$

④ 한계수입이 한계비용보다 더 큰 경우 생산량을 증가시키면 이윤이 증가한다.

⑤ 반대로 한계비용이 한계수입보다 더 큰 경우 생산량을 증가시키면 이윤이 감소한다.

⑥ 따라서 이윤극대화 조건은 한계수입과 한계비용이 일치하는 $MR(Q) = MC(Q)$ 이다.

(2) 이윤극대화의 제2계조건

① $MR = MC$라고 해서 항상 이윤극대화가 달성되는 것은 아니다.

② MR이 체증하거나 MC가 체감하는 경우에는 비록 $MR = MC$ 가 달성되어도 이윤극대화가 아닌 손실극대화가 달성될 수도 있다.

③ 따라서 $MR = MC$인 점들 중에서 손실극대화 점을 제거하고 이윤극대화 점만을 선택하기 위해서는 MR이 체감하거나 MC가 체증해야 한다.

④ 이윤극대화의 제2계 조건은 이윤함수의 2계 도함수가 0보다 작아야 한다는 것이다.

$$\frac{d^2\pi(Q)}{dQ^2} = \frac{d^2TR(Q)}{dQ^2} - \frac{d^2TC(Q)}{dQ^2} < 0$$
$$\frac{dMR}{dQ} - \frac{dMC}{dQ} < 0$$
$$\therefore\ MR \text{ 곡선의 기울기} < MC \text{ 곡선의 기울기} \quad \text{----} \quad \text{제2계 조건}$$

〈이윤극대화 생산량 결정〉

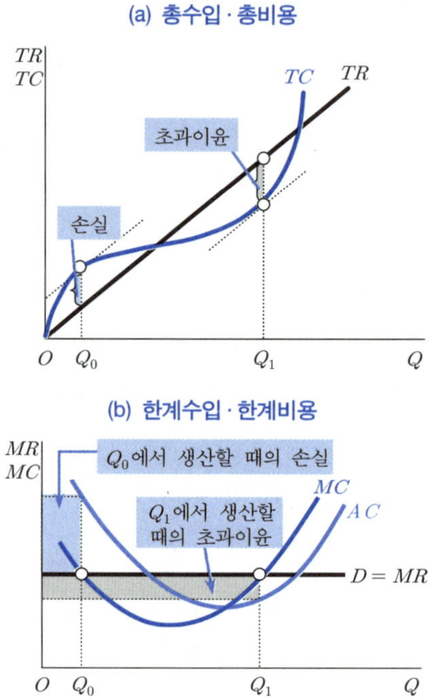

Ⅱ 완전경쟁시장의 성립조건과 특징

1. 무수히 많은 수요자와 생산자가 존재

① 다수의 수요자와 생산자가 존재하므로 개별수요자와 공급자는 시장지배력을 전혀 행사할 수 없다.

② 따라서 개별기업은 시장지배력이 전혀 없으므로 가격수용자(price taker)로서 행동한다.

③ 그 결과 완전경쟁의 개별기업은 수평의 수요곡선에 직면한다.

2. 동질적 재화

① 모든 기업의 재화가 완전히 동질적(homogeneous)이라고 가정한다.

② 따라서 오직 가격경쟁만 존재하고 비가격경쟁은 발생하지 않는다.

3. 장기에 진입과 탈퇴가 자유로움

① 장기에 진입장벽이 전혀 없고 모든 생산요소의 완전이동성이 보장된다.

② 만약 초과이윤이 발생하면 추가적인 기업의 진입이 이루어져 가격은 하락하고 이윤은 감소하며, 손실이 발생하면 기존 기업의 탈퇴가 이루어져 가격은 상승하고 손실은 감소하게 된다.

③ 그 결과 완전경쟁의 개별기업은 반드시 장기균형에서 초과이윤이 0이 된다.

4. 완전한 정보

① 경제주체들은 완전한 정보를 보유하며 미래에 대한 불확실성은 없는 것으로 가정한다.

② 그러므로 완전경쟁시장에서는 하나의 재화에 하나의 가격만이 존재하는 일물일가(一物一價)의 법칙이 성립한다.

Ⅲ 완전경쟁의 단기균형

1. 개별기업의 수요곡선과 총수입곡선

(1) 시장전체의 수요곡선과 공급곡선

① 시장전체의 수요곡선은 수요의 법칙에 따라 우하향하며, 시장전체의 공급곡선은 공급의 법칙에 따라 우상향한다.

② 시장전체의 수요량과 공급량이 일치하는 수준에서 시장전체의 균형가격이 결정된다.

(2) 개별기업의 수요곡선 : 평균수입곡선

① 개별기업은 가격수용자이므로 개별기업이 생산량을 얼마로 결정하든지 상관없이 시장가격은 변하지 않으므로 개별기업이 인식하는 수요곡선은 수평선이 된다.

② 개별기업의 수요곡선을 아래에서 바라보면 생산량에 대해 소비자들이 지불하는 상품 단위당 가격을 나타내고, 상품 단위당 가격은 기업에게는 평균수입이므로 개별기업의 수요곡선은 개별기업의 평균수입곡선이기도 하다.

$$AR = \frac{TR}{Q} = \frac{P \cdot Q}{Q} = P$$

③ 따라서 개별기업의 수요곡선이 수평선이라는 의미는 개별기업의 평균수입곡선이 수평선이라는 것을 나타내고, 상품 몇 단위를 생산하든 평균수입은 시장가격수준에서 변하지 않는다는 것을 보여준다.

(3) 개별기업의 총수입곡선

① 완전경쟁시장의 경우 평균수입이 개별기업의 생산량과 관계없이 P_0로 일정하다.

② 따라서 총수입곡선은 기울기 P_0를 가진 원점에서 출발하는 직선의 형태가 된다.

$$TR = P_0 \times Q = AR \times Q$$

〈완전경쟁의 총수입, 평균수입, 한계수입〉

(a) 총수입곡선 (b) 평균수입곡선 · 한계수입곡선

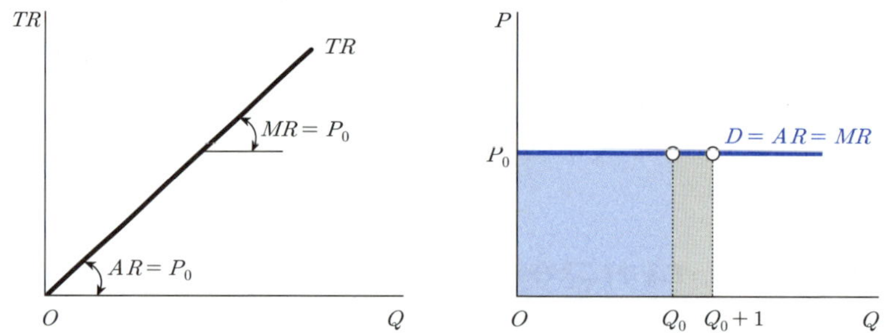

2. 개별기업의 단기공급곡선

(1) 단기공급곡선

① 공급곡선은 주어진 가격에서 판매하고자 하는 상품의 수량을 나타낸 선이다.

② 그런데 개별기업의 이윤극대화 생산량은 $P = MC(Q)$에서 결정되므로 시장가격 P가 변화하면 판매하고자 하는 수량은 MC 곡선을 따라 변화한다.

③ 따라서 기업의 공급량은 시장가격(P)과 한계비용에 의해 결정되는데 이를 나타낸 것을 기업의 단기공급함수(short-run supply function)라 한다.

④ 즉, $P = MC(Q)$에서 Q를 P에 관한 함수로 나타내면 개별기업의 공급함수가 된다.

〈완전경쟁기업의 단기공급곡선〉

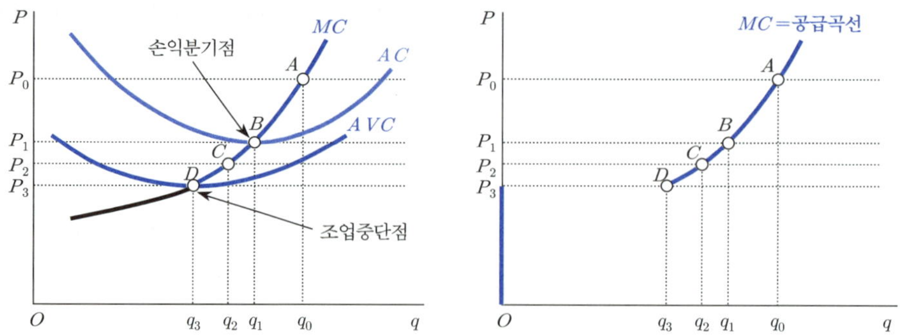

(2) 손익분기점과 생산중단점

1) 손익분기점

① 이윤극대화 조건 $MR = MC$ 이 항상 양의 이윤을 보장하지는 않으며, 때로는 음의 이윤, 즉 손실이 발생하는 상황에서 손실을 극대화시키는 생산량을 나타내기도 한다.

② 즉, 기업이 이윤극대화 생산량 Q^*를 결정했다고 하더라도 해당 생산량 수준에서 평균수입(가격)이 평균비용보다 큰지 작은지에 따라 기업이 초과이윤을 누릴 수도 있고, 초과 손실을 볼 수도 있다.

③ 만일 평균수입(가격)과 평균비용이 일치한다면 기업의 초과이윤은 0이 되고, 손실도 발생하지 않는데 이를 기업의 손익분기점(break-even point)이라 하고 이 때의 가격을 손익분기가격이라 한다.

- $P > AC$: 이윤
- $P < AC$: 손실

2) 생산중단점

① 단기적으로 기업에게 손실이 발생한다고 하여 기업이 생산을 중단하지는 않는다.

② 이는 단기에 고정비용이 존재하므로 기업이 생산을 중단하게 된다면 고정비용만큼 손실이 발생하기 때문이다.

③ 따라서 손실이 발생한다 하더라도 총수입(TR)이 총가변비용(TVC) 보다 크다면 고정비용의 일부를 회수할 수 있으므로 생산을 지속하는 것이 낫다.

$$\begin{aligned}\pi &= TR - TC \\ &= TR - [TVC + TFC] \\ &= [TR - TVC] - TFC\end{aligned}$$

④ 총수입과 총가변비용을 생산량으로 나누면 각각 가격과 평균가변비용이 되므로 $P > AVC$인 경우 생산을 하는 것이 이득이 된다.

⑤ 따라서 평균수입이 평균가변비용과 일치하는 점을 생산중단점(Shut-down point)이라 하고, 이 때의 가격을 생산중단가격이라 한다.

- $P > AVC$: 생산지속
- $P < AVC$: 생산중단

예제

완전경쟁시장 기업의 비용함수가 $TC=Q^3-4Q^2+6Q+10$라고 한다. 이 기업이 단기에 조업을 중단하지 않기 위한 생산물가격의 최소 수준은 얼마인가? 또한 이 기업의 공급함수는?

$TVC=Q^3-4Q^2+6Q$이므로, $AVC=Q^2-4Q+6$

$\frac{\Delta AVC}{\Delta Q}=2Q-4=0$에서 $Q=2$ 일 때 최소값 2를 가지므로 조업중단가격은 2가 된다.

$MC=3Q^2-8Q+6$이므로 단기공급함수는 $P=3Q^2-8Q+6(P\geq 2)$가 된다.

3. 완전경쟁산업의 단기공급곡선

(1) 완전경쟁산업

① 완전경쟁산업이란 완전경쟁시장의 공급측면에서 동일한 재화를 생산하는 완전경쟁기업들의 집합을 말한다.

② 완전경쟁산업에서 생산된 재화가 완전경쟁시장에 공급되면 이를 시장공급이라고 부르고, 완전경쟁산업에서 생산된 재화에 대한 완전경쟁시장의 수요를 간단히 시장수요라 부른다.

③ 산업과 시장은 동일한 개념으로 이해해도 무방하다.

(2) 완전경쟁산업의 단기공급곡선 도출

① 단기에는 기업의 진입과 탈퇴가 이루어지지 않으므로 기업의 수가 일정하며, 개별기업의 생산량이 모여 산업전체의 생산량을 결정한다.

② 따라서 산업의 단기공급곡선은 개별기업의 단기공급곡선의 수평합으로 도출할 수 있다.

※ 개별공급곡선의 수평합이란 가로축을 의미하는 생산량(Q)의 합을 말한다.

③ 즉, 개별기업의 단기공급곡선은 한계비용(MC)곡선이므로 개별기업의 한계비용(MC)곡선을 수평으로 합하면 산업전체의 공급곡선을 도출할 수 있다.

④ 그 결과 산업전체의 단기공급곡선은 개별기업의 단기공급곡선보다 훨씬 완만한(탄력적인) 형태가 된다.

〈완전경쟁산업의 단기공급곡선〉

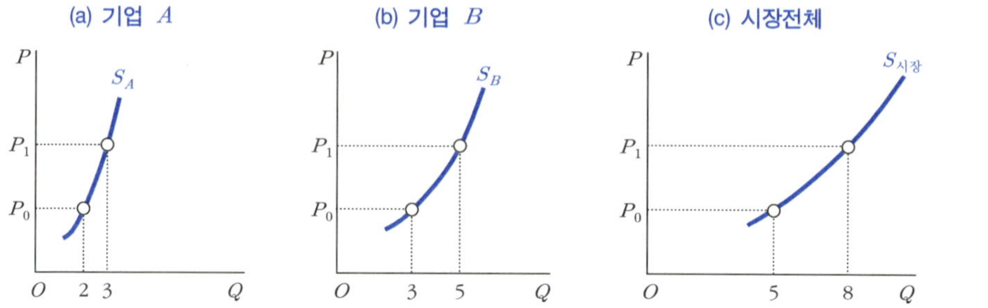

4. 완전경쟁의 단기균형

(1) 산업전체의 단기균형

① 시장전체의 수요곡선은 개별수요곡선의 수평의 합으로 도출되고, 시장전체의 공급곡선은 개별기업의 공급곡선(MC)의 수평의 합으로 도출된다.

② 시장전체의 균형은 시장전체의 수요곡선과 공급곡선이 교차하는 점에서 결정된다.

(2) 개별기업의 단기균형

① 시장전체의 수요곡선과 공급곡선이 교차하는 점에서 시장전체의 균형이 결정되고 시장가격이 P_0로 결정되면 개별기업은 주어진 가격 P_0에서 수평의 수요곡선(=평균수입곡선=한계수입곡선)에 직면하게 된다.

② 개별기업의 이윤극대화 점은 수평의 수요곡선(MR)과 자신의 개별공급곡선(MC)이 교차하는 점에서 결정된다.

③ 이 때 개별기업은 자신의 주어진 비용조건에 따라 단기적으로 초과이윤을 얻을 수도 있고 손실을 볼 수도 있다.

④ 즉 완전경쟁기업의 단기 초과이윤의 크기는 불분명하다.

〈완전경쟁의 단기균형〉

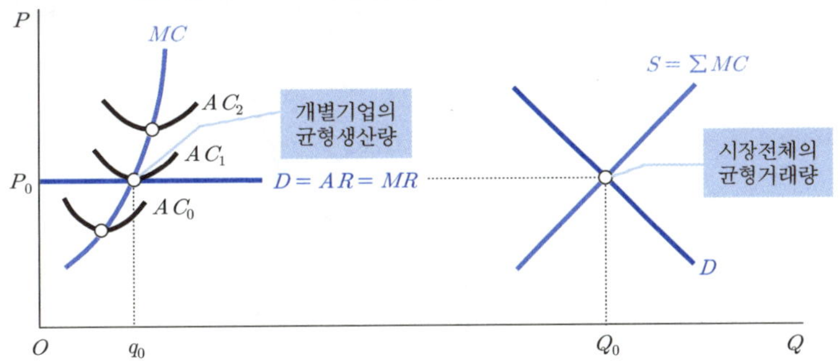

Ⅳ 완전경쟁의 장기균형

1. 개별기업의 장기공급곡선과 장기균형

(1) 개별기업의 장기공급곡선

1) 이윤극대화 생산량의 결정

① 장기이윤극대화 생산량은 기업의 장기비용함수와 수입함수를 사용하여 찾아낸다.

② 장기에도 개별기업은 가격수용자이므로 $P=MR$이 성립하므로 시장가격과 장기한계비용이 일치하는 생산량이 결정된다.

$$P=MR=LMC(Q)$$

2) 장기공급곡선

① 장기에는 고정비용이 없으므로 장기평균비용곡선의 최저점이 손익분기점이자 생산중단점이 된다.

② 따라서 기업의 장기공급곡선은 장기한계비용(LMC) 중에서 LAC 곡선의 최저점 이상의 부분이다.

〈완전경쟁기업의 장기공급곡선〉

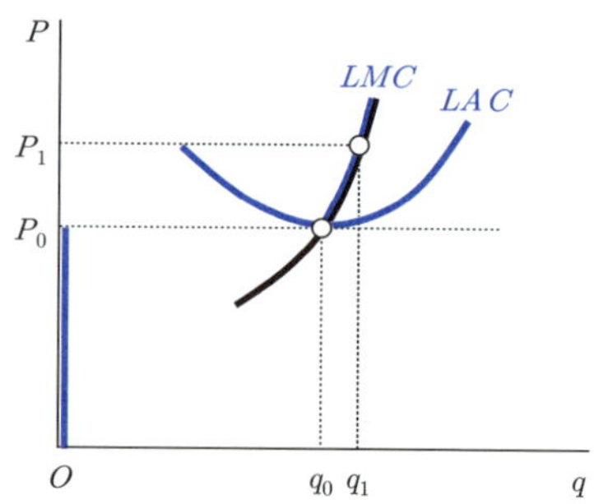

(2) 개별기업의 장기균형

① 완전경쟁시장의 경우 장기에 기업의 진입과 이탈이 자유롭다.

② 따라서 기존 기업이 초과이윤을 올리고 있는 경우 새로운 기업들의 진입이 발생하고, 손실이 발생하는 경우 기존 기업의 이탈이 발생하는데 이를 조정과정이라 한다.

③ 조정과정을 거친 후 이윤이 0이 되면, 더 이상 진입과 이탈이 없게 되는데 이를 장기균형이라 한다.

④ 따라서 장기균형에서는 평균수입인 시장가격과 장기평균비용이 일치하게 된다.

$$P=AR=MR=LMC=LAC$$

〈완전경쟁의 장기균형〉

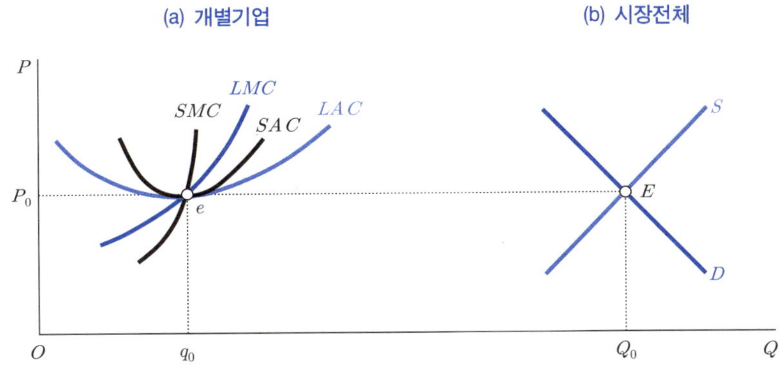

예 제

완전경쟁시장에서 각 기업의 비용함수가 다음과 같이 동일하게 주어져 있다고 한다.

$C = Q^3 - 200Q^2 + 100,000Q$

이 시장에서의 장기공급함수와 장기균형 가격은 얼마인가?

1) 이 기업의 장기공급함수를 구하시오.

2) 장기균형가격을 구하시오.

> 1) $LMC = 3Q^2 - 400Q + 100,000$
> 따라서 장기공급함수는 $P = 3Q^2 - 400Q + 100,000$ (단, $P \geq 90,000$)
>
> 2) 장기균형가격은 장기평균비용의 최저점에서 이루어진다.
> $LAC = Q^2 - 200Q + 100,000$
> $\dfrac{\Delta LAC}{\Delta Q} = 2Q - 200 = 0$에서 $Q = 100$
> 이 때 $LAC = 10,000 - 20,000 + 100,000 = 90,000$이므로 장기균형가격 $P = 90,000$이 된다.

2. 산업의 장기공급곡선

(1) 개요

① 산업의 장기공급곡선 도출과 단기공급곡선 도출에는 차이점이 존재한다.

② 기업의 진입과 탈퇴가 없는 단기에는 시장에 존재하는 기업의 수가 일정하므로, 앞에서 살펴본 것처럼 산업의 단기공급곡선은 개별기업의 단기공급곡선(MC 곡선)을 수평으로 합하여 도출한다.

③ 그러나 장기에는 기업의 진입과 탈퇴가 자유롭고 시장에 존재하는 기업의 수가 가변적이므로, 단순히 개별기업의 장기공급곡선을 수평으로 합하여 산업전체의 장기공급곡선을 구할 수가 없다.

④ 완전경쟁산업의 장기공급곡선은 산업전체의 장기균형점들을 연결하여 도출해야 한다.

⑤ 이 과정에서 단기와 마찬가지로 생산요소의 가격변화를 고려하여야 한다.

⑥ 그런데 단기에는 가변요소로 노동만 존재하므로 임금이 불변인 비용불변산업과 임금이 증가하는 비용증가산업으로 구분하였으나

⑦ 장기에는 가변요소로 노동과 자본 모두 존재하므로 요소가격이 불변인 비용불변산업과 요소가격이 증가하는 비용증가산업 뿐 아니라 요소시장의 규모의 경제로 인해 요소가격이 감소하는 비용감소산업까지 생각해볼 수 있다.

⑧ 또한 단기와 달리 장기에는 기업의 진입과 이탈을 통해 기업수가 변동되는 조정과정이 발생하며, 이는 초과이윤이 0이 될 때까지 이루어진다는 점을 고려해야 한다.

(2) 비용불변산업의 장기공급곡선

① 비용불변산업의 경우 상품에 대한 공급이 증가하여 생산요소에 대한 수요가 증가하더라도 임금과 자본임료는 변함이 없다.

② 상품에 대한 수요가 증가하여 시장가격이 상승할 때, 개별기업들의 초과이윤이 발생할 수 있으나, 새로운 기업의 진입으로 공급이 증가하면서 초과이윤은 사라진다.

③ 초과이윤이 사라진다는 것은 장기평균비용의 최저점에서 생산이 이루어진다는 것인데, 비용불변산업의 경우 개별기업의 장기평균비용이 변하지 않으므로 장기공급곡선은 수평선이 된다.

〈비용불변산업의 장기공급곡선〉

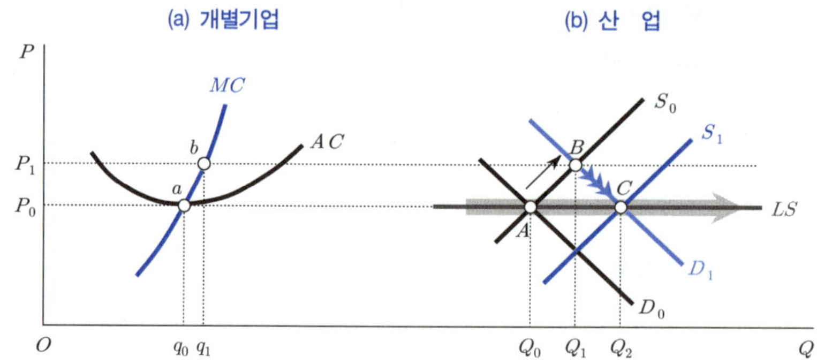

(3) 비용증가산업의 장기공급곡선

① 비용증가산업의 경우 상품에 대한 공급이 증가하면 생산요소에 대한 수요가 증가하여 임금과 자본임료가 상승한다.

② 비용증가산업의 경우에도 상품에 대한 수요가 증가하여 시장가격이 상승할 때, 개별기업들의 초과이윤이 발생할 수 있으나, 새로운 기업의 진입으로 공급이 증대하면서 초과이윤은 사라지고, 장기평균비용곡선의 최저점에서 생산이 이루어진다.

③ 다만, 비용증가산업의 경우 개별기업의 장기평균비용이 증가하므로 장기공급곡선은 우상향하는 형태가 된다.

〈비용증가산업의 장기공급곡선〉

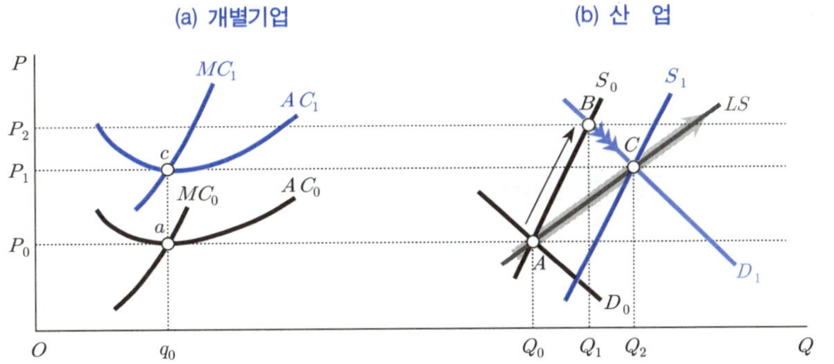

(4) 비용감소산업의 장기공급곡선

① 비용감소산업의 경우 상품에 대한 공급이 증가하여 생산요소에 대한 수요가 증가하는 경우 요소시장에 규모의 경제가 발생하여 임금과 자본임료가 감소한다.

② 비용감소산업의 경우 생산량이 증가할수록 장기평균비용이 감소하므로 장기공급곡선은 우하향하는 형태가 된다.

〈비용감소산업의 장기공급곡선〉

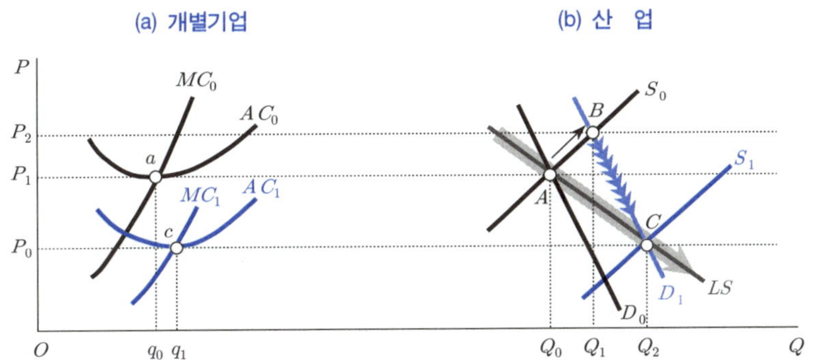

예 제

완전경쟁시장에서 모든 기업의 비용함수가 $TC = Q^3 - 20Q^2 + 150Q$로 동일하다.
시장 수요함수가 $Q = 3{,}000 - 10P$이라고 한다.
이 시장에서 장기균형가격은 얼마이며, 기업의 수는 몇 개인가?

개별기업의 장기평균비용 $LAC = Q^2 - 20Q + 150$

$\dfrac{\Delta LAC}{\Delta Q} = 2Q - 20 = 0$에서 $Q = 10$이므로, LAC의 최소값은 $10^2 - 20 \cdot 10 + 150 = 50$이 된다.

따라서 장기균형가격 $P=LAC=50$이 된다.
$P=50$일 때 시장 전체의 거래량은 $Q=3,000-10 \cdot 50=2,500$이 된다.
개별 기업의 생산량은 $Q=10$이므로 기업의 수는 모두 250개이다.

V 완전경쟁시장에 대한 평가

1. 장점

(1) 효율적인 자원배분

① 소비자의 상품 소비량은 자신의 한계편익과 일치하는 수준까지 이루어지므로 $P=MB$가 성립한다.

② 완전경쟁시장에서 생산자는 가격수용자이므로 상품 생산량은 자신의 한계비용과 일치하는 수준까지 이루어지므로 $P=MC$가 성립한다.

③ 결과적으로 완전경쟁시장에서 상품의 생산량은 한계편익과 한계비용이 일치하는 수준에서 이루어지므로 사회적 관점의 최적 자원배분이 달성된다.

$$MB = P = MC$$

(2) 최적 시설규모

① 완전경쟁시장에서 장기균형은 장기평균비용의 최저점에서 이루어진다.

② 따라서 최적시설규모에서 단위당 비용이 가장 낮은 수준에서 생산이 이루어진다.

③ 장기균형에서 개별기업은 초과이윤이 0이므로 정상이윤만 획득한다.

$$P = LAC \text{의 최소점}$$

2. 완전경쟁시장의 한계

(1) 비현실성

완전경쟁시장의 모든 조건을 충족하는 시장은 현실적으로 존재하지 않는다.

(2) 소득분배의 불공평성

① 완전경쟁시장은 자원배분의 효율성은 만족하나 소득분배의 공평성은 보장되지 않는다.

② 따라서 공평성 달성을 위한 정부의 개입이 필요하다.

제11장 독점시장

I 독점시장의 개요

1. 독점의 개념

① 독점(monopoly)이란 한 상품의 공급이 시장지배력을 갖는 1개의 기업에 의하여 이루어지는 시장형태를 의미한다.

② 상품의 공급이 단일 기업에 의해 이루어지는 경우를 공급독점(monopoly), 상품의 수요가 단일 기업에 의해 이루어지는 경우를 수요독점(monopsony), 수요와 공급이 모두 독점인 경우를 쌍방독점(bilateral monopoly)이라고 부른다.

③ 생산물시장에서는 공급독점(monopoly)만을 다룬다.

2. 독점의 특징

(1) 단 1개의 기업이 존재한다.

① 오직 1개의 기업만 존재하여 독점기업의 생산량과 가격이 곧 시장전체의 생산량 및 가격과 일치하므로 독점기업이 곧 독점산업이 된다.

② 따라서 독점기업은 시장지배력(market power)과 가격설정능력을 갖고 가격설정자(price setter)로서 행동한다.

(2) 우하향의 수요곡선

① 완전경쟁기업은 가격설정능력이 없으므로 수평의 수요곡선에 직면했으나, 독점기업은 우하향의 시장전체의 수요곡선에 직면한다.

② 따라서 완전경쟁기업은 주어진 가격 하에서 이윤극대화 생산량만을 결정하지만, 독점기업은 우하향의 수요곡선 하에서 생산량 증가를 위해서는 반드시 가격을 인하해야 한다.

③ 즉 아무리 독점기업이라도 가격과 생산량을 동시에 자신이 원하는 수준으로 결정할 수는 없다.

(3) 진입장벽 존재

① 독점시장은 초과이윤이 발생해도 다른 기업의 진입이 불가능하다.

② 따라서 독점기업은 장기 초과이윤이 양(+)이다.

※ 단, 독점기업의 단기초과이윤은 음(−)일 수도 있다.

(4) 대체재 및 경쟁압력이 없음

① 독점기업이 생산하는 재화와 대체가 가능한 다른 대체재가 존재하지 않고 직접적인 경쟁상대기업이 존재하지 않는다.

② 따라서 독점기업은 경쟁의 압력이 존재하지 않으며 그 결과 완전경쟁기업보다 방만한 경영을 할 가능성이 있다.

(5) 공급곡선 없음

① 독점기업은 공급곡선이 존재하지 않는다.

② 완전경쟁기업의 경우 한계비용곡선(MC)이 곧 공급곡선이 되나, 독점기업의 한계비용곡선은 가격과 공급량 사이에 1 : 1의 대응관계가 존재하지 않으므로 공급곡선이 될 수 없다.

③ 공급곡선은 주어진 가격에 대한 생산량을 나타낸 것인데, 독점기업은 주어진 가격에 대해 생산량을 결정하는 것이 아니라 이윤극대화 생산량을 먼저 결정한 후 가격은 수요곡선을 따라 결정하는 가격설정자이므로 어느 가격에 얼마만큼 공급하겠다는 공급곡선이 아예 존재하지 않는다.

④ 즉 독점기업은 한계비용곡선(MC)은 존재하나 그것을 공급곡선이라고 부르지 않는다.

(6) 수요가 탄력적인 구간($\varepsilon > 1$)에서만 생산함

① 수요의 가격탄력성이 1보다 작은 구간에서는 $MR < 0$이 되어 생산량(Q)을 증가시키면 오히려 총수입(TR)이 감소하게 되므로 독점기업의 이윤이 오히려 감소하게 된다.

② 따라서 이윤극대화를 추구하는 독점기업은 $MR > 0$이 되어 총수입(TR)이 증가하는 구간, 즉 수요의 가격탄력성이 1보다 큰 구간에서만 생산한다.

(7) 가격이 항상 한계비용보다 크다. ($P > MC$)

① 완전경쟁시장은 항상 가격과 한계비용이 일치하나($P = MC$), 독점시장은 항상 가격이 한계비용보다 크다($P > MC$).

② 즉 독점은 완전경쟁에 비해 생산량은 사회적 적정수준보다 과소생산 되고 가격은 너무 높은 수준으로 결정되어 경제적 비효율성이 발생한다.

3. 독점의 발생원인

어떤 기업이 독점자로 계속 유지할 수 있는 것은 진입장벽(entry barrier)의 존재 때문이다. 진입장벽이 발생하는 원인으로 크게 경제적 요인에 의한 것과 제도적 요인에 의한 것으로 나누어 볼 수 있다.

(1) 경제적 요인에 의한 진입장벽 발생

1) 핵심생산요소의 독점적 소유

① 특정 재화를 생산하는데 필요한 생산요소를 독점하고 있다면, 그 생산요소를 이용하여 생산하는 재화 또한 독점할 수 있다.

② 예컨대 드-비어스(De Beers)사와 같이 다이아몬드 광산을 독점하여 다이아몬드 상품을 독점하는 것, 알코아(Alcoa)사와 같이 보크사이트 광산을 독점하여 알루미늄 시장에서 독점적 지위를 누리는 것 등이 있다.

2) 규모의 경제와 자연독점

① 생산량이 증가할수록 평균비용이 감소하는 규모의 경제가 존재할 때 생산량이 많은 기업이 비용의 이점을 누리므로 독점적 지위를 계속 유지할 수 있다.

② 이러한 독점을 자연독점(natural monopoly)이라 하는데 철도, 수도, 전화, 전력사업등과 같이 공급을 시작할 때 막대한 시설투자가 필요한 사업에서 주로 발생한다.

3) 네트워크 외부성(외부효과)

① 네트워크 외부성(network externality)이란 특정 워드 프로세서와 페이스 북과 같이 동일한 재화를 소비하는 사람의 수가 많을수록 효용이 증가하는 것을 말한다.

② 네트워크 외부성이 존재하는 경우, 일정 수준의 소비자를 선점하게 되면 기업은 독점적 지위를 획득한다.

(2) 제도적 요인에 의한 진입장벽 발생

1) 특허 · 저작권 · 지적재산권

① 특허(patent), 저작권(copyright), 지적재산권(intellectual property right)은 개인이나 회사의 아이디어나 창작물에 일정기간 독점적 권리를 보장하는 제도이며,

② 이를 통해 법제도에 의해 정해진 기간 동안 독점적 지위를 보장받는다.

2) 정부에 의한 독점권 부여

① 과거 담배와 인삼을 독점 공급하였던 우리나라의 전매청(Department of Monopoly)과 같이 정부 수입을 목적으로 독점적 지위를 누리는 공기업이 있을 수 있다.

② 또는 지방자치단체의 쓰레기 수거와 같이 특정기업에게 일정기간 독점적 지위를 보장하는 계약을 맺을 수 있으며, 계약 기간 동안 해당 기업은 독점적 지위를 보장받게 된다.

Ⅱ 독점의 단기균형

1. 단기균형의 도출

① 독점기업은 $MR=MC$를 만족하는 점에서 이윤극대화의 생산량(Q_m)을 결정한다.

② 생산량이 결정되면 가격(P_m)은 수요곡선의 수직거리만큼, 즉 소비자가 지불할 용의 있는 최대금액만큼으로 결정된다.

※ 완전경쟁은 시장균형과 개별기업의 균형이 구별되었지만 독점은 독점기업이 곧 독점시장이므로 시장균형과 개별균형을 구별할 필요가 없다.

③ 독점은 완전경쟁보다 생산량은 작고, 가격은 높고, 경제적 효율성은 악화된다.

〈독점의 단기균형〉

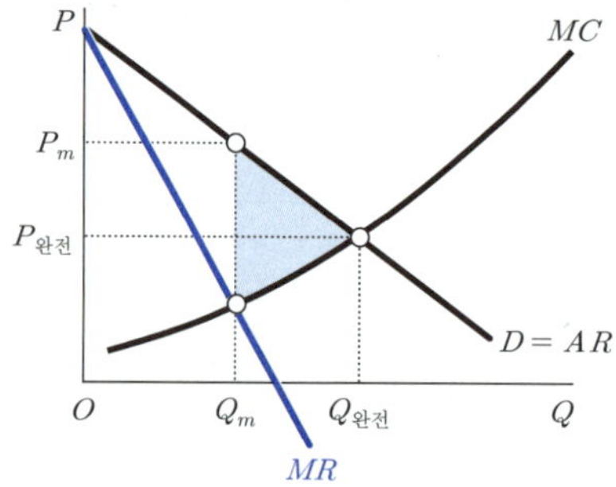

2. 단기균형의 특징

(1) 손실발생 가능성

① 장기에 독점기업은 초과이윤을 얻지만, 단기에도 항상 초과이윤을 얻는 것은 아니다.

② 균형에서 $P=AC$이면 정상이윤만을 얻고, $P<AC$이면 단기적으로 손실을 보게 된다.

〈독점의 단기균형과 초과이윤〉

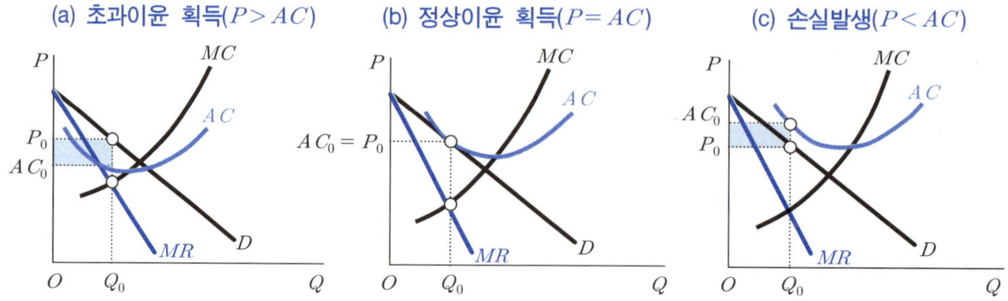

(2) $P > MC$

① 완전경쟁의 균형에서는 항상 $P = MC$가 성립하나 독점균형에서는 $P > MC$이므로 생산량이 사회적인 최적수준에 미달한다.

② 따라서 시장구조가 독점이면 사회적인 후생손실이 초래된다.

(3) 수요곡선 상의 탄력적인 구간에서만 생산

① 이윤극대화 조건이 $MR = MC$이고, 한계수입은 $MR = P\left(1 - \frac{1}{\varepsilon}\right)$이므로 이윤극대화 균형에서는 $MR = P\left(1 - \frac{1}{\varepsilon}\right) = MC$이다.

② 생산량이 증가하면 기업의 총비용은 증가하므로 한계비용은 0보다 크다($MC > 0$).

③ 따라서 $MR = P\left(1 - \frac{1}{\varepsilon}\right) = MC > 0$이며, 그 결과 수요의 가격탄력성은 1보다 커야 한다($\varepsilon > 1$).

④ 수요곡선 상의 점들 중 수요의 가격탄력성이 1보다 큰 구간에서만 독점균형이 성립한다.

※ 예외적으로 독점기업이 고정비용만으로 생산하는 경우에는 $MC = 0$ 이므로 $\varepsilon = 1$인 점에서 생산할 수도 있다.

(4) 공급곡선이 존재하지 않음

① 독점기업은 완전경쟁기업과 달리 수요곡선이 주어지면 이윤이 극대가 되게끔 수요곡선 상의 한 점을 선택하여 가격과 생산량을 결정하므로 공급곡선 자체가 존재하지 않는다.

② 독점기업은 한계비용곡선(MC)만 존재할 뿐, 공급곡선은 존재하지 않는다.

3. 완전경쟁과 독점의 비교

〈완전경쟁시장과 독점시장의 비교〉

구분	완전경쟁	독점
균형생산량과 균형가격	P_0, Q_0	P_1, Q_1
P와 MC의 관계	$P = MC$	$P > MC$
소비자잉여	$(A+B+F)$	(A)
생산자잉여	$(C+G)$	$(B+C)$
사회적총잉여	$(A+B+C+F+G)$	$(A+B+C)$
경제적 비효율성(후생손실)	없음	$(F+G)$

<table>
<tr><th colspan="2">〈완전경쟁시장과 독점시장의 비교〉</th></tr>
<tr><td>그림</td><td>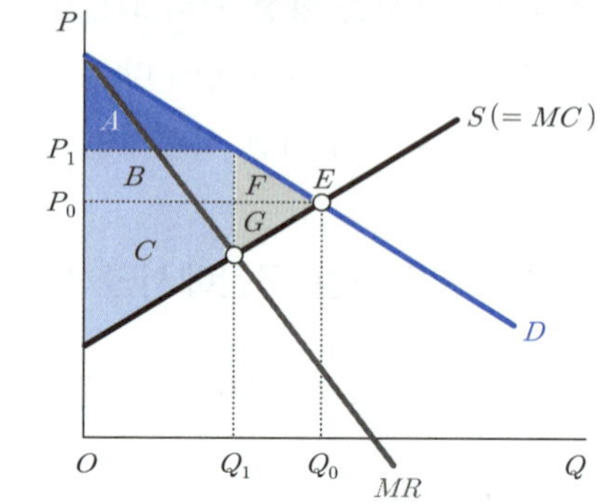
</td></tr>
</table>

① 일반적으로 완전경쟁이 독점화되면 생산량은 감소하고 가격이 상승하므로 경제적 효율성은 악화된다.

② 또한 장기에 완전경쟁기업은 최적시설규모에서 최적산출량만큼의 재화를 생산하나 독점기업은 초과설비를 보유하므로 자원의 낭비가 초래된다.

③ 소비자잉여와 사회적 총잉여는 완전경쟁보다 독점의 경우에 작아지고, 생산자잉여는 완전경쟁보다 독점의 경우에 커진다.

예 제 **독점기업의 균형**

어느 독점시장의 수요함수가 $Q^D = 1{,}000 - 0.5P$이며, 독점기업의 비용함수가 $TC = 2Q^2 + 1{,}000$라고 한다.

(1) 이 기업의 이윤극대화 생산량과 시장가격은 어떻게 되는가?

(2) 이 기업이 총수입을 극대화하는 생산량과 시장가격은 어떻게 되는가?

(1) 독점기업의 한계비용함수를 구하면

$TC = 2Q^2 + 1{,}000$

$MC = 4Q$ … ①

독점기업의 한계수입함수를 구하면

$TR = PQ = (2{,}000 - 2Q) \cdot Q = 2{,}000Q - 2Q^2$

$MR = 2{,}000 - 4Q$ … ②

이윤극대화는 $MR = MC$ 가 성립해야 하므로 식 ①, ②에서

$4Q = 2{,}000 - 4Q$

$\therefore Q = 250$

이를 수요함수에 대입하면 $P = 2{,}000 - 2 \times 250 = 1{,}500$

따라서 이윤극대화 생산량 $Q = 250$, 시장가격 $P = 1{,}500$가 된다.

(2) 총수입 극대화는 $\frac{\Delta TR}{\Delta Q} = MR = 0$인 생산량이다.

따라서 $2{,}000 - 4Q = 0$에서 $Q = 500$

Ⅲ 독점의 장기균형

1. 장기균형의 도출

① 장기에도 독점기업은 이윤극대화($MR = MC$)를 추구하므로 장기균형은 한계수입(MR)이 장기한계비용(LMC)과 일치하는 점에서 이루어지며, 장기에 독점기업은 이윤극대화의 생산량(Q_m)을 결정한다.

② 생산량이 결정되면 가격(P_m)은 수요곡선의 수직거리만큼, 즉 소비자가 지불할 용의 있는 최대금액만큼으로 결정되며 사각형 A만큼의 초과이윤이 발생한다.

③ 장기에도 독점은 완전경쟁보다 생산량은 작고, 가격은 높고, 경제적 효율성은 악화된다.

〈독점의 장기균형〉

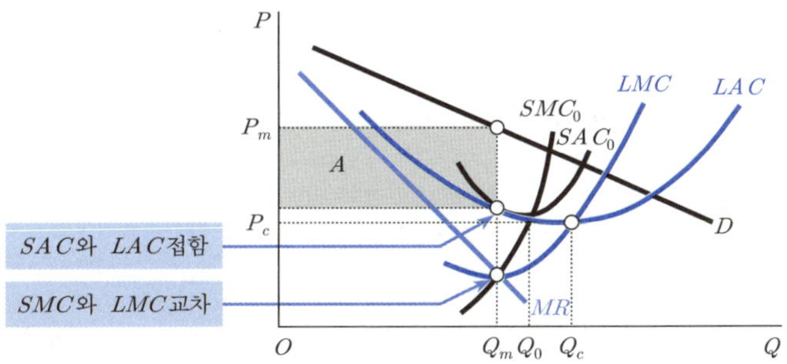

2. 장기균형의 특징

(1) 과소생산에 따른 사회적 후생손실

① 장기에도 여전히 가격이 한계비용을 초과($P > MC$)하므로 사회적인 최적수준보다 적게 생산된다.

② 그러므로 과소생산에 따른 사회적인 후생손실이 초래된다.

(2) 장기 초과이윤 획득

① 완전경쟁기업은 장기에 정상이윤만 획득하지만, 독점기업은 장기에도 여전히 초과이윤을 얻는다.

② 장기에 손실을 보는 독점기업은 생산활동을 계속할 이유가 없으므로 시장에서 이탈할 것이다. 따라서 장기에 시장에 남아있는 독점기업은 최소한 0이상의 경제적 이윤을 얻어야 한다.

③ 장기에는 시설규모를 최적수준으로 조정하는 것이 가능하므로 장기의 비용은 단기의 비용보다 같거나 작다. 따라서 독점기업의 장기이윤은 단기이윤보다 더 큰 것이 일반적이다.

(3) 초과설비의 보유

① 독점기업의 장기 균형생산량은 장기평균비용(LAC)곡선의 최소점보다도 작고, 단기평균비용(SAC)곡선의 최소점보다 왼쪽에서 이루어진다.

② 따라서 과소생산에 따른 초과설비가 존재하게 된다.

(4) 공급곡선이 존재하지 않음

장기에도 독점기업은 한계비용곡선(MC)만 존재할 뿐, 공급곡선은 존재하지 않는다.

(5) 수요가 탄력적인 구간에서만 생산

장기에도 독점기업은 $\varepsilon > 1$인 구간에서만 생산한다.

예제 Amoroso-Robinson 공식

어느 독점기업 상품의 가격탄력성은 2이고, 이윤 극대화 수준에서 이 상품의 가격은 10이다. 이 독점기업의 한계비용은 얼마인가?

아모로소 로빈슨 공식에 의해 $MR = P\left(1-\frac{1}{\varepsilon}\right)$

$MR = P\left(1-\frac{1}{\varepsilon}\right)$ 에서 $P=10,\ \varepsilon=2$ 이므로, $MR=5$

이윤극대화를 하고 있으므로 $MR=MC$ 가 성립하므로 $MC=5$이 된다.

Ⅳ 가격차별

1. 가격차별의 개념

① 가격차별(price discrimination)이란 동일한 재화에 각기 다른 가격을 설정하는 것을 말한다.

※ 동일한 재화에 다른 가격이 책정되었다고 해도 모두 가격차별은 아니다. 예를 들어 같은 상품이라도 산골마을이나 섬마을에서 더 비싼 것은 운송비 등의 차이로 인한 생산비용 때문에 나타나는 당연한 현상일 뿐 가격차별은 아니다.

※ 그러나 지하철 입구에서 파는 우산의 가격이 맑은 날과 흐린 날에 서로 다른 것은 가격차별에 해당한다.

② 가격차별은 유형에 따라 제1급 가격차별, 제2급 가격차별, 제3급 가격차별로 구분된다.

2. 제3급 가격차별 (=시장가격차별, 다(多)시장독점)

(1) 개념

① 제3급 가격차별(third degree price discrimination)이란 시장을 객관적인 특징에 따라 분리하고, 수요의 가격탄력성에 반비례하도록 가격을 책정하는 것으로 시장가격차별이라고도 한다.

② 현실에서 가장 흔하게 볼 수 있는 일반적인 가격차별로서, 특별한 언급없이 가격차별이라고 부를 때에는 3급가격차별을 의미한다.

③ 3급가격차별의 대표적인 사례는 다음과 같다.

- ▶ 택시요금이 낮에는 할증요금이 없지만 밤에는 할증요금이 붙는 것
- ▶ 자동차회사가 내수용 자동차 가격과 수출용 자동차 가격을 달리 설정하는 것
- ▶ 철도요금이 주중과 주말에 차이가 나는 것
- ▶ 목욕탕의 성인요금과 어린이요금이 다른 것
- ▶ 관광지 민박요금이 성수기와 비수기에 다른 것

(2) 성립조건

① 판매자가 시장 지배력을 가질 것

② 서로 다른 고객 또는 시장으로 분리가 가능할 것

③ 상이한 시장 사이에 재판매가 불가능할 것

④ 상이한 시장 사이에 수요의 가격탄력성이 서로 다를 것

⑤ 시장 분리비용이 가격차별에 따른 이윤증가분보다 작을 것

(3) 3급가격차별 하의 이윤극대화조건

1) 한계수입을 이용한 방법

① 독점 기업이 소비자를 시장1과 시장2로 나누어 상품을 판매한다고 가정한다.

② 제품 판매시 각 시장의 한계수입이 다르다면, 한계수입이 낮은 시장에 판매하던 제품을 한계수입이 높은 시장에 판매하는 것이 이득이다.

③ 따라서 독점기업이 이윤극대화를 하게 되면 각 시장에서 한계수입이 일치하게 된다.

④ 두 시장에서 일치된 한계수입이 한계비용보다 더 크다면 생산을 증가시키는 것이 이득이고, 한계비용이 더 크다면 생산을 감소시키는 것이 이득이므로 한계수입과 한계비용이 일치하도록 생산량을 결정하면 된다.

⑤ 이를 정리하면 3급가격차별 하의 이윤극대화조건은 다음과 같다.

$$MR_1(Q_1) = MR_2(Q_2) = MC(Q^*) \quad (\text{단, } Q^* = Q_1 + Q_2)$$

2) 탄력성을 이용한 방법

① 아모로소 로빈슨 공식에 의하면 $MR_1 = P_1(1-\frac{1}{\varepsilon_1})$, $MR_2 = P_2(1-\frac{1}{\varepsilon_2})$이 성립한다.

② 이윤극대화 식은 $MR_1(Q_1) = MR_2(Q_2) = MC(Q^*)$ 이므로, 다음이 성립한다.

$$P_1(1-\frac{1}{\varepsilon_1}) = P_2(1-\frac{1}{\varepsilon_2}) = MC$$

③ $\varepsilon_1 > \varepsilon_2$인 경우 $P_1 < P_2$이 성립하므로 수요의 가격탄력성이 높은 시장에 보다 낮은 가격을 책정함을 알 수 있다.

3) 그림을 이용한 설명

① 독점기업이 동일한 재화를 분리된 시장 1과 2에서 판매하는 경우 전체 시상수요에서 도출된 한계수입곡선(MR)은 각 시장의 한계수입곡선 MR_1과 MR_2의 수평합으로 도출된다.

② 기업이 이윤을 극대화하려면 우선 시장전체의 한계수입(MR)과 재화생산의 한계비용(MC)이 일치하는 점에서 생산량을 Q^*로 결정하면 된다.

③ 그 다음으로는 E점에서 결정된 한계비용(MC)의 높이를 수평으로 각 시장에 적용해보면 각 시장의 한계수입이 한계비용과 일치하도록 배분($MR_1 = MR_2 = MC$)하면서 각 시장의 판매가격을 설정하면 된다.

④ 그러므로 이윤의 극대화를 위해서는 시장 1에서는 q_1만큼의 재화를 P_1의 가격으로 판매하고, 시장 2에서는 q_2만큼의 재화를 P_2의 가격으로 판매하면 된다.

⑤ 이처럼 가격차별을 실시할 경우 수요가 상대적으로 비탄력적인 시장 1에서는 높은 가격을 설정하는데 비해, 수요가 상대적으로 탄력적인 시장 2에서는 낮은 가격을 설정한다.

⑥ 따라서 가격차별을 실시하면 상대적으로 수요가 탄력적인 소비자그룹은 유리해지는데 비해, 상대적으로 수요가 비탄력적인 그룹은 오히려 불리해진다.

〈3급가격차별 하의 이윤극대화 균형〉

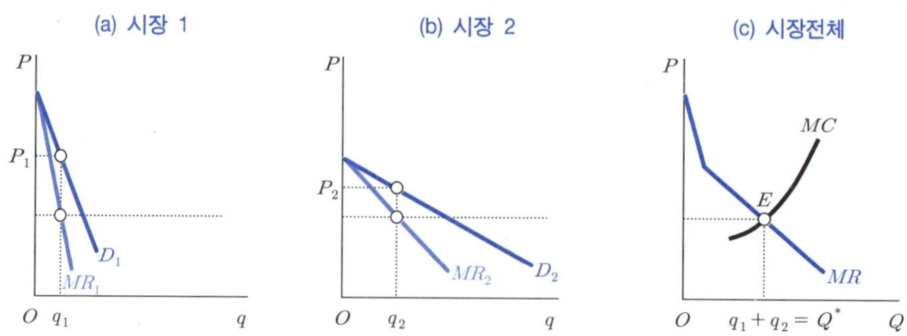

예제 가격차별

어느 독점기업의 비용함수는 $TC=\frac{1}{2}Q^2$이다. 이 기업이 3급 가격차별을 한다고 가정할 때 시장을 분할하면 각각 $P_1=1,000-Q_1$, $P_2=2,000-Q_2$로 나타난다. 각 시장에서 시장 가격은 어떻게 되는가?

> 시장 1의 한계수입은 $MR_1=1,000-2Q_1$, 시장 2의 한계수입은 $MR_2=2,000-2Q_2$이다.
> 그리고 독점 기업의 한계비용은 $MC=Q^{시장}=(Q_1+Q_2)$ 이다.
> 3급 가격차별의 이윤극대화 생산조건은 $MR_1(Q_1)=MR_2(Q_2)=MC(Q^*)$이므로
> $1000-2Q_1=2000-2Q_2=Q_1+Q_2$가 성립해야 한다.
> $1000-2Q_1=Q_1+Q_2$ … ①
> $2000-2Q_2=Q_1+Q_2$ … ②
> 식 ①, ②에서 $Q_1=125$, $Q_2=625$가 된다.
> 따라서 $P_1=875$, $P_2=1,375$가 된다.

예제

어느 독점기업은 A, B 두 개의 시장에 가격차별을 하여 A시장에 판매가격을 3,000으로 설정하였다. A 시장 수요의 가격탄력성이 2, B 시장 수요의 가격탄력성이 4라면 이윤극대화를 위한 B 시장의 가격은 얼마인가?

> $P_1\left(1-\frac{1}{\varepsilon_1}\right)=P_2\left(1-\frac{1}{\varepsilon_2}\right)$이므로 $3,000\left(1-\frac{1}{2}\right)=P_2\left(1-\frac{1}{4}\right)$에서 $P_2=2,000$이 된다.

3. 제2급 가격차별 (=구간가격차별)

(1) 개념

① 제2급 가격차별(second degree price discrimination)이란 소비자는 구분하지 않고, 재화 구입량에 반비례하도록 가격을 설정하는 것으로서 구간가격차별이라고도 부른다.

② 제2급 가격차별은 재화의 수요량을 몇 개의 구간으로 나누고 각 구간별로 서로 다른 가격을 부과하는 방식이다.

③ 제2급 가격차별은 소비자에게 여러 가지 상품묶음을 제시한 후 소비자로 하여금 원하는 가격과 수량을 선택하도록 한다는데 특색이 있다.

④ 2급가격차별의 대표적인 사례는 다음과 같다.

- 전기요금이나 수도요금 설정시 사용량이 많을수록 낮은 요금을 부과하는 것
- 대형할인마트에서 낱개로 구매할 때보다 박스째 구매할 때 단위당 가격이 낮은 것
- 단체입장시 놀이공원 이용료를 할인해 주는 것

(2) 설명

① 아래의 그림에서 Q_0 만큼 구매시에는 P_0의 가격을, Q_1 만큼 구매시에는 P_1의 가격을, Q_2 만큼 구매시에는 P_2의 가격을 각각 설정하는 것이 제2급 가격차별에 해당한다.

② 이 경우 독점기업의 총수입은 수요곡선 아래의 짙은 색 기둥에 해당되는 부분의 면적이므로 독점기업이 P_2의 단일가격으로 Q_2만큼의 재화를 판매할 때 얻을 수 있는 총수입보다 $(A+B+C)$만큼 더 크다.

③ 따라서 제2급 가격차별이 이루어지는 경우에도 소비자잉여가 일부 독점기업에게 이전된다.

④ 제2급 가격차별이 이루어질 때도 순수독점일 때보다 생산량이 증가하는 것이 일반적이다.

〈2급가격차별〉

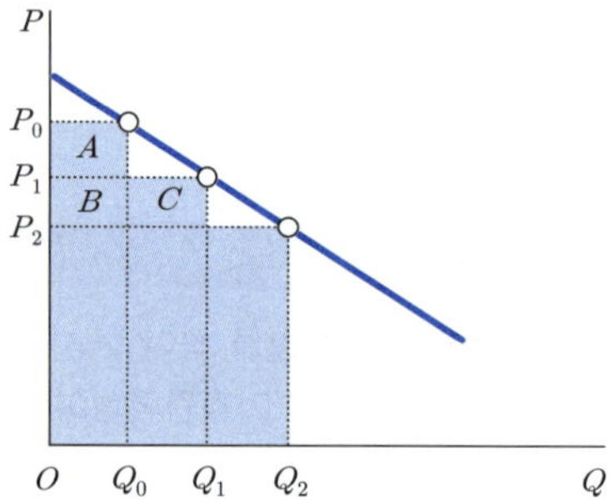

4. 제1급 가격차별 (=완전가격차별)

(1) 개념

① 제1급 가격차별(first degree price discrimination)이란 각각의 소비단위마다 소비자의 지불 용의 있는 최대금액(유보가격)에 해당하는 가격을 설정하는 것을 말한다.

② 완전가격차별(perfect price discrimination)이라고도 한다.

③ 유보가격이란 각 단위 재화에 대하여 최대한 지불 용의가 있는 금액을 말하는데 소비자마다 유보가격이 다르며, 같은 소비자라도 구매량에 따라 유보가격은 달라진다.

④ 따라서 1급 가격차별은 독점기업이 소비자에 따라서, 그리고 동일한 소비자라도 몇 개를 사느냐에 따라가 상품 단위별로 각각 다른 가격을 책정함으로써 이윤을 증가시키는 것이다.

⑤ 그러나 1급가격차별을 실시하기 위해서는 독점기업의 모든 소비자의 수요곡선을 알고 있어야 하는데 이는 사실상 불가능하므로, 현실에서 독점 기업이 1급 가격차별을 시행하기는 거의 불가능하다.

(2) 설명

① 제1급 가격차별이 이루어지면 독점기업은 모든 단위의 재화에 대해 수요곡선 높이에 해당하는 가격을 설정할 것이므로 한계수입곡선이 수요곡선과 일치한다(수요곡선=MR곡선).

② E점까지는 생산량을 증가시켜도 한계비용(MC)보다 유보가격이 높으므로 기업에게 유리하다.

③ 따라서 독점기업은 한계수입(=가격)과 한계비용이 일치하는 E점까지 재화를 생산할 것이다.

④ 그러므로 제1급 가격차별이 이루어질 때의 생산량은 한계수입곡선(=수요곡선)과 한계비용곡선(=완전경쟁시장에서의 공급곡선)이 교차하는 Q_0가 된다.

⑤ 이 때 독점기업의 총수입은 $(A+B+C)$의 면적이므로 완전경쟁일 때의 소비자잉여에 해당하는 부분인 A가 독점기업의 총수입으로 귀속된다.

〈1급가격차별〉

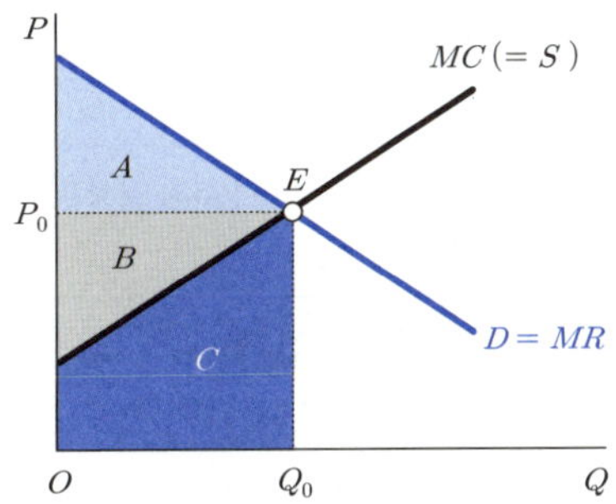

(3) 1급 가격차별의 효과

① 소비자잉여가 전부 독점기업의 이윤으로 귀속되므로 소비자잉여는 0이 된다.

② 독점기업의 생산자잉여는 최대로 커져서 사회적 총잉여와 동일해진다.

③ 제1급 가격차별이 이루어지면 생산량이 완전경쟁일 때와 동일하므로 자원배분의 효율성이 달성된다.

④ 사회전체의 총잉여는 완전경쟁일 때와 동일하며 후생삼각형은 발생하지 않는다.

5. 가격차별의 평가

(1) 가격차별의 일반적 효과

정도의 차이나 예외는 존재하나, 가격차별로 인해 대체로 다음과 같은 효과가 발생한다.

① 소비자잉여 감소

② 생산자잉여 증가

③ 생산량 증가

④ 경제적 비효율성 감소 (후생증가)

(2) 유형별 효과비교

구 분	3급 가격차별 (시장가격차별)	2급 가격차별 (구간가격차별)	1급 가격차별 (완전가격차별)
내용	수요의 가격탄력성에 반비례하도록 가격을 설정	재화 구입량에 반비례하도록 가격을 설정	각 소비단위마다 소비자의 지불용의 있는 최대가격을 가격으로 설정
소비자 잉여	탄력적인 수요를 가진 소비자가 유리해짐(전체소비자잉여는 감소)	일부 소비자잉여가 생산자잉여로 전환	모든 소비자잉여가 생산자잉여로 전환 → (소비자잉여=0)
생산자 잉여	가격차별 이전보다 조금 증가	3급 가격차별보다 더욱 생산자잉여 증가	생산자잉여가 극대화됨 (생산자잉여=사회적 총잉여)
생산량	가격차별 이전보다 생산량 증가	3급 가격차별보다 더욱 생산량 증가	완전경쟁수준의 생산량 → 효율적인 생산
사회적 후생	가격차별 이전보다 증가	3급 가격차별보다 더욱 증가	완전경쟁수준의 사회적 후생 달성
실제 예	• 해외·국내시장간의 가격차별 • 평일과 주말의 철도요금 차이 • 심야시간의 택시요금 할증	• 전기·수도·통신 등의 사용량에 따른 가격할인	• 실제 예가 거의 없음

6. 이부가격설정

(1) 개념 및 사례

① 이부가격설정(two-part tariff)이란 가격체계가 소비량과 무관한 가입비(기본요금)와 소비량에 따라 증가하는 사용료(이용요금)로 구성되는 것을 의미한다.

② 즉 소비자가 재화를 구입할 권리에 대하여 1차적으로 가격(first tariff)을 부과하고, 재화 구입시에 2차로 가격(second tariff)을 부과하는 가격체계를 말한다.

③ 현실적인 사례는 다음과 같다.

> ▸ 전기, 전화, 수도요금 설정시 기본요금과 사용요금으로 요금체계가 나누어져 있는 것
> ▸ 놀이공원에서 입장료를 징수하고 시설이용시 추가적으로 이용료를 부과하는 것
> ▸ 유명 골프장, 헬스클럽 등에서 회원권을 판매한 후 추가적으로 시설이용료를 부과하는 것

(2) 효과

① 독점기업의 일반적인 이윤극대화 균형에서 가격과 생산량은 각각 아래그림의 Q_m, P_m이고 이 때 소비자잉여는 $\triangle A$, 생산자잉여는 $\square B$, 경제적 비효율성은 $\triangle C$이다.

② 이제 이부가격제를 실시하면 균형에서 생산량은 완전경쟁과 동일한 수준인 Q_C이고 이 때 소비자잉여의 크기에 해당하는 $\triangle(A+B+C)$만큼을 기본요금(가입비)로 징수하고, P_C 만큼을 이용요금(사용료)로 징수하면 독점기업의 생산자잉여는 $\triangle(A+B+C)$가 되고 소비자잉여는 0이 되며, 경제적 비효율성도 0이 된다.

③ 그 결과 이부가격설정을 실시하면 생산량은 완전경쟁과 동일한 수준이 되어 자원배분의 효율성이 달성되고 소비자잉여는 모두 독점기업의 잉여로 전환된다.

※ 이부가격설정의 효과는 제1급가격차별의 효과와 사실상 동일하다.

〈이부가격설정〉

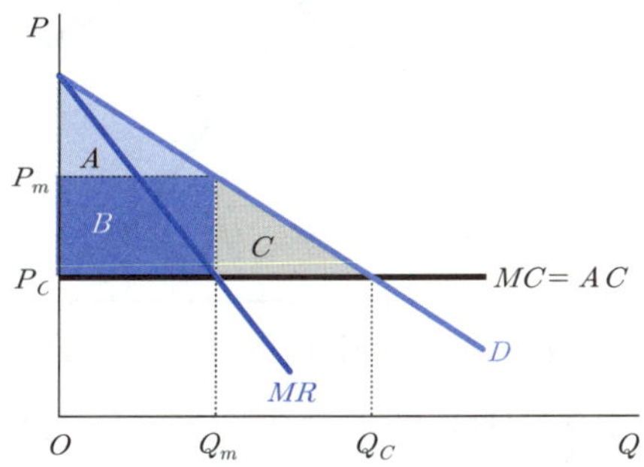

V 독점에 대한 가격 규제

1. 가격규제의 필요성과 방식

① 독점의 경우 완전경쟁에 비해 생산량은 적고, 가격은 높으며, 경제적 비효율성(하버거의 삼각형)이 발생한다. 따라서 정부의 개입을 통한 규제가 필요하다.

② 독점규제방식에는 경쟁유도, 가격규제, 조세규제 등의 방법이 있으나 가격규제방식이 경제학적으로 의미가 크다.

2. 한계비용가격설정(MC-Pricing)

(1) 가격규제

① 가격규제는 정부가 일정한 가격(한계비용 또는 평균비용)을 상한으로 정한 후 그보다 낮은 가격으로 설정하게 하는 일종의 최고가격제이다.

② 규제가격을 $P = MC$ 로 설정(MC-Pricing)하면, 하버거의 삼각형을 완벽하게 없앨 수 있으므로 완전경쟁시장과 동일한 효율성을 달성하게 된다.

(2) 그림을 통한 설명

① 시장가격과 한계비용이 일치하는 P_C를 가격상한으로 규제하면 독점기업은 이보다 높은 가격을 설정할 수가 없고, 이와 동일하거나 더 낮은 가격만 설정할 수 있다.

〈독점에 대한 가격규제(한계비용가격설정)〉

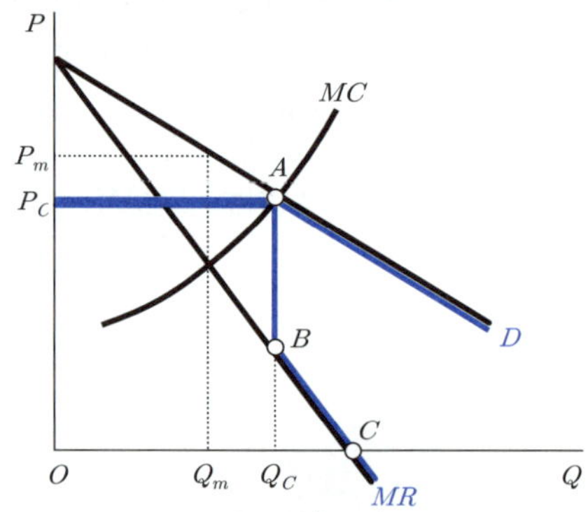

② 따라서 독점기업은 생산량 Q_C가 될 때까지는 수평선의 수요곡선에 직면하고 이 이후에 꺾여 있는 형태의 수요곡선이 되어 수요곡선은 P_cAD 의 형태가 된다.

③ 한계수입곡선은 P_cABC 형태가 되어 독점기업의 생산량은 한계비용과 일치하는 Q_C가 된다.

④ 결과적으로 사중손실은 사라지고 $P = MC$ 가 되어 완전경쟁시장균형과 동일해진다.

(3) 문제점

① $P = MC$로 가격규제를 실시하려면 독점기업의 한계비용(MC)을 알아야만 하는데, 정부 규제당국이 독점기업의 MC를 정확히 파악하는 것은 현실적으로 거의 불가능하다.

② $P = MC$로 가격규제를 실시할 때 독점기업이 재화의 중량이나 크기를 줄이거나, 품질을 나쁘게 하는 등의 방법으로 규제를 회피할 가능성이 있다.

③ 가격규제는 국가가 시장의 자율성을 과도하게 침해한다는 비판을 받을 수 있으며, 기업의 행동과 시장상황을 지속적으로 감시해야 한다는 어려움이 있다.

④ 특히 규모의 경제가 존재하는 자연독점의 경우 $P = MC$로 가격규제를 실시하면 적자(손실)가 발생하는 문제점이 있다.

※ 이러한 적자(손실)발생의 문제점을 보완하기 위해 차선책으로 실시되는 정책이 평균비용비용가격설정(AC-Pricing)이다.

Ⅵ 자연독점

1. 자연독점의 개념 및 발생원인

① 자연독점(natural monopoly)이란 철도, 전화, 전기, 상·하수도 산업과 같이 초기 고정비용은 막대하게 발생하나 추가적인 가변비용(한계비용)은 매우 작아 생산이 증가함에 따라 평균비용이 감소하는 규모의 경제가 존재하는 경우에 발생하는 독점의 형태이다.

② 특히 규모의 경제가 존재하는 구간이 매우 커서 장기평균비용(LAC)곡선의 최소점이 시장수요곡선의 오른쪽에 위치할 정도까지 규모의 경제가 존재하는 경우 자연독점이 발생하게 된다.

2. 자연독점의 균형

① 아래의 그림에서 보는 바와 같이 정부의 규제가 없을 경우 자연독점기업은 이윤극대화를 위해 $MR = MC$인 점에서 생산량과 가격을 결정할 것이다.

② 그러므로 균형에서는 가격이 한계비용을 초과하게 되어 자원배분이 비효율적으로 이루어진다.

〈자연독점의 균형〉

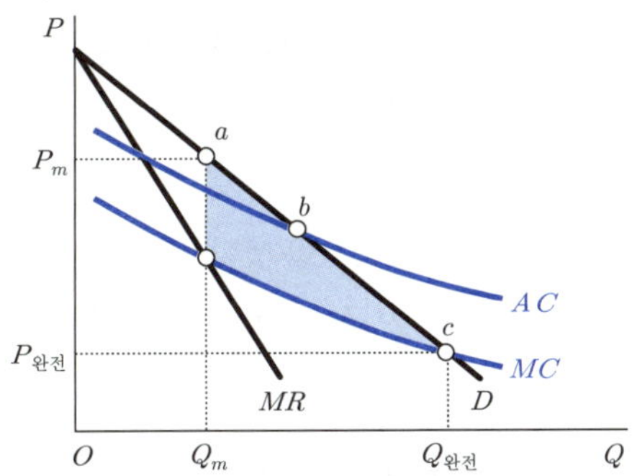

3. 자연독점과 경쟁촉진정책

① 경쟁을 도입하기 위하여 자연독점기업을 몇 개의 기업으로 분할하면 개별기업의 생산량이 감소하여 평균비용이 급격히 상승하는 문제점이 유발된다.

② 그러므로 정책당국은 자연독점기업을 인위적으로 분할하기보다는 주로 직접적인 가격(규제)정책을 사용하게 된다.

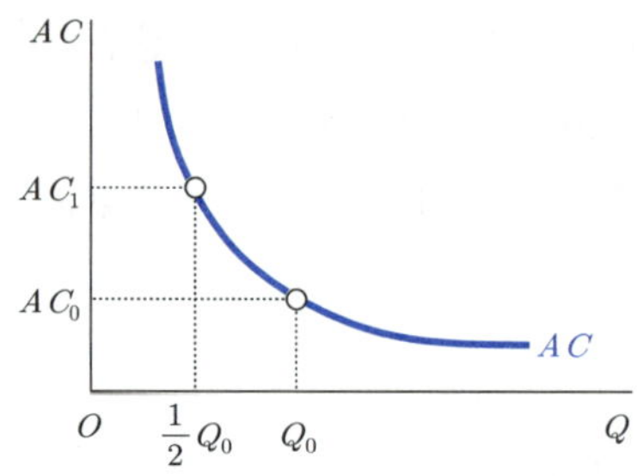

4. 자연독점과 가격규제정책

(1) 한계비용가격설정(MC − Pricing)

① 수요곡선과 MC곡선이 교차하는 점에서 가격을 설정하도록 하는 방법을 말한다.

② 한계비용 가격설정의 경우 가격이 P_{MC}, 생산량이 Q_{MC}로 결정되어 가격과 생산량은 모두 완전경쟁과 동일하다.

③ 완전경쟁과 동일한 수준의 경제적 효율성이 달성된다.

④ 다만 Q_{MC}의 재화를 생산할 때 $P < AC$이므로 적자(손실)가 발생하므로 정부의 손실보전 책임이 발생한다.

〈자연독점에서의 한계비용가격설정〉

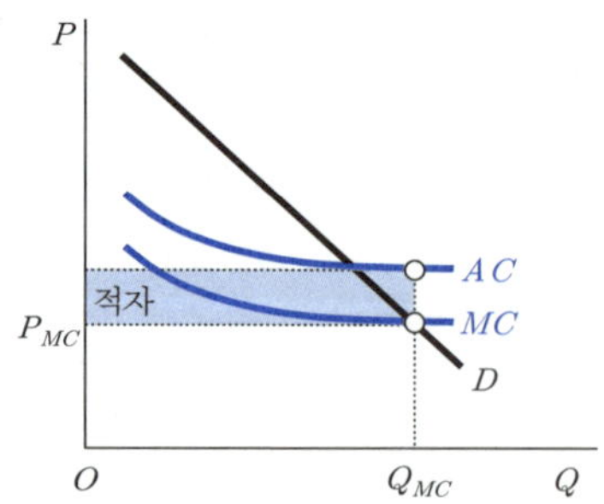

(2) 평균비용가격설정($AC-\text{Pricing}$)

① 수요곡선과 AC곡선이 교차하는 점에서 가격을 설정하도록 하는 방법이다.

② 평균비용가격설정의 경우에는 가격이 P_{AC}, 생산량이 Q_{AC}로 결정되므로 가격은 완전경쟁보다 높고 생산량은 완전경쟁보다 작다.

③ 가격과 평균비용이 일치($P=AC$)하므로 적자가 발생하지 않는다.

④ 한계비용가격설정보다 자원배분이 비효율적으로 이루어지며,

⑤ 평균비용이 높아지면 가격을 인상하면 되므로 생산비용을 낮추기 위해 노력할 유인이 없다.

〈자연독점에서의 평균비용가격설정〉

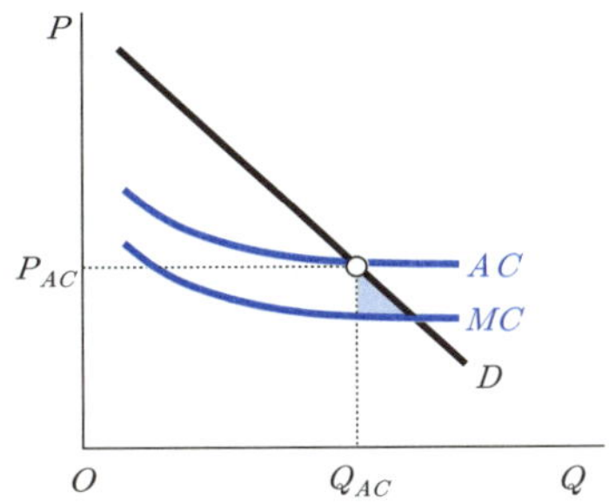

(3) 자연독점하의 가격규제 비교

	한계비용가격설정(MC-Pricing)	평균비용가격설정(AC-Pricing)
내 용	$P=MC$로 독점가격을 규제	$P=AC$로 독점가격을 규제
장 점	가격, 생산량, 경제적 효율성 모두 완전경쟁수준의 효율적 자원배분 달성	적자(손실)발생의 문제 해결 →(이윤= 손실 = 0)
단 점	자연독점기업의 적자(손실) 발생 →정부의 손실보전 문제	완전경쟁시장에 비해 ① 여전히 높은 가격 ② 여전히 작은 생산량 ③ 경제적 비효율성 발생

제12장 독점적 경쟁시장

I 독점적 경쟁시장의 개요

1. 독점적 경쟁의 개념

① 독점적 경쟁시장(monopolistic competition market)이란 진입과 퇴거가 대체로 자유로운 상태에서 다수의 기업이 대체성이 높지만 차별화된 재화를 생산하는 시장형태이다.

② 대표적인 예로 식당, 미용실, 주유소, 커피전문점, 약국 등이 있다.

③ 독점적 경쟁시장에는 독점의 요소와 경쟁적인 요소가 공존한다.

④ 재정학에서는 독점적 경쟁시장은 거의 다루지 않으므로 이번 장은 깊게 공부하지 않아도 무방하다.

2. 독점적 경쟁의 성립조건 및 특징

(1) 다수의 기업

시장 내에 다수의 기업이 존재하므로 개별기업은 다른 기업들의 행동 및 전략을 고려하지 않고 독립적으로 행동한다.

(2) 제품차별화

① 독점적 경쟁기업은 상표, 품질, 포장, 디자인, 기능 등에서 약간씩 차이가 있는 재화를 생산한다.

② 제품차별화가 이루어지기 때문에 독점적 경쟁기업이 생산하는 재화는 서로 이질적이라고 본다.

③ 이러한 재화의 이질성으로 인해 독점적 경쟁기업은 시장지배력을 가지게 되고 가격설정능력을 보유하게 된다.

④ 그 결과 수평의 수요곡선이 아닌 우하향의 수요곡선에 직면하게 된다.

⑤ 일반적으로 제품차별화의 정도가 클수록 수요곡선은 비탄력적이 된다.

(3) 장기에 진입과 탈퇴의 자유로움

① 진입과 퇴거가 자유로우므로 초과이윤이 발생하면 새로운 기업의 진입이 이루어지고, 손실이 발생하면 일부 기업이 탈퇴하게 된다.

② 결국 장기에 정상이윤만을 얻게 된다.

(4) 비가격경쟁

① 독점적 경쟁기업들은 대체성이 상당히 높은 재화를 생산하므로 판매량을 증대시키기 위하여 광고, 판매조건, 디자인 등 여러 측면에서 비가격경쟁을 한다.

② 비가격경쟁은 독점적 경쟁보다 과점의 경우가 훨씬 치열하다.

③ 독점적 경쟁의 비가격경쟁은 품질경쟁보다는 광고, 포장, 디자인 등의 경쟁이므로 독점적 경쟁시장은 기술혁신의 가능성은 낮다.

(5) 경제적 비효율성 발생

① 독점적 경쟁시장의 균형에서도 가격은 한계비용보다 크다($P > MC$).

② 장기평균비용곡선(LAC)의 최소점보다 좌측에서 균형이 달성되므로 과소생산이 이루어지고 그에 따른 경제적 비효율성이 발생하게 된다.

③ 생산이 효율적인 수준보다 작으므로 초과생산설비가 존재한다.

④ 재화의 이질성이 클수록 초과설비의 규모도 커진다.

Ⅱ 독점적 경쟁의 단기균형

1. 단기균형

① 독점적 경쟁기업의 수요곡선은 독점기업과 마찬가지로 우하향하므로 한계수입곡선도 독점과 유사한 형태가 되고, 이윤극대화 조건식도 독점기업과 유사하다.

② 다만 독점적 경쟁은 다수의 밀접한 대체재가 존재하므로 독점적 경쟁기업의 시장지배력은 독점보다는 작고 수요곡선도 독점보다 훨씬 완만한 형태에 직면하게 된다.

③ 독점적 경쟁의 균형생산량은 완전경쟁보다는 작지만 독점보다는 크고, 균형가격은 완전경쟁보다는 높지만 독점보다는 낮은 수준이 된다.

〈독점적 경쟁의 단기균형〉

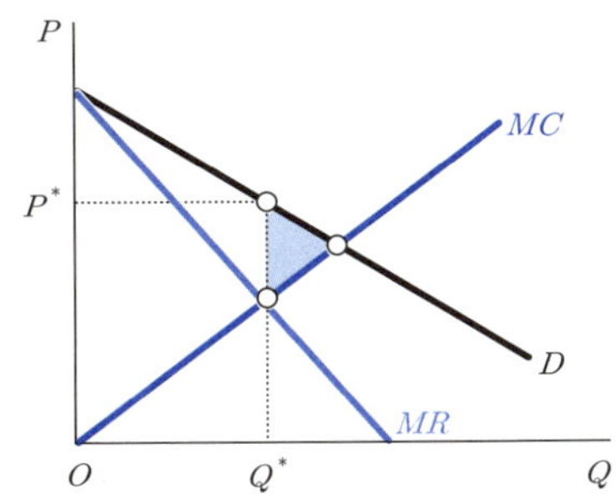

④ 평균비용곡선의 형태에 따라 독점적 경쟁기업의 단기초과이윤은 0보다 클 수도 있고 작을 수도 있다.

⑤ 독점적 경쟁기업도 공급곡선은 존재하지 않으며, 수요곡선 상의 탄력적인 구간에서만 재화를 생산한다.

2. 단기 초과이윤의 크기

① 평균비용곡선의 형태에 따라 독점적 경쟁기업의 단기초과이윤은 0보다 클 수도 있고 작을 수도 있다.

② 즉 독점적 경쟁기업은 장기의 초과이윤은 항상 0이지만, 단기의 초과이윤은 불분명하다.

〈독점적 경쟁의 단기균형〉

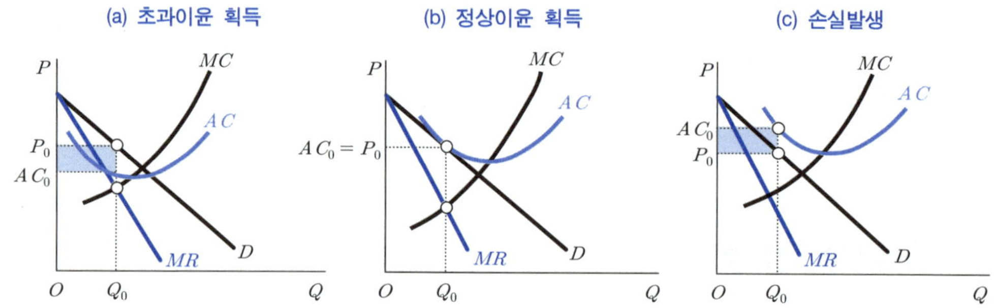

Ⅲ 독점적 경쟁의 장기균형

1. 장기균형

① 독점적 경쟁의 장기균형은 $MR = LMC$인 점에서 이루어지고 균형산출량은 Q_0, 균형가격은 P_0로 결정된다.

② 장기에 독점적 경쟁기업은 정상이윤만을 획득하므로 Q_0산출량 수준인 E점에서 LAC곡선과 수요곡선이 서로 접하게 된다.

③ 따라서 장기균형에서는 $P = LAC = SAC$가 성립한다.

④ 장기에 독점기업은 SAC_0로 표시되는 시설규모를 보유하게 되는데, 시설규모가 SAC_0일 때는 최적산출량이 Q_1이므로 장기균형산출량(Q_0)은 최적산출량에 미달한다.

⑤ 즉, 독점적 경쟁기업은 독점의 경우와 마찬가지로 장기에는 초과설비를 보유한다.

⑥ 독점기업이 장기에 초과설비를 보유하는 것은 독점의 낭비로 보지만, 독점적 경쟁의 경우 초과설비는 다양한 재화공급이 이루어지는 것에 대한 대가로 평가할 수 있으므로 반드시 낭비로 보지는 않는다.

〈독점적 경쟁의 장기균형〉

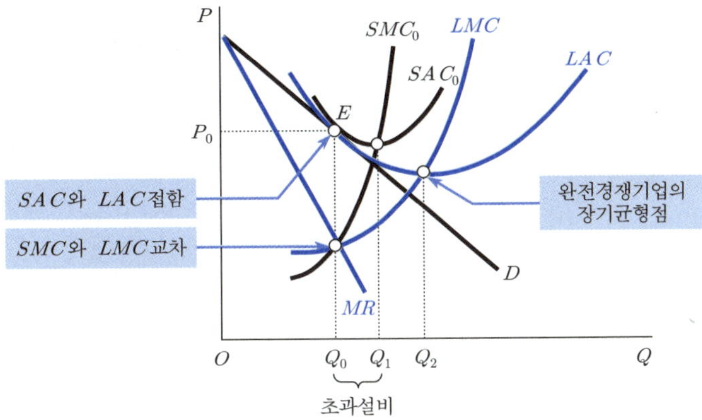

2. 장기균형의 특징

① 반드시 장기균형은 수요곡선과 장기평균비용곡선이 접하는 점에서 달성된다.

② 초과설비(유휴생산설비)를 보유한다.

③ $P > MC$이므로 생산이 비효율적이다.

④ 규모의 경제(규모에 대한 수익체증)가 발생하는 구간에서 생산이 이루어진다.

⑤ 독점적 경쟁기업의 장기초과이윤은 0이다(정상이윤만을 얻는다).

예 제

독점적 경쟁시장에 참여하는 기업이 장기균형에서 Q^*개의 상품을 생산하고 있다고 하자. Q^*에 대한 설명으로 옳은 것은? (단, 생산요소시장은 완전경쟁적이다)

① Q^*는 가격과 한계비용이 같은 생산량 수준보다 작다.

② Q^*는 한계수입과 한계비용이 같은 생산량 수준보다 크다.

③ Q^*는 한계비용과 평균총비용이 같은 생산량 수준보다 크다.

④ Q^*는 수요곡선과 평균총비용이 같은 생산량 수준보다 작다.

⑤ Q^*는 평균총비용이 최소화되는 생산량 수준보다 크다.

독점적 경쟁의 장기균형에서 생산량은 가격과 한계비용이 일치하는 완전경쟁수준의 생산량보다 작은 수준이며 따라서 초과설비가 존재한다. 독점적 경쟁의 장기균형 그래프를 확인하라.

정답 ❶

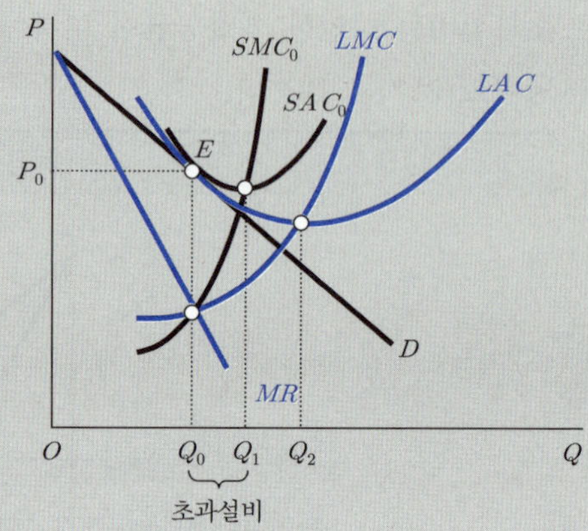

Ⅳ 독점적 경쟁시장의 평가

1. 장점

독점적 경쟁의 경우는 제품차별화를 통하여 다양한 재화의 생산이 이루어지므로 소비자의 선택의 폭이 넓어지고 후생이 증가한다.

2. 단점

① 독점적 경쟁의 경우 균형에서 항상 $P > MC$이므로 재화생산이 비효율적인 수준에서 이루어지고 이에 따라 사회적인 후생손실이 초래된다.

② 독점적 경쟁기업들은 자신의 수요를 증대시키기 위하여 광고 등에 자원을 투입하므로 자원의 낭비가 발생한다.

③ 독점적 경쟁기업은 장기에 평균비용곡선 최소점의 좌측에서 생산하므로 생산량 수준이 최적산출량에 미달하고 초과설비가 존재한다.

④ 제품차별화는 포장, 디자인 등에서의 차이이므로 기술혁신이 잘 이루어지지 않는다.

제13장 과점시장

Ⅰ 과점시장의 성립조건과 이론의 분류

1. 과점시장의 성립조건

소수의 기업이 서로를 경쟁자로 여기면서 시장공급의 대부분을 장악하고 있는 산업을 과점시장이라 한다. 보다 구체적으로 다음과 같은 조건이 만족되면 과점시장이 성립한다.

① 소수의 기업이 상품의 대부분을 공급한다.

② 공급하는 제품이 동질적이라면 순수과점, 차별화된 상품이라면 차별과점이라 한다.

③ 진입장벽이 존재하여 잠재적 경쟁자의 진입이 어렵다.

2. 과점시장의 특성

(1) 전략적 상황

① 완전경쟁시장과 독점적 경쟁시장은 서로를 인식하지 못할 정도로 수많은 기업들이 존재하고, 독점시장은 단 하나의 기업만이 존재하므로 상대 기업의 존재를 의식할 필요없이 자신의 이윤극대화 생산량만 결정하면 된다.

② 반면 과점시장은 소수의 기업이 존재하므로 개별 기업이 가격을 내리거나 생산량을 증가시킬 때 상대기업이 어떻게 반응할지를 고민하여 가격과 생산량을 결정하여야 한다.

③ 이처럼 과점기업은 항상 경쟁기업의 반응을 감안하면서 의사결정을 내려야 하는데, 이를 전략적인 상황(strategic situation)이라고 한다.

④ 따라서 과점시장에서 각 기업이 얻는 이윤은 자신의 선택 뿐 아니라 다른 기업들의 선택에도 의존하게 되는데 이를 전략적 상황(strategic situation) 또는 게임이론적 상황(game theoretic situation)이라 한다.

(2) 비가격경쟁

① 과점시장의 기업은 전략적 상황에서 가격과 수량 외에 다양한 수단을 전략적 변수로 활용할 수 있으므로 비가격 경쟁이 매우 치열한 시장이다.

② 과점의 경우가 독점적 경쟁보다 비가격경쟁이 훨씬 더 크게 이루어진다.

③ 비가격 경쟁의 대표적 수단으로 광고와 연구개발이 있는데, 광고의 경우 사회적 비효율성의 원인이 될 수 있는 반면 연구개발은 기술진보를 촉진하여 경제성장을 이끌어낼 수 있다.

(3) 비경쟁행위

과점기업들은 경우에 따라서는 담합이나 카르텔 등을 통하여 기업 간 경쟁을 제한함으로써 비경쟁행위를 하는 경향도 보인다.

(4) 진입장벽

독점보다는 낮지만 과점의 경우에도 상당한 정도의 진입장벽이 존재한다.

(5) 가격경직성

과점시장의 가격은 한번 결정되면 잘 변하지 않는 성격을 보인다.

※ 과점시장의 특징

① 소수의 기업	• 시장지배력 ○ • 가격설정능력 ○ • 우하향의 수요곡선에 직면 (독점보다는 완만한 기울기)
② 동질 또는 이질적 재화	
③ 진입장벽 존재	장기초과이윤 발생 가능 (단기초과이윤의 발생여부는 불분명)
④ $P > MC$	경제적 비효율성 발생
⑤ 비경쟁 행위	담합(cartel)의 발생 가능성
⑥ 가장 치열한 비가격 경쟁	
⑦ 가격 경직성	
⑧ 높은 기술혁신 가능성	
⑨ 전략적 상황(strategic situation)	• 기업간 상호의존성 • 과점 기업의 다양한 행동 • 복잡한 이론체계 • Game 이론 등장

3. 과점시장 이론의 분류

① 과점시장의 각 기업들은 서로 경쟁하면서 각자의 이윤을 극대화할 수도 있고, 서로 협조하여 함께 이윤을 극대화 할 수도 있는데 전자를 비협조 모형, 후자를 협조 모형이라 한다.

② 과점기업의 행동은 매우 다양하므로 과점이론도 매우 다양하게 전개되는데 다음과 같이 정리할 수 있다.

구 분	모 형	
1. 독자행동모형 (비협조모형)	생산량 결정모형	• Cournot모형 • Stackelberg모형
	가격 결정모형	• Bertrand모형 • 굴절수요곡선모형
2. 담합이론 (상호협조모형)	완전한 담합	• Cartel모형
	불완전한 담합	• 가격선도모형
3. 기타의 이론	① 비용할증가격설정 (= Full-Cost Pricing = Mark-up Pricing) ② 진입저지가격설정 ③ 경합시장(Baumol)	
4. 전략적 행동이론	game이론	

③ 따라서 과점시장 전체를 일관되게 설명할 수 있는 통일된 이론체계는 존재하지 않는다.

※ 재정학 공부를 위해 필요한 이론은 cartel모형, 비용할증가격설정, 게임이론 정도이다.

Ⅱ 과점이론

1. 카르텔 모형

(1) 담합(collusion)의 개념

① 담합(collusion)이란 복수의 기업들이 협정에 의해 연합하여 카르텔을 결성한 후 카르텔의 이윤인 결합이윤(joint profit)을 극대화하는 것을 말한다.

※ 과점기업들이 카르텔을 결성하면 사실상 시장에는 기업이 1개(카르텔)만 존재하는 상황이므로 카르텔의 균형은 독점기업의 균형과 결과적으로 동일하다.

② 카르텔을 결성하게 되었을 때 각 기업의 이윤은 담합 전보다 증가하므로 과점시장의 기업은 담합을 하고자 하는 유인을 가진다.

(2) 카르텔의 이윤극대화 조건

① 기업1과 기업2가 담합을 하여 카르텔을 결정하여 결합이윤을 극대화하는 과정은 1개의 독점기업이 2개의 공장에서 재화를 생산하는 다공장독점의 이윤극대화 과정과 동일하다.

② 먼저, 각 기업의 한계비용이 일치하도록 생산량을 배분하여야 한다.

③ 제품 생산시 각 기업의 한계비용이 다르다면, 한계비용이 높은 기업이 생산하던 제품을 한계비용이 낮은 기업에서 생산하는 것이 카르텔의 총비용을 낮추기 때문이다.

④ 다음으로 두 기업의 일치된 한계비용과 한계수입이 일치하도록 생산량을 결정하여야 한다.

$$MR = MC_1 = MC_2$$

⑤ 한계비용보다 한계수입이 더 크다면 생산량 증대가, 한계수입이 더 작다면 생산량 감소가 카르텔의 이윤을 증가시키기 때문이다.

(3) 카르텔의 균형

① 기업 1과 기업 2의 MC곡선을 수평으로 합하면 카르텔 전체의 MC곡선이 도출된다.

② 카르텔 전체의 이윤을 극대화하기 위해서는 MR곡선과 카르텔 전체의 MC곡선이 교차하는 점에서 생산량과 가격을 결정한다.

〈카르텔의 균형〉

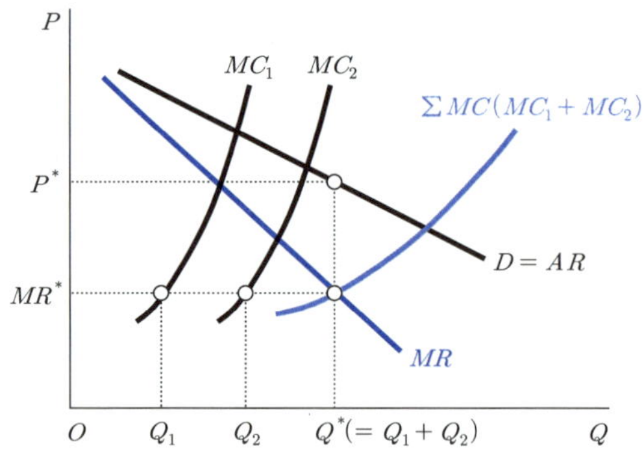

(4) 카르텔 유지의 문제

1) 카르텔의 붕괴가능성

① 카르텔이 결성되면 카르텔 결성 이전보다 개별기업의 이윤은 증가한다.

② 그러나 카르텔 결성 이후에는 한 기업이 담합의 약속을 지키는 한, 다른 기업은 담합에서 이탈할 경우 더 큰 이윤을 얻을 수 있다.

③ 결과적으로 담합의 협정을 위반한 기업의 이윤은 더욱 증가하고, 담합의 협정을 지킨 기업의 이윤은 감소하게 되므로, 카르텔은 붕괴될 수 있다.

2) 카르텔 지속성의 결정요인

① 위반 사실을 적발할 때까지 소요되는 시간이 길수록 위반 유인이 증가한다.

② 담합 참여 기업이 많거나, 참여 기업들의 생산량 또는 가격을 파악하기 어려울수록 위반 유인이 증가한다.

③ 담합시 상대방에 대한 보복이 현실적으로 어려울수록 위반 유인이 증가한다.

2. 비용할증가격설정

(1) 개념

① 기업들이 재화가격을 설정할 때 단위당 평균비용(생산원가)에 일정률의 이윤을 부가하여 가격을 설정하는 것을 의미한다.

② 풀코스트 원리(full-cost pricing) 혹은 마크업가격설정(mark-up pricing)이라고도 한다.

(2) 가격설정방법

① 목표생산량을 결정하고, 목표생산량 수준에서의 평균비용을 계산한 다음 목표이윤율에 해당하는 이윤을 부가하여 가격을 결정한다.

$$P = AC(1+m) \quad (m: \text{마진율})$$

② 이와 같이 평균비용에 일정한 할증률을 곱하여 가격을 결정하기 때문에 비용할증가격설정이라고 한다.

(3) 비용할증가격설정을 따르는 이유

① MR과 MC를 정확히 알기 어렵다.

② 새로운 기업의 진입을 저지하기 위함이다.

Ⅲ 과점의 경제적 효과

긍정적 효과	부정적 효과
① 상품차별화 (다양한 제품으로 소비자의 기호 충족) ② 기술혁신 (완전경쟁이나 독점에 비해 활발한 연구개발투자로 기술혁신 가능)	① 자원배분의 비효율성 ($P > MC$) ② 지나친 비가격경쟁으로 자원낭비 (예 : 광고)

제14장 게임이론

I 게임이론의 기초

1. 게임이론

① 과점시장에 존재하는 소수의 기업들은 기업 간 상호의존성을 가진다.

② 따라서 한 기업의 가격(생산량)조정은 시장전체에 영향을 미치고 다른 경쟁기업의 가격(생산량)조징을 유발하게 된다.

③ 이와 같은 상호의존성 때문에 과점기업은 의사결정시 상대방의 반응까지 고려해야 하는 전략적인 상황(strategic situation)에 직면한다.

④ 이러한 전략적 상황 하의 기업 간 의사결정을 게임이라는 틀을 통해 체계적으로 연구한 이론이 게임이론이다.

⑤ 오늘날 게임이론은 경제행위 분석에만 국한되지 않고 정치, 경영, 사회, 군사 등 거의 모든 분야로 영역이 확대되고 있다.

2. 게임의 구성요소

(1) 경기자(player)

게임에 참가하는 경제주체로서 게임의 기본적인 의사결정단위이다.(기업, 개인, 국가 등)

(2) 전략(strategy)

게임 도중 경기자가 직면할 수 있는 상황에서 자신의 보수를 극대화하기 위하여 취할 수 있는 행동에 대한 계획이다.

(3) 보수(payoff)

각 경기자가 전략을 선택한 결과 게임이 종료되어 각 경기자가 얻게 되는 결과이다.
(이윤, 효용 등)

(4) 보수행렬(payoff matrix)

게임의 모든 정보(경기자, 전략, 보수)와 다양한 게임 결과를 하나의 표에 정리한 것이다.

		B	
		b_1	b_2
A	a_1	(A보수, B보수)	(A보수, B보수)
	a_2	(A보수, B보수)	(A보수, B보수)

Ⅱ 내쉬전략과 내쉬균형

1. 개념

① 내쉬전략(Nash strategy)이란 상대방의 전략이 주어진 경우 자신의 보수를 가장 크게 만드는 전략을 말한다.

② 모든 경기자들이 내쉬전략을 사용할 때 도달하는 균형을 내쉬균형(Nash equilibirum)이라고 한다.

③ 게임이론에서 가장 일반적으로 사용하는 균형개념이 내쉬균형이다.

④ 내쉬균형에는 순수전략내쉬균형과 혼합전략내쉬균형이 있다.

⑤ 순수전략내쉬균형은 존재하지 않을 수도 있지만 혼합전략내쉬균형은 반드시 존재한다.

2. 설명

(1) 보수행렬

기업 A, B 가 각각 전략Ⅰ과 전략Ⅱ를 선택할 수 있으며 이 때 이득은 다음과 같은 보수행렬로 나타난다고 가정한다.

		B	
		b_1	b_2
A	a_1	(30, 20)	(10, 10)
	a_2	(10, 10)	(20, 30)

(2) 기업 A의 최적전략

① 기업 B 가 전략 b_1을 선택시 기업 A가 전략 a_1을 선택한다면 30, 전략 a_2를 선택한다면 10의 보수가 되므로 기업 A의 최적전략은 a_1이다.

② 기업 B 가 전략 b_2를 선택시 기업 A가 전략 a_1을 선택한다면 10, 전략 a_2를 선택한다면 20의 보수가 되므로 기업 A의 최적전략은 a_2이다.

(3) 기업 B의 최적전략

① 기업 A 가 전략 a_1을 선택시 기업 B가 전략 b_1을 선택한다면 20, 전략 b_2를 선택한다면 10의 보수가 되므로 기업 B의 최적전략은 b_1이다.

② 기업 A 가 전략 a_2를 선택시 기업 B가 전략 b_1을 선택한다면 10, 전략 b_2를 선택한다면 30의 보수가 되므로 기업 B의 최적전략은 b_2이다.

(4) 내쉬균형

이 게임의 내쉬균형은 (a_1, b_1), (a_2, b_2)가 된다.

3. 내쉬균형의 특징

① 내쉬균형이 존재하지 않을 수도 있고, 둘 이상의 내쉬균형이 존재할 수도 있다.

② 복수의 내쉬균형 발생시 자신이 원하는 특정의 내쉬균형을 달성할 수 있는 방법으로는 다음의 2가지가 있다.

(a) 선점효과

(b) 상대방이 신뢰할만한 위협

③ 순수전략에 의한 내쉬균형이 존재하지 않는 경우에도 혼합전략을 사용하면 내쉬균형은 반드시 존재하는데 이를 내쉬 정리(Nash' theorem)이라 한다.

④ 우월전략균형보다 포괄적인 개념이다.

⑤ 내쉬균형이 반드시 Pareto최적인 것은 아니다.

⑥ 내쉬균형 상태에서는 더 이상 자신의 전략을 변화시킬 필요가 없으므로 내쉬균형은 안정적이다.

예 제 내쉬균형

한 시장에 두 기업 A, B가 존재한다. 각 기업은 두 가지 생산 전략 L, H 중 하나를 선택할 수 있다. 두 기업의 생산 전략 선택에 따른 보수는 다음 표와 같다. 내쉬균형은? (단, 표에서 각 셀 좌 하단의 숫자는 기업 A의 보수를, 우 상단의 숫자는 기업 B의 보수를 나타낸다)

		B: L	B: H
A	L	1 (A), 1 (B)	0 (A), 0 (B)
	H	0 (A), 0 (B)	0 (A), 0 (B)

2개의 내쉬균형이 존재한다.
A가 L이면 B는 L이 내쉬전략이고, B가 L이면 A는 L이 내쉬전략이므로 전략조합(L, L)은 내쉬균형이다. A가 H이면 B는 H와 L이 내쉬전략이고, B가 H이면 A는 H와 L이 내쉬전략이므로 전략조합(H, H)은 내쉬균형이다.

Ⅲ 우월전략과 우월전략균형

1. 개념

① 상대방이 어떤 전략을 사용하는지에 관계없이 항상 자신의 보수가 가장 커지는 전략을 우월전략(dominant strategy, 혹은 지배전략)이라고 한다.

② 모든 경기자들이 우월전략(지배전략)을 사용할 때 도달하는 균형을 우월전략균형(dominant strategy equilibrium, 혹은 지배전략균형)이라고 한다.

2. 설명

(1) 보수행렬

기업 A, B 가 각각 전략 I 과 전략 II 를 선택할 수 있으며 이 때 이득은 다음과 같은 보수행렬로 나타난다고 가정한다.

		B: b_1	B: b_2
A	a_1	(30, 15)	(10, 10)
	a_2	(20, 10)	(5, 5)

(2) 기업 A의 최적전략

① 기업 B 가 전략 b_1을 선택시 기업 A가 전략 a_1을 선택한다면 30, 전략 a_2를 선택한다면 20의 보수가 되므로 기업 A의 최적전략은 a_1이다.

② 기업 B 가 전략 b_2를 선택시 기업 A가 전략 a_1을 선택한다면 10, 전략 a_2를 선택한다면 5의 보수가 되므로 기업 A의 최적전략은 a_1이다.

③ 따라서 기업 A는 기업 B의 전략과 관계없이 항상 전략 a_1을 택하는 것이 우월전략이다.

(3) 기업 B의 최적전략

① 기업 A 가 전략 a_1을 선택시 기업 B가 전략 b_1을 선택한다면 15, 전략 b_2를 선택한다면 10의 보수가 되므로 기업 B의 최적전략은 b_1이다.

② 기업 A 가 전략 a_2를 선택시 기업 B가 전략 b_1을 선택한다면 10, 전략 b_2를 선택한다면 5의 보수가 되므로 기업 B의 최적전략은 b_1이다.

③ 따라서 기업 B는 기업 A의 전략과 관계없이 항상 전략 b_1을 택하는 것이 우월전략이다.

(4) 우월전략균형

① 이 게임의 우월전략균형은 (a_1, b_1)이다.

② 우월전략균형은 내쉬균형이기도 하므로 우월전략균형은 내쉬균형의 특수한 경우에 해당한다.

3. 균형의 특징

① 우월전략균형이 항상 Pareto최적인 것은 아니다. (용의자의 딜레마)

② 그러나 무한반복게임을 허용하면 Pareto최적을 달성할 수도 있다.

③ 우월전략균형이 존재하지 않을 수도 있다.

④ 내쉬균형에 포함되는 좁은 개념이므로 모든 우월전략균형은 반드시 내쉬균형이기도 하다.

예 제 **내쉬균형과 우월전략균형**

두 경기자 갑, 을의 전략과 보수는 다음 표와 같다. 두 경기자가 독립적으로 전략을 선택하는 경우, 우월전략균형과 내쉬균형을 판단하시오. (단, ( )의 왼쪽 값은 경기자 갑의 보수, 오른쪽 값은 경기자 을의 보수)

	구 분	전략 L	전략 C	전략 R
		경기자 을		
경기자 갑	전략 U	(1, 1)	(2, 0)	(1, 1)
	전략 M	(1, 2)	(3, 2)	(2, 3)
	전략 D	(0, 0)	(4, 3)	(2, 4)

주어진 보수행렬표에서 내쉬균형은 (전략U, 전략L), (전략M, 전략R), (전략D, 전략R)의 3개이다. 우월전략균형은 존재하지 않는다.

Ⅳ 전략적 균형의 사례

1. 용의자의 딜레마 게임

(1) 내용

① 어떤 범죄의 공범 혐의로 두 용의자 A, B가 체포되었다.

② 증거가 부족한 검사는 이 둘을 격리하여 심문하면서 자백 또는 부인에 따라 다음과 같은 형량을 선고할 수 있음을 제안한다. (형량을 음의 보수로 표현하였다.)

		B: 자백	B: 부인
A	자백	(−10, −10)	(0, −20)
	부인	(−20, 0)	(−1, −1)

(2) 균형

① 두 용의자 모두 자백이 우월전략이다.

② 따라서 (자백, 자백)이 우월전략균형이자 내쉬균형이다.

③ 그러나 용의자 A, B 에게 가장 유리한 파레토최적은 (부인, 부인)이다.

④ 따라서 우월전략균형(내쉬균형)이 파레토최적을 달성하지 못하고 있다.

(3) 시사점

① 두 사람 모두 부인을 했다면 두 사람 모두에게 이득이 될 수 있었음에도 불구하고 그러한 선택을 하지 않았다.

② 이는 역설적으로 두 죄수가 모두 합리적이었기 때문에 나타난 결과로 개인적 합리성(individual rationality)이 집단적 합리성(collective rationality)을 보장하지 않음을 보여준다.

2. 성대결 게임(battle of sex)

(1) 내용

① A와 B는 연인이며, A는 축구장을 B는 음악회를 즐긴다.

② 하지만 이들에게 가장 중요한 것은 두 사람이 함께 하는 것이므로 이들의 보수행렬을 나타내면 다음과 같다.

		B	
		축구장	음악회
A	축구장	(5, 2)	(0, 0)
	음악회	(0, 0)	(2, 5)

(2) 균형

내쉬균형은 (축구장, 축구장), (음악회, 음악회)로 복수로 존재한다.

(3) 시사점

① 이 게임은 두 경제 주체가 행동을 통일하는가 그렇지 않은가에 따라 이득이 달라지는 것을 보여준다.

② 예컨대 서로 호환이 되지 않는 소프트웨어 간에 호환이 될 때 두 회사의 이득이 커진다면 이는 성대결 게임에 해당하며, 누구의 기준으로 호환시킬 것인가가 문제된다.

③ 성대결 게임에서는 복수의 내쉬균형이 존재하며, 어느 균형으로 갈지 주어진 정보에서는 알 수가 없다.

(4) 실제로 도달하는 균형의 결정

1) **협상능력**(bargaining power)

2) **선점효과**(first-mover's advantages)

3) **상대방이 신뢰할만한 위협 또는 공약**(commitment)

06

거시 · 국제경제 기초이론

제15장 거시경제학의 기초

제16장 국민소득의 측정

제17장 케인즈의 국민소득결정

제18장 재정정책과 금융정책

제19장 환율이론

제15장 거시경제학의 기초

I 거시경제학의 의의 및 연구대상

1. 거시경제학

① 미시경제학(micro economics)에서는 개별경제주체(소비자, 생산자)의 최적화행위(효용극대화, 이윤극대화)와 이들의 상호작용에 의해 재화 및 서비스의 가격과 거래량이 결정되는 과정에 대해서 분석하였다.

② 거시경제학(macro economics)은 개별경제주체들의 상호작용의 결과로 발생하는 국민경제의 총체적인 현상을 연구대상으로 하는 경제학의 분야이다.

> 거시경제학이란 국민소득, 물가, 고용, 실업, 경제성장, 경기변동, 환율, 국제수지 등 경제 전체적인 변수의 결정요인과 상호연관관계를 분석하는 경제학의 한 분야이다.

③ 거시경제학에서는 크게 경제성장(국민소득), 물가안정, 국제수지균형의 세 가지 당면과제를 해결하기 위해 경제 전체적인 변수의 결정요인과 상호연관관계를 분석하게 된다.

2. 미시경제학와 거시경제학의 비교

구분	미시경제학	거시경제학
분석대상	개별경제주체의 최적화행위를 분석	국민경제의 총체적인 현상을 분석
가격변수	개별재화의 가격변수(price)를 사용	경제 전체의 물가변수(prices, price level)를 사용
수량변수	개별상품의 생산량(수요량)을 분석	모든 상품의 총생산량(국민소득)을 분석
이론체계	단일화된 이론체계	학파별로 다양한 이론체계가 존재

	개별시장의 수요·공급에 의한 균형	경제전체의 총수요·총공급에 의한 균형
균형	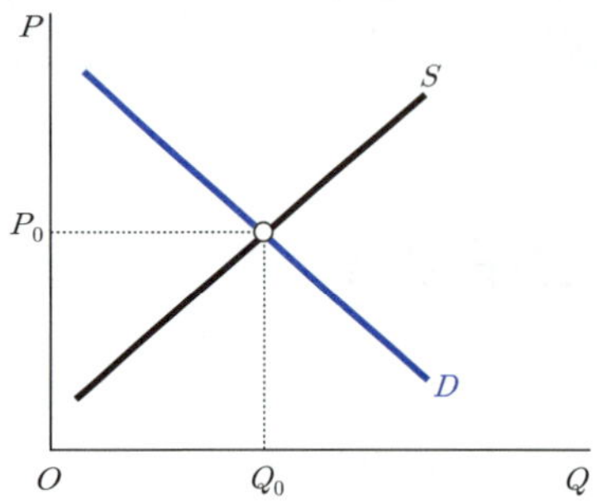	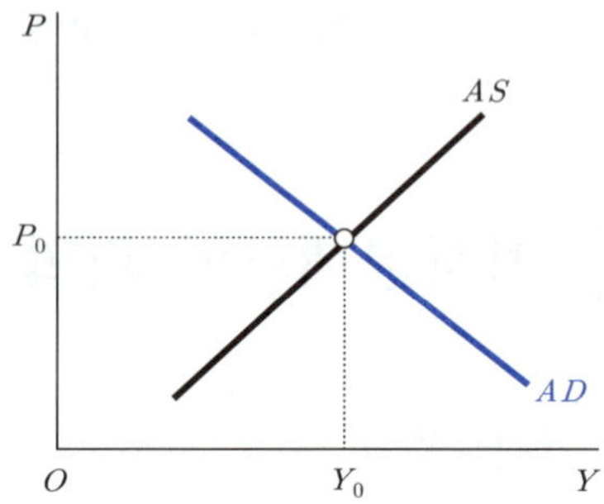
가격변동의 효과	소득효과·대체효과에 의한 가격효과 분석	경제전체의 물가변동에 따른 이자율효과, 실질자산효과, 경상수지효과에 의한 총수요 변화분석

3. 거시경제학의 주요 연구대상

(1) 경제성장

① 경제성장의 결정요인은 무엇인가?

② 국가별로 경제성장률과 국민소득의 격차가 발생하는 요인은 무엇인가?

③ 경제성장을 위한 정부의 역할은 무엇인가?

(2) 경기변동

① 경기변동의 발생원인은 무엇인가?

② 경기변동의 과정에서 관찰되는 여러 경제변수 사이의 체계적 관계가 어떤 경로를 통해 형성 및 파급되는가?

③ 경기변동을 완화하는 정부의 경제정책이 바람직한 것인가?

④ 경기변동에 대처하는 정부의 역할은 무엇인가?

(3) 실업과 인플레이션

① 실업과 인플레이션의 원인은 무엇인가?

② 실업과 인플레이션의 상호관계는 무엇인가?

③ 실업과 인플레이션의 경제적 효과는 무엇인가?

④ 물가상승률이 시기별, 국가별로 큰 차이가 나는 이유는 무엇인가?

⑤ 실업감소와 물가안정을 위한 정부의 정책은 어떤 것이 있는가?

(4) 환율과 국제수지

① 국제수지와 환율의 결정요인은 무엇인가?
② 국제수지와 환율의 상호관계는 무엇인가?
③ 환율은 물가, 이자율, 국민소득과 같은 거시경제변수와 어떤 관계를 맺고 있는가?
④ 고정환율제도나 변동환율제도와 같은 환율제도의 장·단점은 무엇인가?
⑤ 환율안정을 위한 정부의 외환시장 개입은 필요한가? 그리고 개입을 한다면 어떤 구체적인 정책을 쓸 수 있는가?

(5) 정부의 거시경제정책

① 시장경제의 자율조정기구와 정부의 시장개입 중 어떤 것이 바람직한가?
② 정부의 시장개입이 필요하다면 정부의 경제안정화정책은 어떻게 사용되어야 바람직한가?

Ⅱ 거시경제학의 발전과정

1. 거시경제학에 대한 2가지 시각

① 1930년대 이전까지는 미시와 거시의 구별 없이 경제는 미시경제학의 이론적 근간을 형성한 고전학파에 의해 사실상 주도되어 왔고 경제현상에 대한 이론적 견해의 차이가 거의 없었다고 볼 수 있다.
② 거시경제학은 1930년대 발생한 세계대공황을 해석하는 과정에서 태생한 경제학의 한 분야이다.
③ 미시경제학이 통일된 이론체계를 구축하고 있는 것과 대조적으로 거시경제현상에 대해서는 아직 여러 측면에서 학자들 간에 의견이 대립하고 있다.
④ 거시경제학을 연구하는 학자들은 경제의 자율조정기능을 신뢰하는 고전학파 계통과 정부의 적극적인 개입을 주장하는 케인즈학파 계통으로 구분되는 이분화된 이론체계를 가지게 되었다.

〈거시경제학의 2가지 시각〉

고전학파계통 : 고전학파 → 통화주의학파 → 새고전학파
케인즈학파계통 : 케인즈 → 케인즈학파 → 새케인즈학파

2. 고전학파 계통

① 고전학파는 18세기에 아담 스미스(A. Smith)가 「국부론」(1776년)을 저술하면서 시작되었으며, 1920년대까지 경제학의 주류는 경제의 자율적인 조정기능을 신뢰하는 고전학파의 접근방식이었다.

② 아담 스미스로부터 시작된 고전학파 경제학자들은 가격체계의 완전신축성을 바탕으로 자본주의 경제는 근본적으로 안정적이며, '보이지 않는 손'에 의하여 항상 완전고용이 유지될 것으로 보았다.

③ 고전학파 경제학자들은 시장의 자율적인 조정기능을 신뢰하여, 기본적으로 시장경제체제는 안정적이므로 정부의 적극적인 개입은 바람직하지 않다고 주장하였다.

④ 고전학파의 사상은 1960년대에 와서 통화주의학파(Friedmon) 이론으로 계승되었고, 1970년대 이후 새고전학파(Lucas, Barro) 이론으로 발전되고 있다.

3. 케인즈 계통

① 고전학파 이론의 설명과 달리 1930년대에 대공황이 발생하면서 각국이 심각한 경기침체를 경험하게 되자 고전학파 이론에 대한 회의적 시각이 제기되었다.

② 기존의 고전학파 이론체계로는 1930년대 세계대공황의 만성적인 경기침체와 장기간 지속되는 실업현상을 명쾌하게 설명할 수 없었다.

③ 고전학파이론에서는 합리적 경제인과 가격의 신축성이라는 기본전제 하에 모든 시장은 항상 균형을 달성하게 되므로 세계대공황과 같은 현상은 나타날 수 없기 때문이다.

④ 이에 대해 케인즈(J. M. Keynes)는 고전학파 경제학이 대공황과 같은 경제현상을 제대로 설명할 수 없다는 인식을 하게 되었고, 제한된 합리성과 가격의 경직성을 바탕으로 경제현상을 재해석하게 되었다.

⑤ 케인즈는 자신의 대표적인 저서인 「고용, 이자 및 화폐에 관한 일반이론」(1936년)을 통해 고전학파를 비판하고 거시경제학을 미시경제학과는 구별되는 별도의 학문으로 독립시켰다.

⑥ 케인즈는 고전학파의 주장과는 달리 현실의 가격체계는 경직적이므로 실업과 경기침체가 발생할 수 있으며, 시장의 불완전성으로 인해 대규모의 실업이 발생하는 경우에는 정부가 적극적으로 시장에 개입하여야 한다고 주장하였다.

⑦ 이와 같은 케인즈의 사상은 그의 이론을 체계화한 케인즈학파(Hicks, Hansen)에 의해서 본격적으로 체계화되었고, 최근에는 새케인즈학파(Mankiw)로 계승되고 있다.

※ 고전학파와 케인즈이론의 기본적 시각차이

구분	고전학파	케인즈
대표학자	A. Smith (18C, '국부론(1776)')	J. M. Keynes (1930년대, '일반이론(1936)')
시장에 대한 시각	① 시장가격기구의 기능을 신뢰 ② "보이지 않는 손" 강조 ③ 실제 $GDP(Y^*)$ = 잠재 $GDP(Y_f)$ ④ 장기적 관점 (장기모형) ⑤ 호황기를 가정(공급 < 수요)	① 시장가격기구를 불신(비관주의) ② 대공황(실업)의 원인은 유효수요의 부족 때문 ③ 실제 $GDP(Y^*)$ < 잠재 $GDP(Y_f)$ ④ 단기적 관점의 고정물가 모형(단기모형) ⑤ 불황기를 가정(공급 > 수요)
가격체계	가격체계의 완전신축성	가격체계의 경직성(고정된 물가)
AS곡선	수직의 AS 곡선	수평선의 AS 곡선
정부개입에 대한 시각	① 정부의 시장개입의 불필요성(비개입주의) ② 작은 정부와 균형재정이 바람직함	① 정부의 시장개입의 필요성(개입주의) ② 큰 정부와 적자재정도 무방함
국민소득 결정	공급이 국민소득을 결정(공급측 모형) → Say의 법칙 (공급은 스스로 수요를 창출한다) → $AS \Rightarrow Y_f$	수요가 국민소득을 결정(수요측 모형) → 유효수요의 원리 (수요는 스스로 공급을 창출한다) → $AD \Rightarrow Y$
이자율 결정	① 실물이자율 이론(대부자금설) ② 저축과 투자의 일치를 통해 이자율 결정 ③ 실질이자율(r)의 신축적인 조정에 의해 생산물시장의 균형이 달성됨(가격조정)	① 화폐이자율이론(유동성선호설) ② 화폐공급과 화폐수요의 일치를 통해 이자율이 결정됨 ③ 생산량(Y)의 조정에 의해 생산물시장의 균형이 달성됨(수량조정)
정책의 의미	① 공급능력 증대를 통한 국민소득의 증가 ② 저축이 미덕	① 유효수요 확대를 통한 국민소득의 증가 ② 소비가 미덕

시대상황	학문적 조류	
1776년~1920년대 :영국의 경기대호황으로 인플레이션이 문제가 되던 시기	〈고전학파〉 ① 총저축의 증가 → 총투자의 증가 → 총생산의 증가 → 총공급의 증가 → 총소득의 증가 → 총수요의 증가 ② 세이의 법칙(공급은 스스로 수요를 창출한다)을 수용하였다(공급측 모형). ③ 보이지 않는 손(시장가격기구)의 기능을 신뢰하였다. ④ 자유방임주의를 신봉하여 정부의 시장개입을 반대하였다.	
1930년대 : 영국·미국의 경기대공황으로 대량실업이 발생한 시기 예1930년대 초반 : 경제학의 제1위기		〈케인즈〉 ① 총수요의 증가 → 재고의 감소 → 총생산의 증가 → 총공급의 증가 → 총소득의 증가·실업의 감소 ② 세이의 법칙을 부정하고 유효수요의 원리를 통해 총수요가 총공급을 결정한다고 가정하였다(수요측 모형). ③ 가격변수의 경직성은 시장실패를 초래한다. ④ 정부의 재량적 개입을 옹호하였다.
1940년대~1970년대 초반 : 미국이 경기과열 현상과 스태그플레이션에 직면했던 시기 예1970년대 초반 : 경제학의 제2위기	〈통화주의학파〉 ① 시장경제는 자율적 조정능력을 가진다. ② 정부실패는 시장실패보다 훨씬 더 큰 문제이므로 작은 정부가 바람직하다. ③ 실업보다 인플레이션이 더 큰 문제이므로 단기에는 준칙적 금융정책을 실시하여야 한다. ④ 1970년대 초의 스태그플레이션은 정부의 재량정책과 기대인플레이션 때문에 발생하였다. ⑤ 적응적기대와 기대부가필립스곡선 ⑥ 자연실업률가설을 주장	〈케인즈학파〉 ① 시장경제는 내재적으로 불안정하다. ② 시장실패는 정부실패보다 훨씬 더 큰 문제이므로 큰 정부가 바람직하다. ③ 실업이 더 큰 문제이므로 단기에는 재량적 재정정책을 실시하여야 한다. ④ 스태그플레이션은 1970년대 초의 석유파동과 원자재파동 등 외생적 충격 때문에 발생하였다.
1970년대 중반~현재 : 미국경제가 스태그플레이션을 겪은 후 장기호황과 일시침체를 경험하고 있는 시기	〈새고전학파〉 ① 불완전정보와 미래에 대한 불확실성하에서 합리적 기대와 시장균형을 가정하였다. ② 총수요관리를 위한 예상된 재정·금융정책은 장기에는 물론이고 단기에도 국민소득증대에 무력하다(정책무력성정리). ③ 내생적 성장을 위해서 장기성장촉진정책은 바람직하다.	〈새케인즈 학파〉 ① 불완전정보와 미래에 대한 불확실성하에서 합리적 기대와 시장불균형을 가정하였다. ② 현실의 불완전 경쟁시장과 가격변수의 경직성을 고려하면 정부의 총수요관리 정책은 유효하다. ③ 정부의 시장개입은 경제상황을 파레토우위로 전환 시킬 수 있다. ④ 가격경직성을 바탕으로 정책무력성정리를 부정하였다.

Ⅲ 국민경제의 순환

1. 국민경제의 순환구조

① 가계는 노동, 자본, 토지 등의 생산요소 공급을 통해 얻은 수입 중 일부를 세금으로 납부한 다음 처분가능소득의 대부분을 재화와 서비스의 구입에 지출한다.

② 가계는 처분가능소득 중 소비지출에 사용하지 않은 부분을 금융기관에 예금하거나 주식, 채권 등을 구입하는데 사용하게 되는데 이를 민간저축이라고 한다.

③ 기업은 금융시장에서 자금을 조달하여 공장, 각종설비 등을 마련하고 생산요소시장에서 각종 생산요소를 고용하여 재화와 서비스를 생산한다.

④ 기업은 생산된 재화와 서비스를 가계·기업·정부·외국에 판매하여 얻은 수입으로 생산요소에 대해 임금, 지대, 이자, 이윤을 지불한다.

〈국민경제의 순환구조(단순경제모형)〉

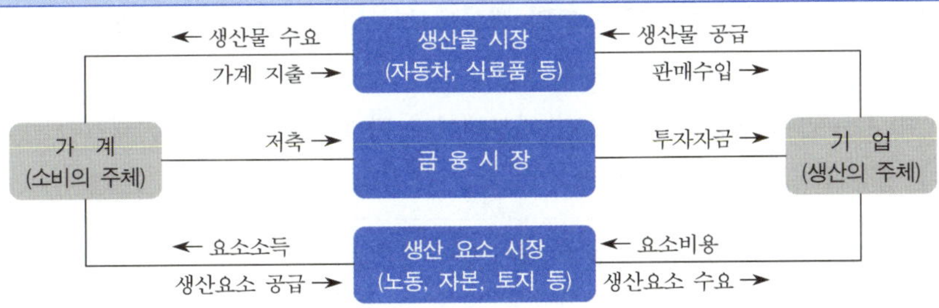

⑤ 기업의 총판매수입은 경제전체의 총생산(국민소득)인 GDP가 된다.

⑥ 정부는 가계와 기업으로부터 세금을 걷어 재원을 조달한 다음 이를 재화나 서비스 구입에 사용하게 되는데 이를 정부지출이라고 한다.

⑦ 외국도 재화의 수출입(재화시장)과 자금의 대여·차입(금융시장)을 통해 거시경제에 큰 영향을 미친다.

〈화폐의 흐름을 중심으로 본 국민경제의 순환구조(개방경제모형)〉

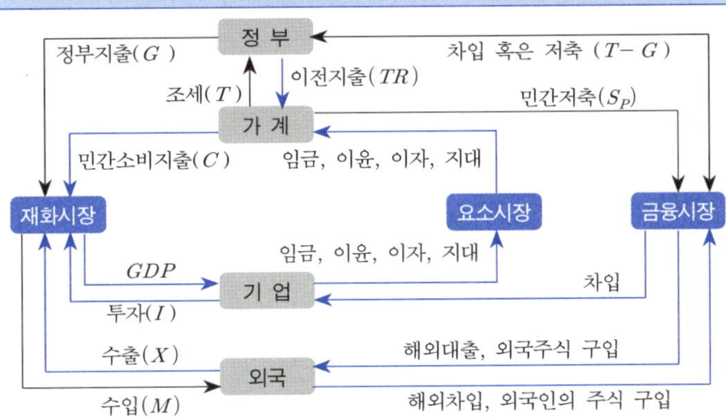

2. 주입과 누출

(1) 주입

① 가계의 소비지출 이외에 기업의 판매수입으로 귀속되는 지출인 투자지출(I), 정부소비지출(G), 수출(X)을 주입(injection)이라고 한다.

② 주입은 국민경제 순환의 규모를 증가시키는 요인이다.

(2) 누출

① 가계의 소득 중 국내에서 생산된 재화나 서비스 구입에 지출되지 않고 소득순환에서 빠져나가는 부분인 저축(S), 조세(T), 수입(M)을 누출(leakage)이라고 한다.

② 누출은 국민경제 순환의 규모를 감소시키는 요인이다.

(3) 양자의 관계

① 일반적으로 주입이 누출보다 크면 생산액보다 판매액이 더 많아 재고가 감소하므로 기업들이 생산을 증가시키게 된다.

② 반대로 주입이 누출보다 작으면 생산액보다 판매액이 더 적어서 재고가 증가하므로 기업들이 생산을 감소시키게 된다.

- 주입 > 누출 : 국민경제 순환규모 증가 → 국민소득 증가
- 주입 = 누출 : 국민경제 순환규모 불변 → 국민소득 균형
- 주입 < 누출 : 국민경제 순환규모 감소 → 국민소득 감소

※ 주입과 누출의 관계는 수량조정을 주장하는 케인즈학파의 시각이다.
가격조정을 주장하는 고전학파 이론에는 적용되지 않는다.

(4) 생산물시장의 균형 조건식

$$I + G + X = S_P + T + M$$

⇩

$$(X - M) = (S_P - I) + (T - G)$$

⇩

총저축(국민저축, S_N)	=	민간저축(S_P)	+	정부저축(S_G)
$(Y - C - G)$	=	$(Y - T - C)$	+	$(T - G)$

⇩

$$S_N = I + (X - M)$$

⇩

$$S_N > I \quad : \quad (X-M) > 0$$
$$S_N = I \quad : \quad (X-M) = 0$$
$$S_N < I \quad : \quad (X-M) < 0$$

예제 거시경제의 균형

어떤 나라의 민간부문의 소비지출과 투자지출이 각각 600과 200이며, 정부지출과 조세수입이 각각 100과 80, 수출과 수입이 각각 400과 300이다. 다음 중 옳지 않은 것은?

① 이 나라의 지출국민소득은 1,000이다.
② 이 나라의 재정수지는 20만큼 적자이다.
③ 이 나라의 민간부문의 저축은 320이다.
④ 이 나라의 민간부문과 정부부문의 저축의 합계는 340이다.
⑤ 이 나라의 경상수지는 100만큼 흑자이다.

① $GDE = C + I + G + X - M$
지출국민소득=소비+투자+정부지출+수출−수입=600+200+100+400−300=1,000
② 재정수지= $T - G$
이 나라의 재정수지=80−100=−20
③ 민간저축= $Y - T - C$
이 나라의 민간부문의 저축=소득−조세−소비=1,000−80−600=320
④ 국민총저축=민간저축+정부저축= $(Y - T - C) + (T - G)$
이 나라의 민간부문과 정부부문의 저축의 합계=320+(−20)=300
⑤ 경상수지= $X - M$
이 나라의 경상수지=400−300=100

정답 ❹

예제 국민소득계정의 항등식

어떤 경제의 국민소득계정의 항등식을 살펴보았다. 다음 중 옳은 것은?

① 재정적자와 경상수지적자는 반드시 같이 나타난다.
② 민간 저축이 투자를 충당하고도 남는 경우에는 정부재정이 적자이면 경상수지는 반드시 흑자이다.
③ 민간 저축이 투자를 충당하고도 남는 경우에는 정부재정이 흑자이면 경상수지는 반드시 흑자이다.
④ 민간 저축이 부족하여 투자를 충당하지 못하는 경우에는 정부재정이 적자이면 경상수지는 반드시 흑자이다.
⑤ 민간 저축이 부족하여 투자를 충당하지 못하는 경우에는 정부재정이 흑자이면 경상수지는 반드시 적자이다.

생산물시장의 균형조건 : $(I+G+X)=(S+T+M)$ 또는 $(X-M)=(S-I)+(T-G)$

①, ② $(T-G)<0$이고, $(S-I)>0$인 경우, $(X-M)>0$일수도 있고 $(X-M)<0$ 일수도 있다.

③ $(S-I)>0$이고, $(T-G)>0$이면 반드시 $(X-M)>0$이 성립한다.

④ $(S-I)<0$이고, $(T-G)<0$이면 반드시 $(X-M)<0$ 이 성립한다.

⑤ $(S-I)<0$ 이고, $(T-G)>0$이면 $(X-M)>0$일수도 있고 $(X-M)<0$일수도 있다.

정답 ❸

3. 저축과 투자

(1) 저축

① 저축(savings)이란 소득 중에서 현재의 소비에 사용되지 않은 부분을 말하는데, 경제전체의 총저축(National Savings ; S_N)은 민간저축과 정부저축의 합으로 구성된다.

② 민간저축(Private Savings ; S_P)은 민간의 처분가능소득($Y_d = Y-T$)중에서 현재의 소비에 사용되지 않은 부분($S_P = Y-T-C$)을 말한다.

③ 정부저축(Government Savings ; S_G)은 정부의 조세수입 중에서 현재의 지출에 사용되지 않은 부분($S_G = T-G$)을 말한다.

$$\text{총저축(국민저축, } S_N) = \text{민간저축}(S_P) + \text{정부저축}(S_G)$$
$$(Y-C-G) = (Y-T-C) + (T-G)$$

(2) 투자

① 국민소득계정상의 투자는 한 해 동안 생산된 최종재 중 기업이 구입하는 자본재(capital goods)의 총 시장가치를 뜻한다.

② 경제학에서 의미하는 투자(I)는 일정기간동안 경제전체의 모든 실물자본(K)의 증가분(ΔK)을 의미한다.

※ 투자는 실물자본의 증가분을 의미하므로 주식투자, 채권투자, 부동산투자는 단지 이미 존재하고 있는 자산의 소유권 이전에 불과하고 직접적으로 생산활동이 수반되지 않으므로 투자라고 할 수 없다.

③ 투자의 분류기준은 다양하지만 일반적으로 다음과 같이 3가지로 구분한다.

(a) 설비투자 : 기계설비, 운수설비 등

(b) 건설투자 : 공장, 주택, 철도, 도로, 항만 등의 건설

(c) 재고투자 : 재고의 증감

(3) 생산물시장의 균형 (저축=투자)

① 경상수지가 균형($X = M$)인 상태에서 경제전체의 총저축과 총투자가 일치하면 주입과 누출도 일치하므로 생산물시장도 동시에 균형을 달성하게 된다.

$$I = S_N$$

⇩

$$I = S_P + (T - G)$$

⇩

$$\underbrace{I^P + G}_{\text{주입}} = \underbrace{S_P + T}_{\text{누출}}$$

Ⅳ 고전학파의 실질이자율 결정 (대부자금설)

1. 대부자금설과 대부자금시장

① 고전학파는 실질이자율이 대부자금시장에서 대부자금의 공급인 저축과 대부자금의 수요인 투자가 만나서 결정된다고 보았는데 이를 대부자금설(loanable fund theory)이라고 한다.

② 대부자금시장(loanable fund market)이란 저축자와 차입자간에 이자를 매개로 하여 자금이 거래되는 시장을 말한다.

2. 저축(대부자금의 공급)

〈총저축(대부자금의 공급)〉

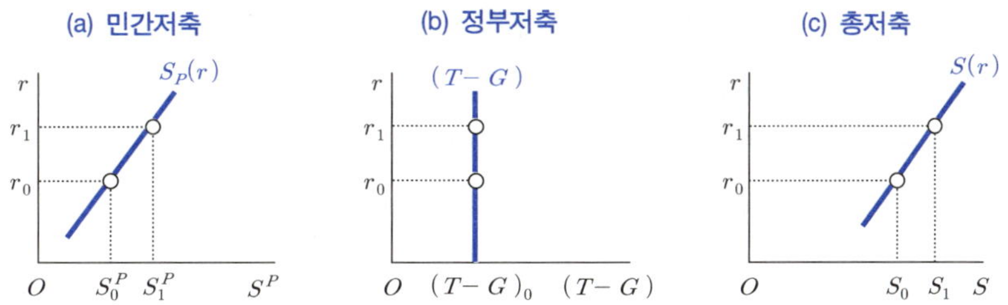

(1) 민간저축(S_P)

① 경제전체의 총저축(S_N)은 민간저축(S_P)과 정부저축(S_G)의 합으로 구성된다.

② 일반적으로 실질이자율이 상승하면 현재소비의 기회비용이 증가하므로 가계는 현재소비를 줄이고 저축을 증가시킨다.

③ 따라서 민간저축은 이자율과 비례하고 민간저축곡선은 우상향한다.

$$S_P = \overset{\oplus}{f}(r)$$

(2) 정부저축(S_G)

① 정부저축($S_G = T - G$)은 정부의 조세수입과 정부지출의 차이에 의해서만 결정될 뿐, 이자율의 영향을 받지 않는다.

② 따라서 이자율이 변해도 정부저축은 불변이며 정부저축곡선은 수직선이다.

(3) 총저축(S_N)

① 총저축은 민간저축과 정부저축의 합으로 구성되는데 정부저축은 이자율과 무관하나 민간저축은 이자율의 증가함수이므로 총저축도 이자율의 증가함수이다.

$$S_N = \overset{\oplus}{f}(r)$$

② 따라서 총저축곡선(대부자금의 공급곡선)도 우상향의 형태이다.

3. 투자(대부자금의 수요)

① 기업은 가장 대표적인 대부자금의 차입자이며, 기업의 자금차입은 대부분 투자를 위한 것이므로 투자는 대부자금의 수요에 해당된다.

② 실질이자율이 상승하면 기업은 자금차입의 기회비용이 증가하므로 투자를 감소시킨다.

③ 따라서 투자는 실질이자율과 반비례 관계에 있다.

$$I^P = \overset{\ominus}{I}(r)$$

④ 그 결과 투자곡선(대부자금의 수요곡선)은 우하향의 형태이다.

〈투자(대부자금의 수요)〉

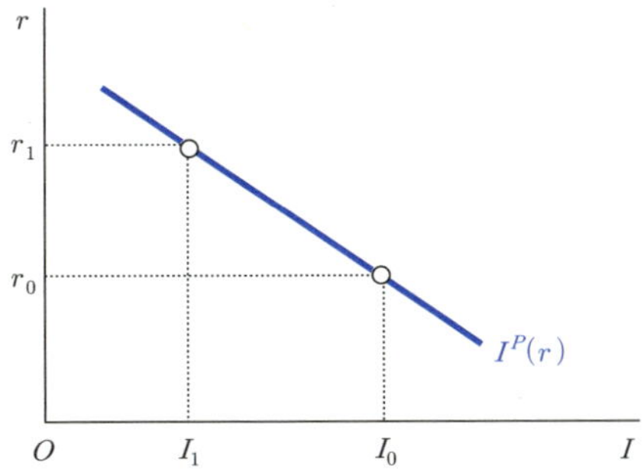

4. 대부자금시장의 균형(실질이자율 결정)

① 대부자금시장의 균형은 대부자금의 수요(투자)와 공급(저축)이 일치하는 E점에서 달성되며, 이 때 대부자금시장의 균형실질이자율이 r_0로 결정된다.

※ 고전학파에 따르면 실질이자율은 대부자금설을 통해 실물시장에서 결정되고, 명목이자율은 피셔효과를 통해 화폐시장에서 결정되는 인플레이션율에 의해 결정되는 2단계 구조를 가진다.

〈대부자금시장의 균형〉

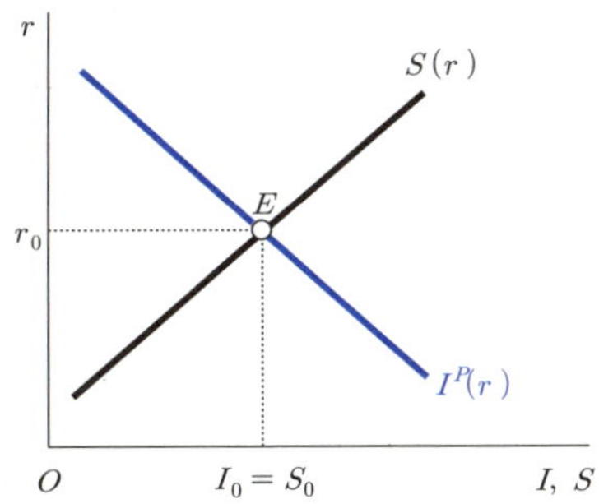

② 이와 같이 고전학파는 대부자금시장에서 저축과 투자의 일치에 의해 실질이자율이 결정되는 것으로 주장하는데 이를 대부자금설(loanable fund theory)이라고 한다.

$$\overset{\ominus}{I^P(r)} = \overset{\oplus}{S_N(r)}$$

③ 고전학파에 따르면 모든 가격체계가 완전신축적이므로 대부자금시장도 이자율의 신축적인 조정을 통해 항상 균형에 도달하게 된다.

제16장 국민소득의 측정

I 국내총생산(GDP)의 개념과 측정

1. 국내총생산(GDP)

(1) 국내총생산(GDP)

① 국내총생산(Gross Domestic Product ; GDP)은 모든 재화와 서비스의 생산량을 합하여 경제전체 생산량의 크기를 나타내는 것으로서 다음과 같이 정의된다.

> 국내총생산(GDP)이란 일정기간동안 한 나라의 국경 안에서 생산된 모든 최종생산물의 시장가치의 합이다.

② 일정기간 동안 국내에서 생산되는 재화와 서비스의 크기인 국내총생산(GDP)은 한 국가의 국민소득을 측정하는 가장 일반적인 지표이다.

(2) 국민총생산(Gross National Product : GNP)과의 비교

① 국내총생산(GDP)이란 일정 기간에 한 나라의 국경 안에서 생산되어 최종적인 용도로 사용되는 재화와 서비스의 시장가치를 모두 더한 것을 말한다.

② 반면에 국민총생산(GNP)이란 일정 기간에 한 나라의 국민에 의해 생산되어 최종적인 용도로 사용되는 재화와 서비스의 시장가치를 모두 더한 것을 말한다.

③ 국내총생산(GDP)는 '속지주의'의 개념이고, 국민총생산(GNP)은 '속인주의'의 개념이다.

④ 국내총생산(GDP)은 국경을 기준으로 내국인에 의하여 생산된 것이든 외국인에 의하여 생산된 것이든 한 국가 안에서 생산된 것은 모두 포함하지만, 국민총생산(GNP)은 국민을 기준으로 우리나라 국민이 국내에서 생산한 것이든 외국에서 생산한 것이든 모두 포함한다.

⑤ 따라서 국민총생산(GNP)은 국내총생산(GDP)에 국외순수취요소소득을 더한 값과 같다.

$$\begin{aligned} GNP &= GDP + \text{국외수취요소소득} - \text{국외지급요소소득} \\ &= GDP + \text{국외순수취요소소득} \end{aligned}$$

(3) 국내총생산(GDP) 개념의 특징

개 념	특 징
일정기간 동안	① 유량(flow)의 개념이다. ② 통상 분기(3개월, quarterly), 반년, 1년을 단위로 한국은행에서 측정한다.
한 나라 국경 안에서	① 생산의 주체가 누구인지에 관계없이 한 나라의 국경 안에서 생산된 재화와 서비스가 측정의 대상이 된다(속지주의). ② 우리나라에 있는 외국기업에 의해 생산된 상품의 가치는 국내총생산(GDP)에 포함되지만, 우리나라 국민이 외국에서 생산한 상품의 가치는 국내총생산(GDP)에 포함되지 않는다.
생산된	① 지난해에 생산된 중고자동차나 주택의 매매는 올해 국내총생산(GDP)에 포함되지 않고, 해당연도에 생산된 상품의 가치만 국내총생산(GDP)에 포함된다. ② 증권이나 채권과 같은 금융자산의 매매차익은 생산활동에 의한 소득이 아니고 단지 소유권이전에 불과하므로 국내총생산(GDP)에 포함되지 않는다.
모든 최종생산물의	① 최종재만이 포함되고, 중간재는 포함되지 않는다. ② 중간재가치를 국내총생산(GDP)에 포함하면 상품가치가 중복계산되기 때문이다. ③ 다만 중간재라 할지라도 그해에 판매되지 않은 중간재(재고)는 일단 최종재로 간주하여 국내총생산(GDP)에 포함되고, 그 중간재가 다음 해에 판매되면 다음 해에는 중간재의 가치를 제외한 부가가치만이 국내총생산(GDP)에 포함된다. ④ 생산물에는 유형의 재화뿐 아니라 무형의 서비스(교육, 의료, 법률, 수송, 운송, 오락, 미용, 각종 문화 서비스 등)도 포함된다.
시장가치	① 원칙적으로 시장에서 거래되는 생산물가치만이 국내총생산(GDP)에 포함된다. ② 예외적으로 시장에서 거래되지만, 국내총생산(GDP)에 포함되지 않는 항목도 있다.(지하경제, 이전거래, 자본이득 등) ③ 반면, 시장에서 거래되지 않음에도 국내총생산(GDP)에 포함되는 항목도 있다.(농가의 자가소비농산물, 귀속임대료, 정부공공서비스 등)

2. GDP의 여러 가지 구분

(1) 명목GDP와 실질GDP

① 명목GDP는 물가변동의 효과를 고려하지 않고 단지 화폐액만으로 비교한 국민소득 개념이다.

② 반면 실질GDP는 물가변동의 효과를 제거하여 재화의 수량으로 비교한 국민소득 개념이다.

명목GDP	실질GDP
① 그 해의 생산물에 당해연도 가격을 곱하여 계산한 GDP ② 명목 $GDP = P_t \times Q_t$ ③ 물가가 상승하면 명목GDP는 증가함 ④ 국가간 경제규모를 비교하거나 경제구조 변동을 분석할 때 사용	① 그 해의 생산물에 기준연도 가격을 곱하여 계산한 GDP ② 실질 $GDP = P_0 \times Q_t$ ③ 실질GDP는 물가의 영향을 받지 않음 ④ 경제성장, 경기변동과 같은 실질적인 생산활동 동향을 분석할 때 사용

(2) GDP deflator

① GDP디플레이터(GDP deflator)란 명목GDP를 실질GDP로 나눈 값으로 정의되는데 GDP통계로부터 사후적으로 산출되는 일종의 물가지수(파셰방식)이다.

$$GDP\text{디플레이터} = \frac{\text{명목}\,GDP}{\text{실질}\,GDP} \times 100$$

② 명목GDP를 실질GDP로 혹은 실질GDP를 명목GDP로 환산할 때 사용된다.

(3) 실제GDP와 잠재GDP

① 실제GDP(actual GDP)는 한 나라의 국경안에서 실제로 생산된 모든 최종생산물의 시장가치를 의미한다.

② 반면에 잠재GDP(potential GDP)는 한 나라에 존재하는 노동과 자본 등의 모든 생산요소가 정상적으로 고용될 경우 달성할 수 있는 최대의 GDP를 의미한다.

③ 실제GDP와 잠재GDP의 차이를 GDP갭이라고 하며 다음과 같이 정의한다.

$$GDP\text{갭} = \text{잠재}\,GDP - \text{실제}\,GDP$$

④ 실제GDP가 잠재GDP에 미달(GDP갭〉0)하면 생산요소가 정상적으로 고용되지 못한 상태이므로 경기가 침체한 상태이고, 실제GDP가 잠재GDP를 초과(GDP갭〈0)하면 생산요소가 너무 과잉 고용되고 있으므로 경기가 과열된 상태라고 판단할 수 있다.

- 실제 GDP가 잠재 GDP를 초과하는 경우 → 경기과열($Y_f < Y^*$)
- 실제 GDP가 잠재 GDP에 못미치는 경우 → 경기침체($Y_f > Y^*$)

⑤ 실제GDP(Y)는 균형국민소득(Y^*)과 같은 개념이다.

⑥ 잠재GDP와 완전고용산출량 및 자연산출량은 동일한 개념으로 사용된다.

- 잠재GDP(Y_p) : 모든 생산요소가 정상적으로 고용되었을 때의 GDP
- 완전고용산출량(Y_f) : 노동이 완전고용된 상태에서의 산출량
- 자연산출량(Y_N) : 자연실업률하에서의 산출량

참고 여러 가지 국민소득 개념 간의 관계

명 칭	관 계 식
국민총처분가능소득($GNDI$)	$GNDI = GNI +$(국외수취경상이전－국외지급경상이전) $= GNI +$국외순수취경상이전
국내순생산(NDP)	$NDP = GDP -$고정자본소모
국민순소득(NNI)	$NNI = GNI -$고정자본소모
국민처분가능소득(NDI)	$NDI = GNDI -$고정자본소모
국민소득(NI)	$NI = NNI -$(간접세－對 기업보조금) $= NNI -$순간접세

예제

다음 중 *GDP* 개념과 관련하여 옳지 않은 설명은?

A. *GDP*는 일정기간 동안 측정되므로 유량변수이다.
B. *GNI*는 교역조건변화에 따른 실질무역손익을 반영한 소득지표이다.
C. 가계의 새로 건축된 주택의 구입은 소비가 아닌 투자에 해당한다.
D. 자가주택으로부터 발생하는 귀속임대료는 비록 시장에서 거래되지는 않지만 *GDP*에 포함된다.
E. 2008년에 생산되었으나 연말까지 팔리지 않은 물건이 2009년에 팔렸다면 그 재화의 가치는 2008년의 *GDP*에는 포함되지 않는다.
F. 기존 주식의 매매차익으로 1억을 벌었다면 이는 *GDP*에 포함된다.
G. 구입한 즉석복권이 10만원에 당첨되었다면 이는 *GDP*에 포함되지만, 부모님으로부터 10억을 상속받았더라도 *GDP*와는 무관하다.

A. *GDP* 란 일정기간동안 한나라 국경 안에서 생산된 최종생산물의 시장가치의 합으로 정의된다. *GDP*는 일반적으로 1년을 기준으로 측정되는 유량변수이다.
B. $GNI = GDP +$교역조건변화에 따른 실질무역손익+국외순수취요소소득
C. 가계의 새로 건축된 주택의 구입은 건설투자에 해당한다.
D. 자가주택으로 부터 발생하는 귀속임대료는 비록 시장에서 거래되지는 않지만 주택서비스의 부가가치가 발생하였으므로 *GDP* 에 포함된다.
E. 재고의 가치도 그해의 *GDP*에 포함되므로 2008년에 생산된 재고의 가치는 2008년의 *GDP*에 포함된다.
F. 기존 주식의 매매차익은 생산과 무관하므로 *GDP*에 포함되지 않는다.
G. 복권당첨, 상속, 물물교환, 취미, 여가 등은 생산과 무관하므로 *GDP*에 포함되지 않는다.

옳지 않은 것 – E, F, G

예제

우유와 빵만을 생산하는 경제에서 두 재화의 생산량과 가격이 다음 표와 같다. 2020년이 기준연도일 때 2021년의 실질 GDP와 물가상승률은? (단, 물가상승률은 GDP 디플레이터를 이용하여 구함)

연도	우유 가격(원)	우유 생산량	빵 가격(원)	빵 생산량
2020	1	100	2	50
2021	2	200	2	100

2021년의 명목GDP$=(2\times200)+(2\times100)=600$이고, 2021년의 실질GDP$=(1\times200)+(2\times100)=400$이므로 2021년의 GDP디플레이터=150($=\frac{600}{400}\times100$)이다. GDP디플레이터가 150이므로 물가상승률은 50%이다.

제17장 케인즈의 국민소득결정

I 개요

1. 케인즈 이론의 배경

① 고전학파는 "보이지 않는 손"의 효율적인 작동으로 인해 경제는 항상 완전고용국민소득을 달성할 수 있다고 믿었다.

② 그러나 1930년대 세계대공황의 발생으로 자본주의 경제체제는 안정적이지 못하며, 고전학파의 주장은 현실과 맞지 않는다는 사실이 드러났다.

③ 대공황 기간 동안 국민소득이 완전고용국민소득수준 이하로 떨어진 상태가 지속되었고, 지속적으로 실업률이 높은 수준으로 유지되었는데 이와 같은 장기간의 경기침체는 고전학파 이론으로는 설명이 불가능하기 때문이다.

④ 이러한 시대적 배경 하에서 케인즈(J. M. Keynes)가 1936년 발간한 '고용, 이자 및 화폐에 관한 일반이론(The General Theory of Employment, Interest and Money)'은 1930년대 대공황을 극복하기 위해 등장한 이론으로서 거시경제학을 태동시키는 계기가 되었다.

⑤ 케인즈는 만성적인 경기침체와 실업의 원인을 총수요의 부족이라고 보고, 이를 해결하기 위해서는 정부가 재량적인 재정정책을 통해 총수요팽창정책을 써야 한다고 주장하였다.

2. 경제에 대한 케인즈학파의 시각

① 케인즈는 경제의 자율적인 조정기능을 불신하고 시장에 대한 비관주의적 시각을 가졌다.

② 정부의 시장개입을 통해 시장실패를 해결하고 시장경제의 효율성을 개선시킬 수 있다고 믿고 정부의 경제개입과 정부정책 실시의 필요성을 강조하였다.

③ 1930년대의 불황기를 배경으로 한 케인즈이론에서는 경제전체의 공급은 충분하나 수요(유효수요)가 부족한 상황을 가정하므로 총수요(총지출)의 크기가 국민소득을 일방적으로 결정한다고 주장한다.

④ 따라서 케인즈의 국민소득 결정이론은 철저히 수요만을 고려하는 수요측 모형이며 단기적 관점에서 가격체계의 경직성을 가정하는 단기모형이다.

※ 불황기에 가격체계가 경직적이고 충분한 정도의 유휴설비가 존재하는 경우 경제전체 생산액(GDP)은 경제전체 생산물에 대한 수요(=총지출)에 의해 결정된다.

⑤ 케인즈는 경제의 공급능력은 충분하나 수요가 부족한 불황기를 전제로 가격체계는 경직적이며 시장은 불완전경쟁시장이라는 현실적인 가정을 바탕으로 이론을 전개하고 있다.

Ⅱ 케인즈 이론의 기본가정

1. 유효수요의 원리

① 유효수요(effective demand)의 원리란 '수요은 스스로 공급을 창출한다'라는 명제이다.

※ 유효수요이론은 세이의 법칙을 부정하는 것이다.

② 경기불황기를 배경으로 하는 케인즈 이론에서는 공급은 충분하나 수요가 부족한 상황을 가정하므로 수요만 증가하면 공급은 얼마든지 뒤따라 증가할 수 있으므로 국민소득도 증가하게 된다.

③ 즉, 유효수요의 원리에 따르면 한 나라의 국민소득과 생산수준은 오직 수요만이 결정하게 된다. (수요측 모형)

2. 가격체계의 경직성

① 시장의 가격변수가 여러 제도적 요인에 의해 신축적이지 않고 경직적이라는 가격변수의 경직성(rigidity)을 가정하였다.

② 가격체계가 경직적이면 시장에서 초과공급이나 초과수요는 쉽게 해소되지 않으므로 시장은 청산되지 않고 왈라스균형도 성립하지 않는다.

3. 불완전경쟁시장

① 시장은 불완전경쟁시장이다.

② 특히 노동시장에서 노동자는 물가에 대한 불완전정보를 갖고 있기 때문에 노동공급은 명목임금(w)의 함수이고, 물가가 상승해도 명목임금의 인상을 요구하지 않는다.

③ 노동자가 물가에 대한 불완전정보를 갖고 있기 때문에 물가가 상승하여도 물가상승을 인식하지 못하는 것을 '화폐의 환상(money illusion)'이라 부른다.

4. 노동시장

① 노동수요는 실질임금의 함수이나, 노동공급은 명목임금의 함수이다.

② 물가가 상승해도 노동자들은 명목임금의 인상을 요구하지 않는다.

③ 따라서 물가가 상승하면 실질임금이 하락하므로 기업의 노동수요는 증가하고 고용량도 증가한다.

④ 고용량이 증가하면 산출량도 증가하므로 결국 물가상승은 국민소득을 증가시킨다.

⑤ 물가와 산출량이 비례관계를 가지므로 총공급곡선은 수직이 아니라 수평에 가까운 우상향의 형태가 된다.

5. 케인즈 국민소득결정의 기본원리

① 먼저 경제전체의 총수요($AD=C+I+G+X-M$)가 결정되면 유효수요의 원리에 따라 생산량이 결정되고 총공급이 총수요와 일치하게 된다.

② 경제전체의 총공급과 산출량이 결정되면 파생수요의 원리에 따라 노동시장의 노동수요가 결정되고 그 결과 노동고용량과 실업이 결정된다.

③ 국민소득(Y)은 오직 수요측 요인(AD)에 의해서만 결정된다(유효수요의 원리).

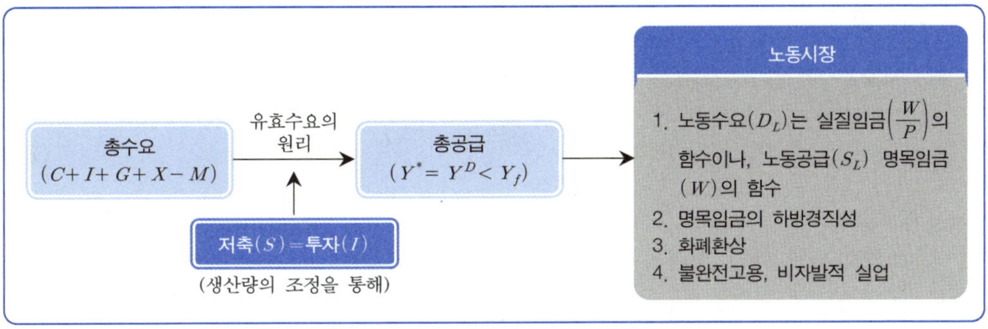

Ⅲ 총지출(유효수요)

1. 총지출(유효수요)

① 총지출(Aggregate Expenditure : AE)이란 경제 전체의 재화와 서비스에 대한 지출을 의미한다.

② 총지출(유효수요)은 가계의 소비지출(C), 기업의 계획된 투자지출(I^P), 정부지출(G), 그리고 순수출(X−M)의 합으로 구성된다.

$$AE=C+I^P+G+(X-M)$$

2. 소비지출

(1) 소비함수

① 소비지출(consumption spending)이란 일정기간 동안 국내에서 생산된 최종생산물에 대한 가계의 지출을 의미한다.

② 일반적으로 소비지출은 처분가능소득에 의해 결정되므로 소비함수는 다음과 같이 나타낼 수 있다.

$$C=C_0+c(Y-T) \text{ 혹은 } C=C_0+cY_d$$
$$(C_0>0,\ 0<c<1)$$

③ C_0는 소득 이외의 다른 요인에 의해 결정되는 소비를 나타내는데, 이를 기초소비라고 한다.

④ c는 처분가능소득이 1단위 증가할 때 소비가 증가하는 비율로 한계소비성향(marginal propensity to consume ; MPC)이라고 한다.

$$MPC = \frac{\Delta C}{\Delta Y_d}$$

(2) 저축함수

① 저축은 처분가능소득 중 소비되지 않은 부분이므로 다음과 같이 나타낼 수 있다.

$$\begin{aligned} S &= Y - T - C \\ &= Y_d - (C_0 + cY_d) \\ &= -C_0 + (1-c)Y_d \end{aligned}$$

② 소득이 0일 때의 소비가 C_0이므로 저축이 $-C_0$이고, 수지분기점에서는 처분가능소득과 소비가 동일하므로 저축의 크기가 0이다.

③ $(1-c)$는 처분가능소득이 1단위 증가할 때 저축의 증가분을 나타내는데, 이를 한계저축성향(marginal propensity to save)이라고 한다.

$$MPS = \frac{\Delta S}{\Delta Y_d}$$

3. 계획된 투자(사전적 투자)

① 투자란 일정기간 동안 국내에서 새로이 생산된 최종생산물에 대한 기업의 지출액을 의미한다.

② 계획된 투자는 '사전적 투자' 혹은 '투자수요'라고도 한다.

③ 계획된 투자(I^P)에는 기업의 설비 및 기계 구입금액과 신축주택구입금액 및 의도된 재고변화만 포함되며, 의도하지 않은 재고변화는 포함하지 않는다.

④ 계획된 투자(사전적 투자)의 크기는 소득과 관계없이 고정된 값으로 주어져 있는 것으로 가정하면, 투자함수는 다음과 같이 나타낼 수 있다.

$$I^P = I_0$$

4. 정부지출

① 정부지출은 정부기관에 의해 국내에서 생산된 재화와 서비스 구입금액을 의미한다.

② 정부지출은 정부의 예산에 의해 결정되므로 정부지출의 크기도 국민소득과 관계없이 주어진 것으로 가정하자.

$$G = G_0$$

5. 순수출

① 순수출(net export)은 수출액에서 수입액을 차감한 것을 말하는데, 순수출은 국민소득, 물가, 환율 등 매우 다양한 요인의 영향을 받는다.

$$\text{순수출} = \text{수출}(X) - \text{수입}(M)$$

② 수출은 해외국민의 소비성향에 따라 결정되므로 외생변수로 가정해서 다음과 같이 나타낼 수 있다.

$$X = X_0$$

③ 수입은 자국의 경제상황에 의해 결정되는 내생변수이고 기초수입(M_0)과 소득에 의해 결정되는 부분(mY)으로 나누어진다.

$$M = M_0 + mY$$

④ 총지출의 다른 구성요소들과 달리 순수출은 그 값이 (−)가 될 수도 있다.

Ⅳ 케인즈의 승수모형

1. 승수

① 승수(multiplier)란 독립지출이 변화할 때 균형국민소득이 얼마나 변화하는지를 나타내는 척도이다.

$$\text{승수} = \frac{\text{균형국민소득 증가분}}{\text{독립지출 증가분}}$$

② 예를 들어 정부지출승수가 5인 경우, 정부지출을 10만큼 증가시키면 국민소득은 50만큼 증가한다.

2. 총지출(유효수요)의 구성

$AE = C + I + G + X - M$

$C = C_0 + c(Y - T)$ (C_0 : 기초소비, c : 한계소비성향(MPC), $(Y - T)$: 가처분소득)

$I^P = I_0$ (I_0 : 독립투자) (케인즈단순모형에서는 유발투자(iY)를 고려하지 않음)

$G = G_0$

$X = X_0$

$M = M_0 + mY$ (m : 한계수입성향)

$T = T_0 + tY$ (T_0 : 정액세, tY : 비례세, t : 세율)

3. 승수의 도출

구 분	내 용	
균형국민소득식	$Y = C + I + G + X - M$ 으로부터 $Y = \frac{1}{1 - c(1-t) + m}(C_0 - cT_0 + I_0 + G_0 + X_0 - M_0)$	
소비승수	$\frac{1}{1 - c(1-t) + m}$	
투자승수		
정부지출승수		
수출승수		
조세승수	$\frac{-c}{1 - c(1-t) + m}$	
수입승수	$\frac{-1}{1 - c(1-t) + m}$	
균형재정승수	단순승수의 경우	$\frac{1-c}{1-c} = 1$
	일반적인 승수의 경우	$0 < \frac{1-c}{1 - c(1-t) + m}$

4. 각종 승수의 비교

	폐쇄경제		개방경제	
	정액세	비례세	정액세	비례세
투자승수	$\frac{1}{1-c}$	$\frac{1}{1-c(1-t)}$	$\frac{1}{1-c+m}$	$\frac{1}{1-c(1-t)+m}$
정부지출승수	$\frac{1}{1-c}$	$\frac{1}{1-c(1-t)}$	$\frac{1}{1-c+m}$	$\frac{1}{1-c(1-t)+m}$
조세승수	$\frac{-c}{1-c}$	$\frac{-c}{1-c(1-t)}$	$\frac{-c}{1-c+m}$	$\frac{-c}{1-c(1-t)+m}$
이전지출승수	$\frac{c}{1-c}$	$\frac{c}{1-c(1-t)}$	$\frac{c}{1-c+m}$	$\frac{c}{1-c(1-t)+m}$
균형재정승수	$\frac{1-c}{1-c}=1$	$\frac{1-c}{1-c(1-t)}<1$	$\frac{1-c}{1-c+m}<1$	$\frac{1-c}{1-c(1-t)+m}<1$
수출승수	$\frac{1}{1-c}$	$\frac{1}{1-c(1-t)}$	$\frac{1}{1-c+m}$	$\frac{1}{1-c(1-t)+m}$
수입승수	$\frac{-1}{1-c}$	$\frac{-1}{1-c(1-t)}$	$\frac{-1}{1-c+m}$	$\frac{-1}{1-c(1-t)+m}$

5. 승수 상호 간의 관계

① 소비승수, 투자승수, 정부지출승수, 수출승수는 그 값이 항상 동일하다.

② 조세승수와 이전지출승수는 부호는 다르고 절대값은 동일하다.

③ 수출승수와 수입승수는 부호는 다르고 절대값은 동일하다.

예 제 **승수모형**

우리나라의 거시경제모형이 다음과 같을 때, 이와 관련된 설명 중 옳은 것을 모두 고르면? (여기에서 Y, C, I, G, X, M, Y_d, T는 각각 소득, 소비, 투자, 정부지출, 수출, 수입, 가처분소득, 조세이고, 변수에 아래 첨자 0이 붙여진 것은 외생변수임을 의미한다)

$Y = C + I + G + (X - M)$	$I = I_0$
$C = C_0 + 0.7Y_d$	$G = G_0$
$Y_d = Y - T$	$X = X_0$
$T = T_0 + 0.2Y$	$M = M_0 + 0.06Y$

가. 수입은 국민소득의 증가함수이고, 한계소비성향이 증가하면 균형국민소득도 증가한다.
나. 균형재정승수는 1이다.
다. 정부지출승수와 투자승수는 2이고, 조세승수는 -1.4이다.
라. 해외부문이 존재하지 않을 때 투자승수는 커진다.

$Y = C + I + G + (X - M) = C_0 + 0.7(Y - T_0 - 0.2Y) + I_0 + G_0 + (X_0 - M_0 - 0.06Y)$로부터

$Y = \frac{1}{1 - 0.7(1 - 0.2) + 0.06}(C_0 - 0.7T_0 + I_0 + G_0 + X_0 - M_0)$이다.

$\frac{1}{1 - 0.7(1 - 0.2) + 0.06} = \frac{1}{0.5} = 2$이므로 정부지출승수(투자승수)는 2이고

$\frac{-0.7}{1 - 0.7(1 - 0.2) + 0.06} = \frac{-0.7}{0.5} = -1.4$이므로 조세승수는 -1.4이며

균형재정승수는 $\frac{1 - 0.7}{1 - 0.7(1 - 0.2) + 0.06} = \frac{1 - 0.7}{0.5} = \frac{0.3}{0.5} = 0.6$이다.

$M = M_0 + 0.06Y$이므로 국민소득(Y)이 증가하면 수입(M)도 증가한다. 따라서 수입은 국민소득의 증가함수이다. 한계소비성향이 증가하면 승수가 커지므로 균형국민소득도 증가한다. 해외부문이 존재하지 않을 때 투자승수는 $\frac{1}{1 - 0.7(1 - 0.2)} = \frac{1}{0.44} \doteq 2.27$로 해외부문이 존재할 때보다 커진다.

정답 : 가, 다, 라

Ⅴ *IS*－*LM* 모형

1. *IS*곡선

구분	내용	
개념	생산물시장의 균형을 나타내는 이자율과 국민소득의 조합	
일반적 형태 및 상하방의 의미	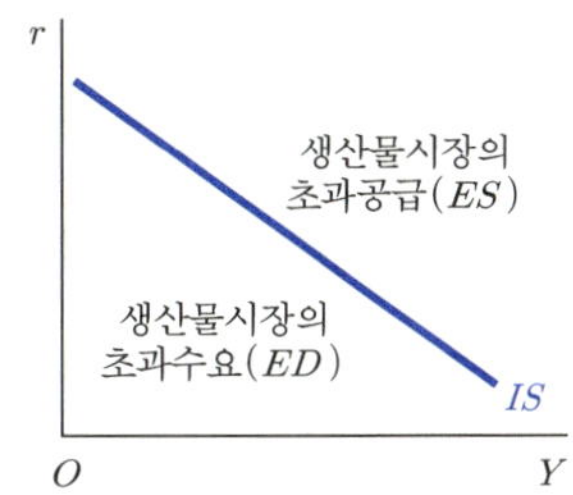	
함수식	$r=-\frac{1-c(1-t)-i+m}{b}\cdot Y+\frac{C_0-cT_0+I_0+G_0+X_0-M_0}{b}$	
기울기 증가요인	① b (투자의 이자율탄력도)가 작을수록 ② c (한계소비성향)가 작을수록 ③ i (유발투자계수)가 작을수록 ④ t (세율)가 클수록 ⑤ m (한계수입성향)이 클수록 ⑥ 재정의 자동안정화장치가 잘 작동할수록	
우측 이동요인	• C, I, G, X의 증가 • S, T, M의 감소	
케인즈학파의 IS곡선	① 수직에 가까운 IS곡선 ② 투자의 이자율탄력성은 매우 작음 ③ 재정정책은 효과적임	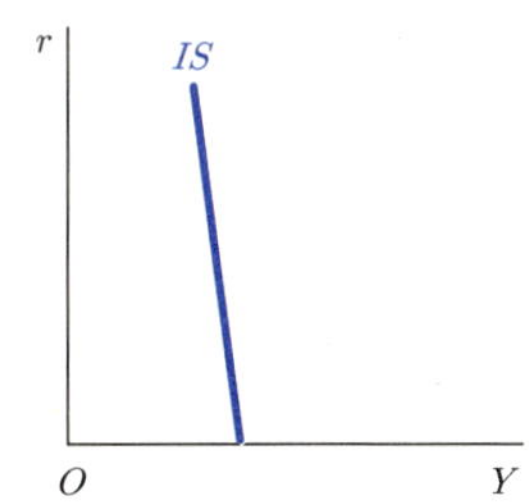
통화주의의 IS곡선	① 수평에 가까운 IS곡선 ② 투자의 이자율탄력성은 매우 큼 ③ 재정정책은 효과가 작음	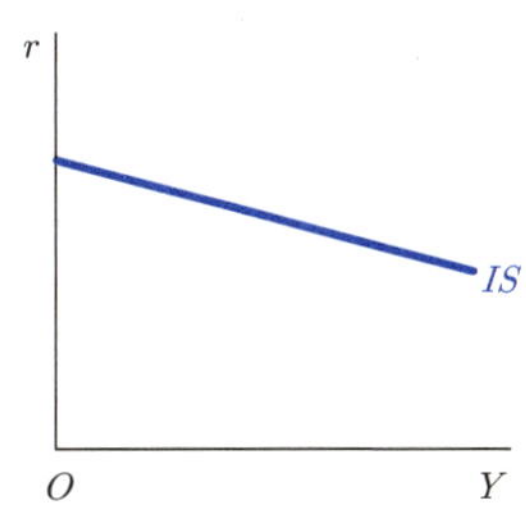

2. *LM*곡선

구 분	내 용	
개 념	화폐시장의 균형을 나타내는 이자율과 국민소득의 조합	
일반적 형태 및 상하방의 의미	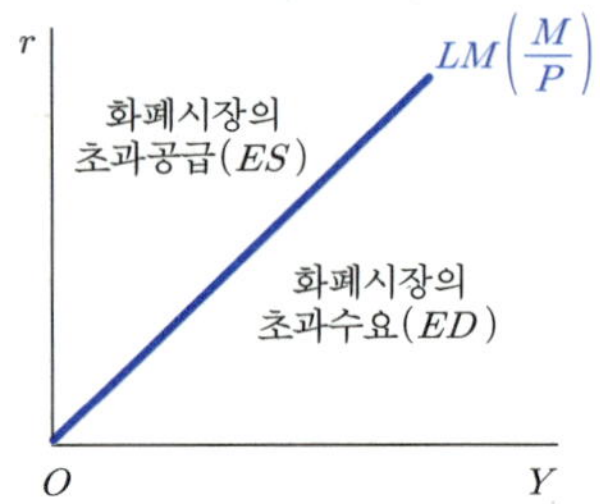	
함 수 식	$r = \frac{k}{h} \cdot Y - \frac{1}{h} \cdot \left(\frac{M}{P}\right)$	
기 울 기 증 가 요 인	① h(화폐수요의 이자율탄력성)가 작을수록 ② 마샬의 k(화폐수요의 소득탄력성)가 클수록 ③ 화폐유통속도(V)가 작을수록 ④ 화폐공급의 외생성이 강할수록 = 화폐공급이 이자율과 무관할수록 = 화폐공급의 내생성이 약할수록	
우 측 이 동 요 인	① 통화량의 증가 ② 물가하락 ③ 화폐수요의 감소	
케인즈학파의 LM 곡 선	① 수평에 가까운 *LM*곡선 ② 화폐수요의 이자율탄력성은 매우 큼 ③ 금융정책은 효과가 작음	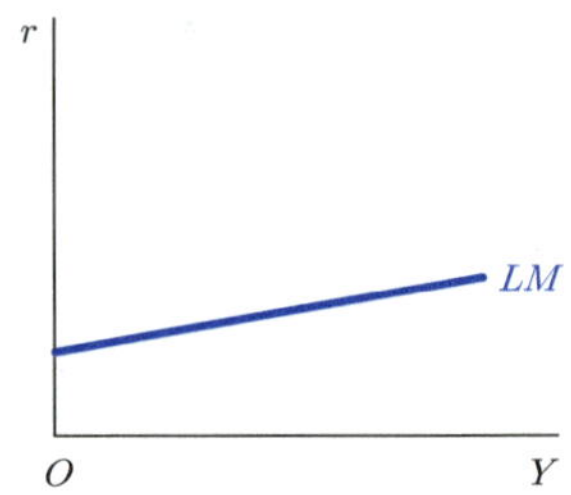
통화주의의 LM 곡 선	① 수직에 가까운 *LM*곡선 ② 화폐수요의 이자율탄력성 매우 낮음 ③ 금융정책은 효과적임	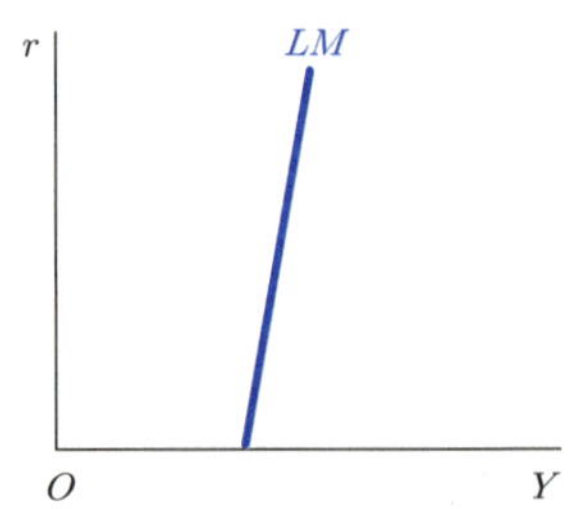

3. *IS*－*LM* 모형의 의의 및 특징

<table>
<tr><th>구 분</th><th colspan="2">내 용</th></tr>
<tr><td>의 의</td><td colspan="2">① 생산물시장과 화폐시장의 상호작용을 동시에 분석함
② 케인즈의 일반이론에 바탕을 둔 수요측 모형
③ 기본적으로 물가가 고정되어 있으며 공급에 비해 수요가 부족한 상태를 가정함</td></tr>
<tr><td>균형 및 불균형</td><td>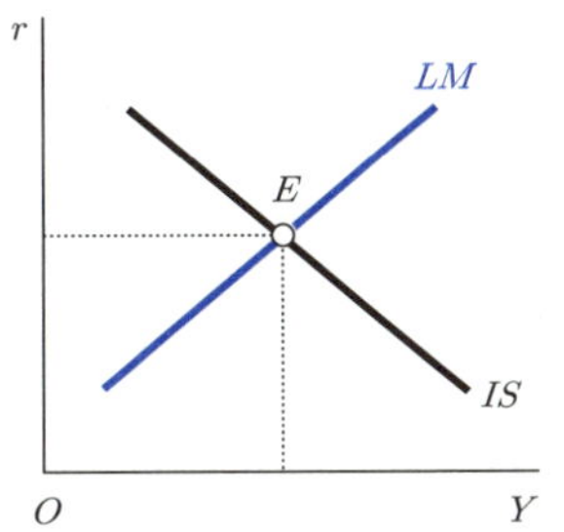
</td><td>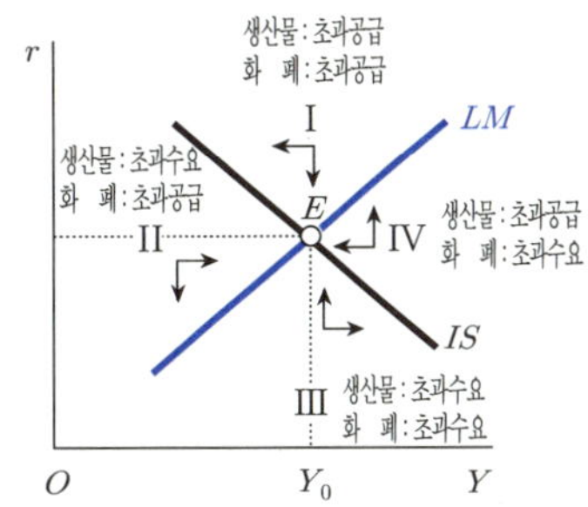
</td></tr>
<tr><td>특 징</td><td colspan="2">① IS－LM 모형은 수요측 모형이므로 IS－LM 모형에서 결정된 국민소득은 경제전체의 일반균형이 아닌 수요측면의 국민소득(총수요)에 불과함
② 따라서 공급측면에 대한 고려가 없음
③ 기본적으로 물가는 고정되었다는 가정하의 분석이므로 인플레이션과 같은 동태적 현상을 설명하기 어려움</td></tr>
<tr><td>극단적인
IS－LM</td><td>〈고전학파〉
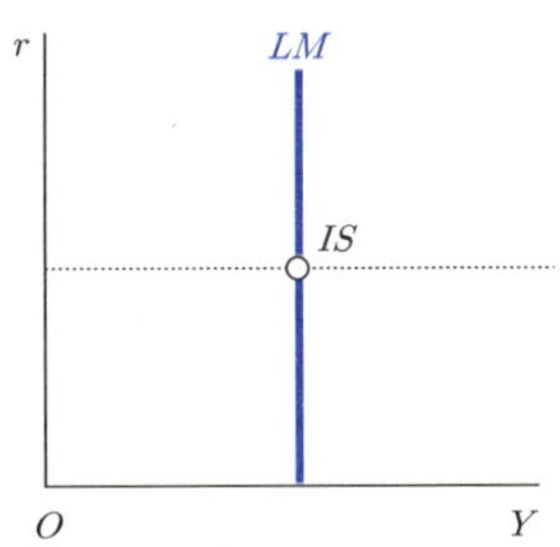
</td><td>〈케인즈 단순모형〉
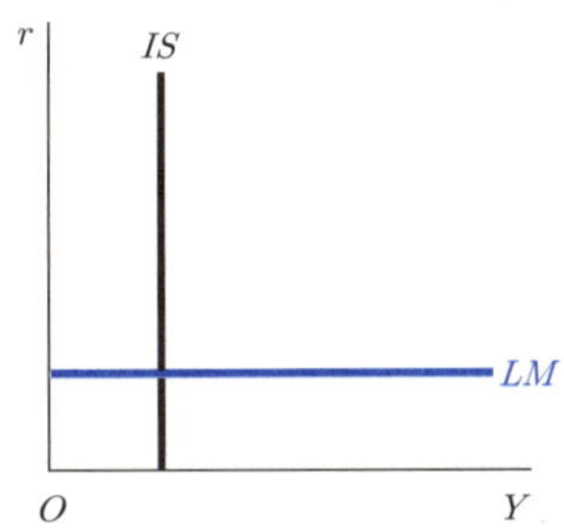
</td></tr>
</table>

제18장 재정정책과 금융정책

I 재정정책

1. 재정정책

(1) 개념

① 재정정책(fiscal policy)이란 정부가 정부지출(G)이나 조세(T)를 변화시켜 안정적인 경제 성장을 달성하려는 정책을 말한다.

② 정부지출을 증가시키거나 조세를 감면하는 것을 확대재정정책이라고 하고, 그 반대를 긴축 재정정책이라고 한다.

③ 재정정책은 금융정책과 더불어 총수요관리정책의 중요한 정책적 수단이다.

④ 케인즈학파는 경기침체를 극복하기 위한 재량적 재정정책을 강조한다.

(2) 정부의 예산제약식

① 정부가 재정정책을 실시하기 위한 재원조달 방법에는 다음과 같이 크게 3가지 방법이 있다.

▶ 조세징수(T)
▶ 공채발행(ΔB) ⇨ 재정지출(G)
▶ 중앙은행 차입(ΔM)

② 따라서 정부의 예산제약식은 다음과 같이 나타낼 수 있다.

$$G = T + \Delta B + \Delta M$$

(3) 재정정책의 재원조달 방안

① 조세징수(T)를 통해 재정정책을 실시하면 정부재정은 균형재정을 달성하고 통화량은 변하지 않는다.

② 공채발행(ΔB)을 통해 민간부문으로부터 자금을 차입하여 재정정책을 실시하면 정부재정은 적자가 되고 통화량은 변하지 않는다.

③ 중앙은행 차입(ΔM)을 통해 재정정책을 실시하면 정부재정은 적자가 되고, 본원통화가 증가하므로 통화량은 증가한다.

④ 조세징수(T)와 공채발행(ΔB)을 통해 재정지출을 증가시키면 통화량은 불변이므로 IS곡선만 우측으로 이동하고 LM곡선은 불변이다.

⑤ 반면에 중앙은행 차입(ΔM)을 통해 재정지출을 증가시키면 통화량이 증가하여 IS곡선과 LM곡선은 모두 우측으로 이동하므로 사실상 재정정책과 금융정책의 정책혼합으로 볼 수 밖에 없으며, 따라서 진정한 의미의 재정정책이 아니다.

⑥ 일반적으로 '재정정책'이라고 말하면 조세징수(T)와 공채발행(ΔB)을 통해 재원을 조달한 경우만을 의미한다.

2. 재정정책의 효과

(1) 확대 재정정책의 일반적 효과

① 확대 재정정책 실시로 정부지출이 증가하면 IS곡선이 우측으로 이동하여 균형국민소득은 증가하고 이자율이 상승한다.

② 이자율 상승으로 투자가 감소하면 총수요가 감소하여 국민소득의 증가폭은 감소하게 되는데 이를 구축효과(crowding-out effect)라 부른다.

③ 이자율 상승폭이 클수록 구축효과도 크게 발생한다.

〈확대 재정정책의 효과〉

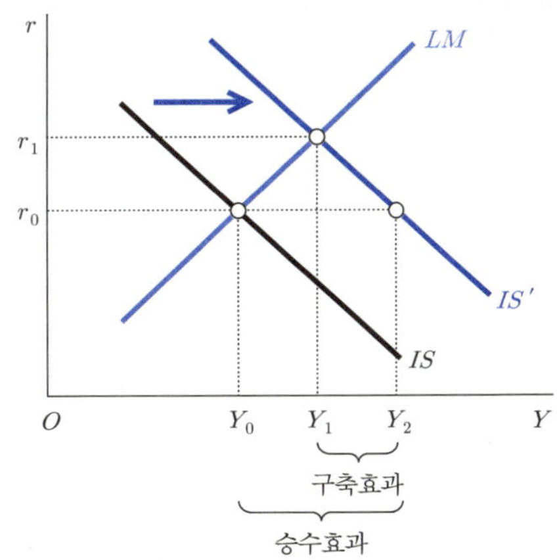

(2) 재정정책의 전달경로

① 확대적인 재정정책으로 총수요가 증가하면 국민소득이 승수효과만큼 증가($Y_0 \rightarrow Y_2$)하게 된다.

② 국민소득이 증가하면 거래적 화폐수요가 증가하여 이자율이 상승($r_0 \rightarrow r_1$)하고 투자가 감소한다.

③ 투자가 감소하면 총수요가 감소하여 승수효과에 따른 국민소득 증가분의 일부($Y_2 \rightarrow Y_1$)가 상쇄되는 구축효과가 발생하므로 승수모형에서보다 국민소득 증가폭($Y_0 \rightarrow Y_1$)은 작게 나타난다.

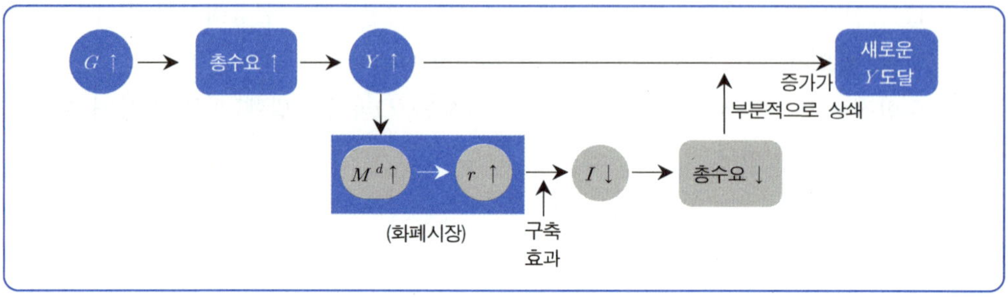

(3) 재정정책의 상대적 유효성

① IS곡선과 LM곡선의 이동폭이 동일하다면 재정정책과 금융정책 중 어떤 정책이 국민소득을 더 크게 증가시킬지는 IS곡선과 LM곡선의 기울기의 절대값에 따라 결정된다.

② IS곡선이 수직에 가까울수록(투자의 이자율탄력성이 작을수록) 재정정책은 금융정책보다 상대적으로 효과적이다.

③ LM곡선이 수평에 가까울수록(화폐수요의 이자율탄력성이 클수록) 재정정책은 금융정책보다 상대적으로 효과적이다.

〈재정정책의 상대적 유효성〉

(a) LM곡선의 기울기가 다른 경우

(b) IS곡선의 기울기가 다른 경우

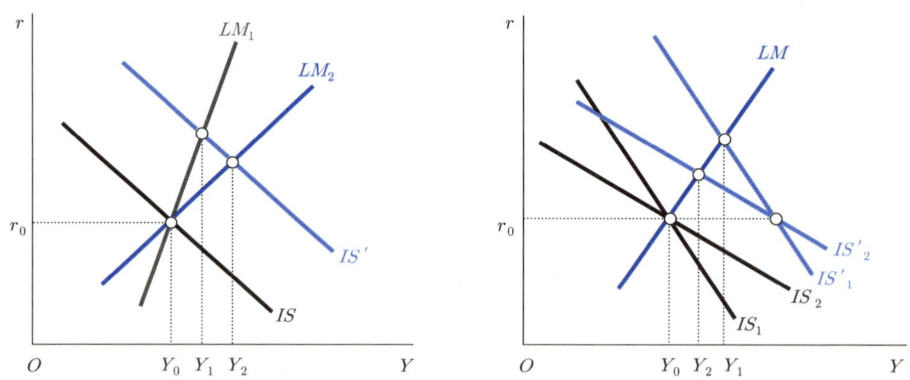

(4) 학파별 재정정책의 효과

구분	특징	그림
고전학파	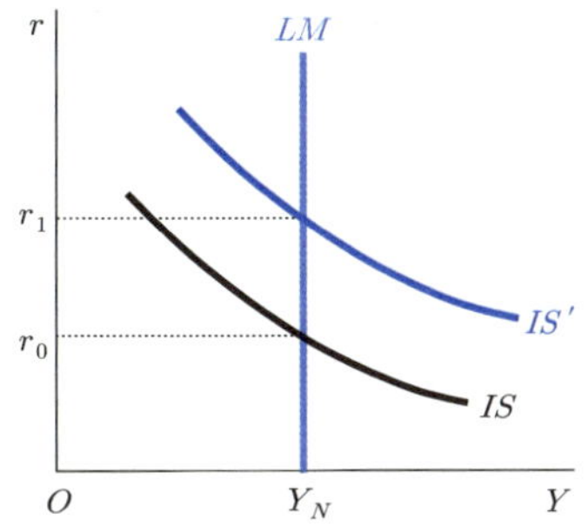	① 투자의 이자율탄력성 크다 → IS완만 ② 화폐수요의 이자율탄력성=0 → LM수직 ③ 재정정책 효과 없음 (100% 구축효과)
케인즈 단순모형	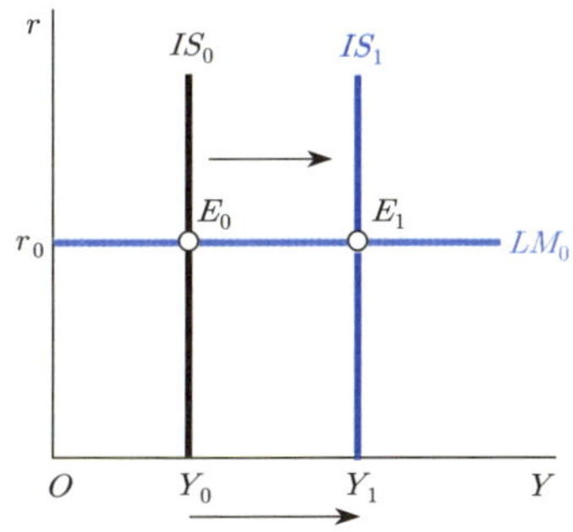	① 투자의 이자율탄력성=0 → IS수직 ② 화폐수요의 이자율탄력성=∞ → LM수평 ③ 재정정책 효과 매우 크다. (구축효과 없음)
케인즈 학파	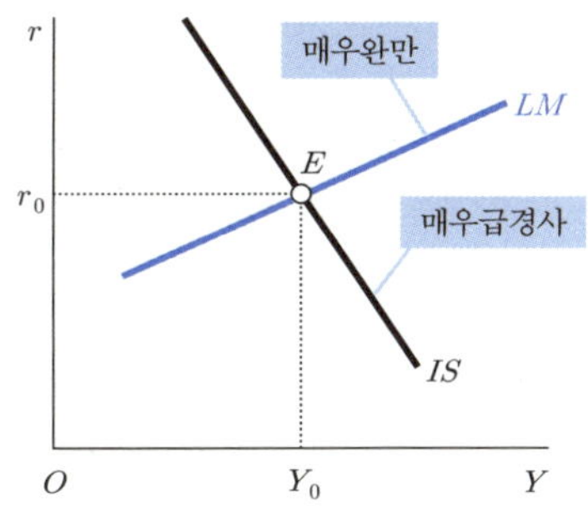	① 투자의 이자율탄력성 작다 → IS가파름 ② 화폐수요의 이자율탄력성 크다 → LM완만 ③ 재정정책 효과 크다. (구축효과 작음)
통화주의	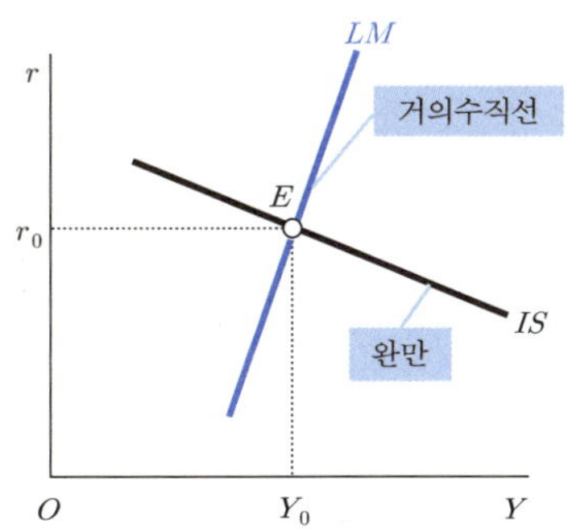	① 투자의 이자율탄력성 크다 → IS완만 ② 화폐수요의 이자율탄력성 작다 → LM가파름 ③ 재정정책 효과 작다. (구축효과 크다)

3. 재정정책에 대한 비판

(1) 구축효과

① 재정정책의 구축효과(Crowding-out effect)란 국공채발행을 통한 확대재정정책이 이자율을 상승시켜 민간의 소비와 투자를 구축시키는 효과를 말한다.

② 정부지출의 증가를 위해 국공채발행을 증가시키면 채권시장에서 '국공채공급의 증가 → 국공채가격의 하락 → 채권수익률(시장이자율)의 상승 → 소비수요와 투자수요의 감소'가 나타난다.

$$G\uparrow \rightarrow r\uparrow \rightarrow I\downarrow \rightarrow Y\downarrow$$

③ 재정정책으로 인한 이자율 상승폭이 클수록 구축효과의 크기도 커진다.

④ IS곡선이 수평에 가까울수록, LM곡선이 수직에 가까울수록, 재정정책의 구축효과가 크게 발생하므로 재정정책의 효과는 작아진다.

⑤ 고전학파의 경우 100%의 구축효과가 발생하고, 케인즈 단순모형의 경우 구축효과는 발생하지 않는다.

※ 구축효과에 대응하여 케인즈학파는 구입효과(Crowding-in effect)를 주장한다. 구입효과란 정부지출증가가 가속도원리를 통해 유발투자를 증가시키는 효과를 의미한다.

(2) 시차(time-lag)의 문제

① 시차(time lag)란 어떤 변수의 변화가 다른 변수에 영향을 미치는데 걸리는 시간적인 차이를 말한다.

② 재정정책의 절대적 효과가 크다고 해도 시차를 제대로 고려하지 못할 경우 잘못된 시점에서 잘못된 방향의 정책효과가 발생하여 경기변동의 진폭이 오히려 커질 수도 있다.

③ 따라서 시차의 문제를 정확히 고려하기 힘든 현실을 반영한다는 재정정책을 재량적으로 실시하자는 케인즈학파의 주장은 옳지 않다는 것이 통화주의학파의 주장이다.

(3) 재정의 자동안정화 장치

① 재정의 자동안정화장치(automatic stabilizer, built-in stabilizer)란 경기변동 시 정부가 의도적으로 재량적인 재정정책을 실시하지 않더라도 자동으로 총수요를 변화시킴으로써 경기변동의 진폭을 완화해 주는 재정제도를 말한다.

② 자동안정화장치의 예
- 누진세제(비례세, 법인세 포함)
- 실업보험제도
- 사회보장제도

③ 자동안정화장치는 재량적인 재정정책 없이도 경제를 안정화시켜주므로 자동안정화장치가 잘 작동한다면 재정정책의 필요성은 감소하게 된다.

④ 자동안정화 장치는 경제안정화정책의 수립과 집행에 필요한 내부시차를 없애주는 역할을 한다.

※ 자동안정화장치를 주장한 통화주의학파에 대응하여 케인즈학파는 재정적 견인을 주장한다. 재정적 견인(fiscal drag)이란 재정의 자동안정화장치의 부작용으로서 완전고용달성을 위한 정부의 총수요증대가 조세징수의 증가로 인해 억제되어 완전고용에 이르지 못하는 현상을 말한다.

(4) 리카르도 등가정리

1) 개념

① 새고전학파 경제학자인 배로(R. Barro)는 고전학파 경제학자 리카르도(D. Ricardo)의 공채이론을 현대화시킨 리카르도 등가정리(Ricardian equivalence theorem)를 제시하였다.

② 리카르도 등가정리에 따르면 정부지출에 소요되는 재원을 조세징수를 통해 조달하든 국공채발행을 통해 조달하든 그 정책효과는 동일하므로, 재원조달방식의 변경은 경제의 실질변수에 아무런 영향도 미치지 못한다.

2) 케인즈학파의 견해

① 케인즈학파에 따르면 조세징수를 통한 정부지출은 가처분소득의 감소를 통한 소비감소와 총수요 감소가 발생하므로 재정정책의 효과가 감소하나, 조세를 감면하고 공채발행으로 정부지출의 재원을 조달하면 가처분소득이 감소하지 않으므로 소비감소나 총수요 감소가 없다.

② 따라서 동일한 크기의 정부지출 증가를 실시하더라도 재원조달방식을 조세징수에서 공채발행으로 변경하면 소비와 총수요가 증가하므로 국민소득도 증가한다.

$\overline{G}$ 상태에서 조세감면(공채발행) → $(Y-T)$⇧ → C⇧ → Y⇧

3) 새고전학파의 견해

① 합리적 기대 하에서 합리적 경제주체들은 정부가 조세를 감면하고 공채를 발행하면 공채의 만기시점에서 공채 원리금상환을 위한 조세증가를 예상하므로 공채를 미래의 조세로 인식한다.

② 공채를 미래의 조세로 인식하게 되면 공채발행을 통한 조세감면은 미래의 가처분소득을 감소시키므로 합리적인 경제주체들은 미래의 조세증가에 대비하여 저축을 증가시킨다. 따라서 조세징수와 비교할 때 소비는 전혀 증가하지 않는다.

$\overline{G}$ 상태에서 조세감면(공채발행) → 미래의$(Y-T)$⇩ → S_P⇧ → $\overline{C}$: 불변 → $\overline{Y}$: 불변

③ 즉, 케인즈학파에 따르면 경제주체들은 공채를 자산으로 인식하지만, 새고전학파에 따르면 합리적인 경제주체들은 공채를 자산이 아니라 부채(미래의 조세)로 인식하므로 조세를 감면하고 그만큼의 공채발행으로 대신해도 경제에 아무런 영향을 미치지 못하게 된다.

④ 리카르도 등가정리에 따르면 조세를 감면하고 공채를 발행하면 민간저축이 증가하여 정부저축의 감소분을 상쇄하므로 총저축이나 이자율, 투자 등은 변하지 않는다고 주장한다.

⑤ 따라서 등가정리가 성립해도 민간저축과 정부저축의 상대적 비중은 달라질 수 있다.

⑥ 결국 리카르도 등가정리는 어느 시점에 조세를 징수할지는 중요하지 않으며, 중요한 것은 정부지출의 크기와 내용이라는 것을 의미한다.

4) 리카르도 등가정리의 성립조건

① 모든 경제주체는 합리적일 것(근시안적 의사결정이 없을 것)

② 유동성제약(차입제약)이 없을 것

③ 경제활동인구의 증가율은 영(0)일 것

Ⅱ 금융정책

1. 금융정책의 개념

① 금융정책(financial policy)이란 중앙은행이 각종의 금융정책수단을 이용하여 통화량이나 이자율을 변화시킴으로써 안정적인 경제성장을 달성하려는 정책을 말한다.

② 통화량을 증가시키는 것을 확대금융정책이라고 하고, 그 반대를 긴축금융정책이라고 한다.

③ 통화주의학파는 안정적 경제성장을 위해서는 준칙에 따른 금융정책을 실시해야 한다고 주장한다.

2. 금융정책의 효과

(1) 확대 금융정책의 일반적 효과

① 확대 금융정책 실시로 통화량이 증가하면 LM곡선이 우측으로 이동하여 이자율은 하락하고 투자는 증가하며 균형국민소득은 증가한다.

② 구축효과의 근본원인은 이자율 상승인데, 금융정책을 실시하면 이자율이 하락하므로 구축효과는 발생하지 않는다.

〈확대 금융정책의 효과〉

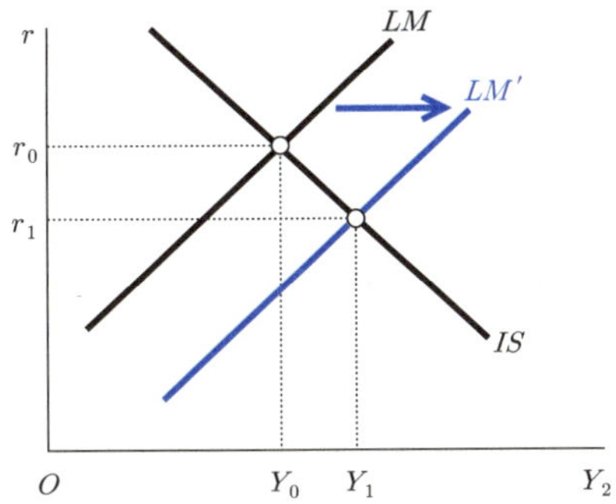

(2) 금융정책의 전달경로

① 확대적인 금융정책으로 통화량이 증가하고 화폐시장에서 초과공급이 발생하면 이자율이 하락한다(유동성효과).

② 이자율이 하락하면 생산물시장에서 투자가 증가하여 국민소득이 증가한다.

③ 국민소득이 증가하면 화폐시장에서 거래적 화폐수요가 증가하여 이자율이 다시 상승하여 투자가 일부 감소하므로 국민소득 증가도 일부 상쇄된다(소득효과).

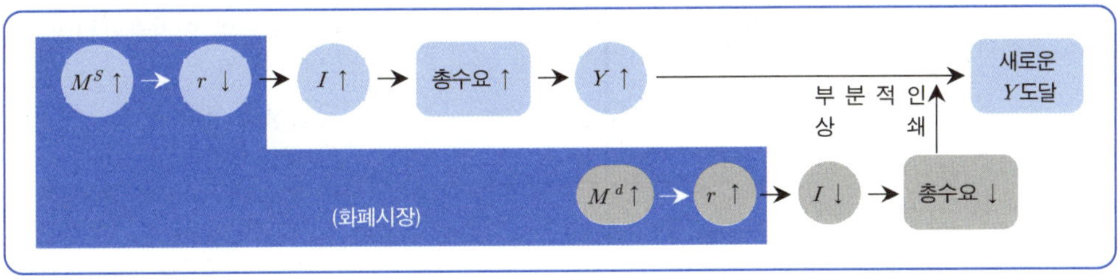

(3) 금융정책의 상대적 유효성

① IS곡선과 LM곡선의 이동폭이 동일하다면 재정정책과 금융정책 중 어떤 정책이 국민소득을 더 크게 증가시킬지는 IS곡선과 LM곡선의 기울기의 절대값에 따라 결정된다.

② IS곡선이 수평에 가까울수록(투자의 이자율탄력성이 클수록) 금융정책은 재정정책보다 상대적으로 효과적이다.

③ LM곡선이 수직에 가까울수록(화폐수요의 이자율탄력성이 작을수록) 금융정책은 재정정책보다 상대적으로 효과적이다.

〈금융정책의 상대적 유효성〉

(a) *IS*곡선의 기울기가 다른 경우 (b) *LM*곡선의 기울기가 다른 경우

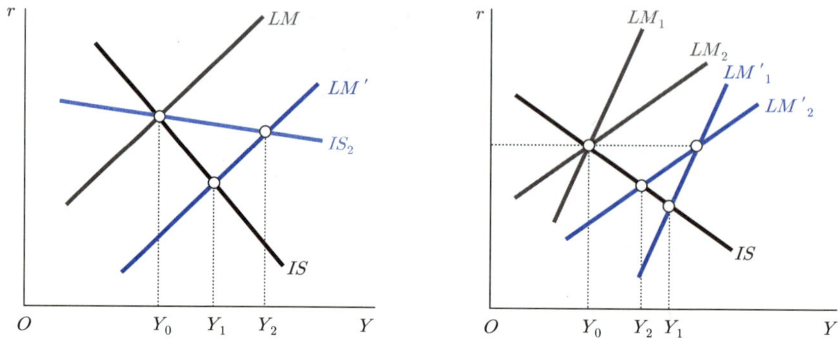

(4) 학파별 금융정책의 효과

구분	특징	그림
고전학파	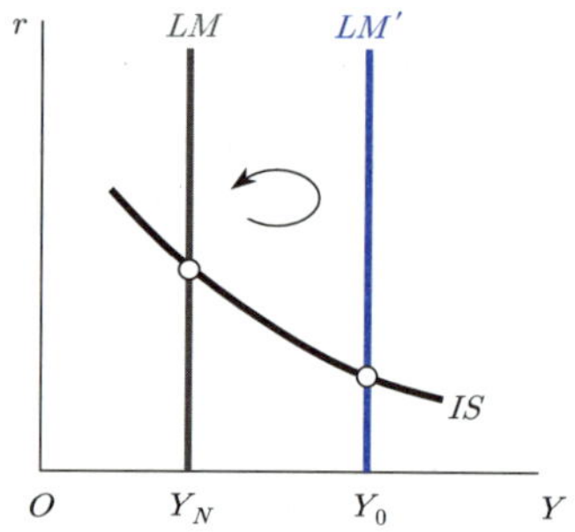	① 투자의 이자율탄력성 크다 → IS완만 ② 화폐수요의 이자율탄력성=0 → LM수직 ③ 금융정책 효과 없음 (화폐중립성)
케인즈 단순모형	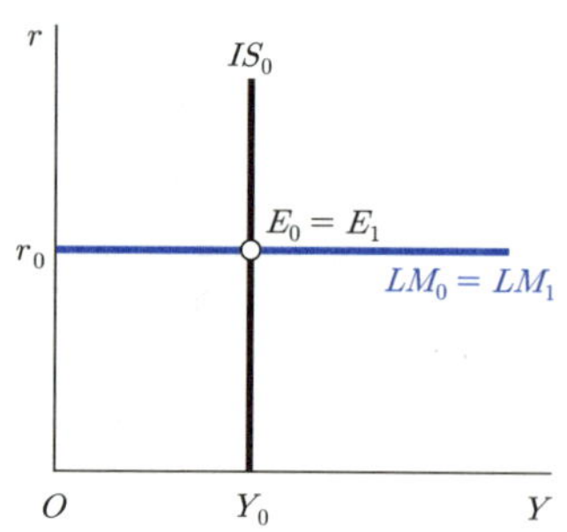	① 투자의 이자율탄력성=0 → IS수직 ② 화폐수요의 이자율탄력성=∞ → LM수평 ③ 금융정책 효과 없음 (유동성함정)

<table>
<tr>
<td>케인즈
학파</td>
<td>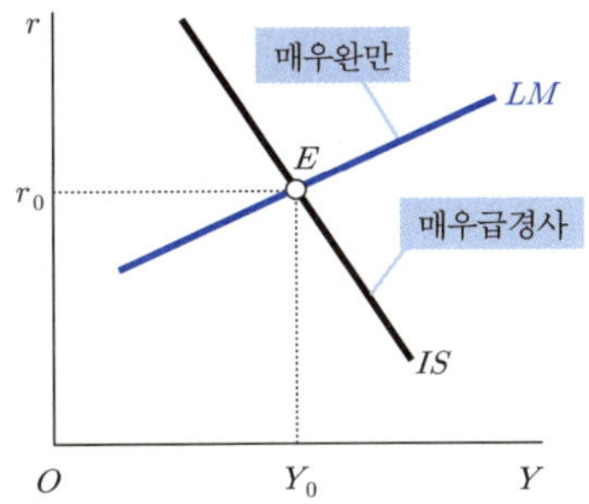
</td>
<td>① 투자의 이자율탄력성 작다
→ IS 가파름
② 화폐수요의 이자율탄력성 크다
→ LM 완만
③ 금융정책 효과 작음</td>
</tr>
<tr>
<td>통화주의</td>
<td>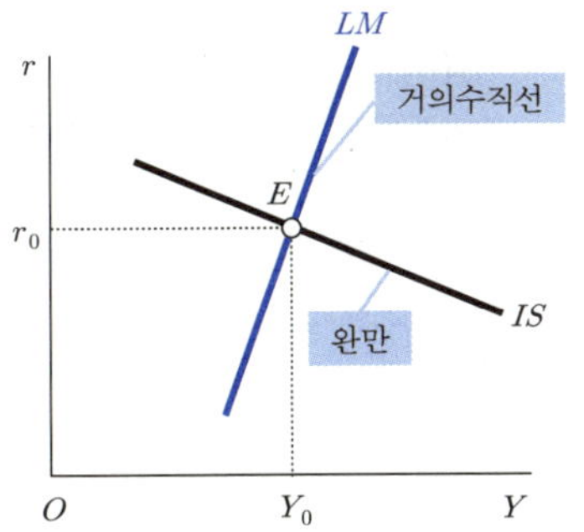
</td>
<td>① 투자의 이자율탄력성 크다
→ IS 완만
② 화폐수요의 이자율탄력성 작다
→ LM 가파름
③ 금융정책 효과 큼</td>
</tr>
</table>

제19장 환율이론

1. 국제수지와 환율

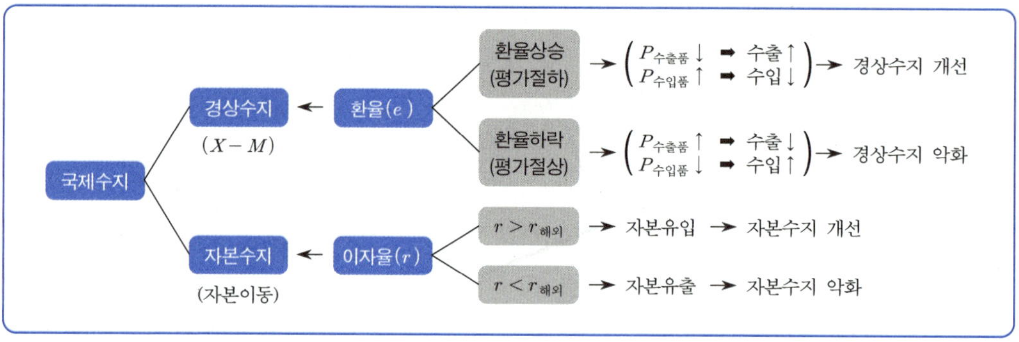

① 국제수지는 경상수지와 자본수지로 구성된다.

② 경상수지는 기본적으로 환율이 결정하고, 자본수지는 기본적으로 이자율이 결정한다.

2. 환율의 개념과 구분

① 환율(exchange rate)이란 자국통화와 외국통화의 교환비율을 말한다.

② 환율은 외화 1단위를 얻기 위하여 지급해야 하는 자국통화량으로서 한 나라 통화의 대외가치를 나타낸다.

③ 환율은 명목환율과 실질환율로 구분되고, 명목환율은 다시 선물환율과 현물환율로 구분된다.

④ 통상적으로 환율이라고 하면 명목환율(현물환율)을 의미한다.

3. 환율의 표시방법

(1) 지급환율(자국화 표시법)

① 지급환율(direct quote)은 외국통화 1단위를 얻기 위하여 지급해야 하는 자국통화의 크기로 표시한다.

$$1달러 = 1{,}000원 \quad 또는 \quad e = \frac{1{,}000원}{1달러}$$

② 우리나라를 비롯한 대부분 국가들이 이 방법으로 환율을 표시한다.

③ 지급환율은 '자국통화 표시환율'이라고 한다.

(2) 수취환율(외화 표시법)

① 수취환율(indirect quote)은 자국통화 1단위로 수취할 수 있는 외국통화의 크기로 표시한다.

$$1\text{원} = \frac{1}{1{,}000}\text{달러} \qquad \text{또는} \qquad e = \frac{1/1{,}000\text{달러}}{1\text{원}}$$

② 영국을 비롯한 몇몇 국가에서 이 방법으로 환율을 표시한다.

③ 수취환율은 '외국통화 표시환율'이라고 한다.

4. 평가절상과 평가절하의 효과

평가절상(환율인하)	평가절하(환율인상)
$\frac{₩1{,}000}{\$1} \leftarrow \frac{₩1{,}500}{\$1} \rightarrow \frac{₩2{,}000}{\$1}$	
① 수입증가 ② 수출감소 ③ 국내경기침체 가능성 ④ 달러 표시 외채부담 감소 ⑤ 국제수지악화 ⑥ 미국 유학경비 부담 감소 ⑦ 미국 여행경비 부담 감소 ⑧ 미국에 현지공장 건설비용 부담 감소 ⑨ 달러로 표시한 한국의 GDP 증가	① 수출증가 ② 수입감소 ③ 인플레이션발생 가능성 ④ 외채부담증가 ⑤ 국제수지개선 ⑥ 미국 유학경비 부담 증가 ⑦ 미국 여행경비 부담 증가 ⑧ 미국에 현지공장 건설비용 부담 증가 ⑨ 달러로 표시한 한국의 GDP 감소

5. 명목환율과 실질환율

명목환율(e)	실질환율(ε)
① 자국화폐와 외국화폐의 교환비율 $e = \frac{₩1{,}200}{\$1}$ ② 일반적인 환율개념	① 국가간 물가를 고려하여 조정한 환율 $\varepsilon = \frac{e \cdot P_f}{P}$ ② 실질환율은 양국간 거래되는 재화의 상대가격을 의미함(실질환율=교역조건의 역수) ③ $\frac{\Delta\varepsilon}{\varepsilon} = \frac{\Delta e}{e} + \frac{\Delta P_f}{P_f} - \frac{\Delta P}{P}$

6. 외환의 수요·공급에 의한 환율결정이론 (flow접근법)

<table>
<tr><th>구 분</th><th>설 명</th></tr>
<tr><td>환율결정</td><td>① 외환에 대한 수요와 공급에 의하여 환율이 결정
② 가장 일반적인 환율결정이론임
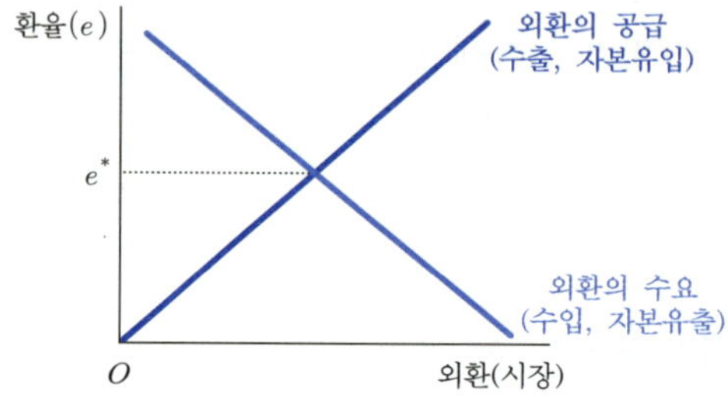
</td></tr>
<tr><td>환율변화</td><td>① 국민소득의 증가 → 수입증가 → 외환의 수요증가 → 환율상승
② 물가 상승 → 수출재의 가격상승 → 수출감소 → 외환의 공급감소 → 환율상승
③ 이자율의 상승 → 자본의 유입 → 외환의 공급증가 → 환율하락</td></tr>
</table>

07

기초 경제수학

제20장 경제모형과 함수

1. 경제모형, 경제이론과 수리경제학

① 현실경제는 매우 복잡하므로 모든 변수의 인과관계를 한 번에 파악하는 것은 불가능하다. 따라서 특정의 경제현상과 가장 중요하다고 판단되는 요인 사이의 관계를 집중적으로 분석하는 것이 합리적이고도 현실적이다.

② 이와 같이 경제변수간의 인과관계를 의도적으로 단순화시킨 분석의 틀을 경제모형이라 하고, 복잡한 경제현상을 추상화하고 단순화하여 여러 가지 경제변수간의 관계를 체계적으로 정리한 것을 경제이론이라 한다.

③ 수리경제학은 경제분석의 한 접근방법으로서 경제학자가 수학의 기호를 사용하여 문제를 서술하고 그 해결을 위한 추론과정에서 수학적인 정리와 표현방법을 이용하는 것을 말한다.

2. 함수, 함수식 그리고 변수

① 함수란 서로 대응관계에 있는 두 변수간의 관계를 의미한다.

② 함수식이란 함수관계에 있는 두 변수간의 관계를 식으로 나타낸 것을 말한다.

③ 예를 들어 $y = f(x)$라는 함수식에서 각각의 x값에 따라 오직 하나의 y값이 대응하는 관계에 있다는 의미이다.

④ 이 때 x를 독립변수(설명변수)라고 부르고, y를 종속변수라고 부르는데, x의 변화에 따라 y값이 달리 결정되므로 경제학에서는 일반적으로 독립변수인 x가 "원인"에 해당하고 y는 x의 변화에 따른 "결과"에 해당한다.

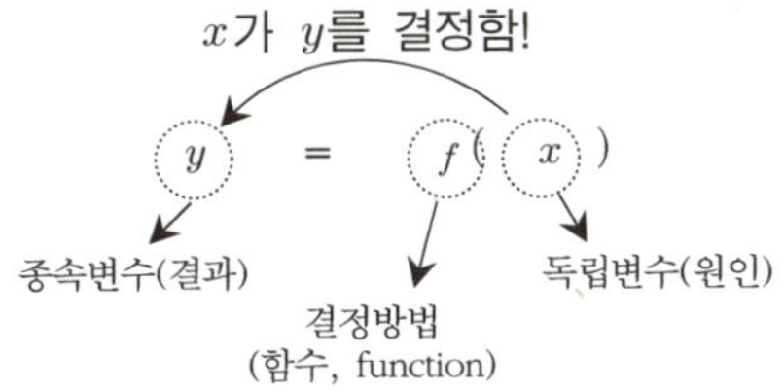

3. 수요함수에 응용

① 일반적으로 경제학에서 사용하는 수요함수는 다음과 같이 나타낼 수 있다.

$$Q^D = f(P,\ M,\ P_r,\ P^e, \cdots)$$

(Q^D=수요, P=가격, M=소득, P_r=관련재의 가격, P^e=가격변동에 대한 예상)

② 위와 같은 수요함수에서 Q^D는 종속변수에 해당하고 P, M, P_r, P^e 등은 독립변수에 해당한다.

③ P 이외의 다른 변수들(M, P_r, P^e, …)은 일정하다고 가정하고 수요함수를 간단하게 나타내면 다음과 같이 표현할 수 있다.

$$Q^D = f(P)$$

예제

수요의 개념을 이해하는데 있어서 옳지 않은 것은?

① 수요의 법칙은 가격과 수요량이 서로 반대방향으로 변하는 것을 의미한다.
② 수요는 유량(flow)의 개념이다.
③ 수요량은 주어진 가격 하에서 구매력을 갖고 구입하고자 하는 수량을 의미한다.
④ 각각의 수요량 수준에서 소비자가 지불할 용의가 있는 최대한의 가격은 수요곡선을 통해서 알 수 있다.
⑤ 수요함수에서 소득은 종속변수이다.

정답 ❺

4. 그래프의 표현

① 보통 수학에서는 그림(a)과 같이 독립변수를 가로축(x)에 표현하고 종속변수를 세로축(y)에 표현한다.

② 그러나 경제학에서는 그림(b)와 같이 종종 축을 바꾸어서 표현하기도 한다.

[그림 (a)]

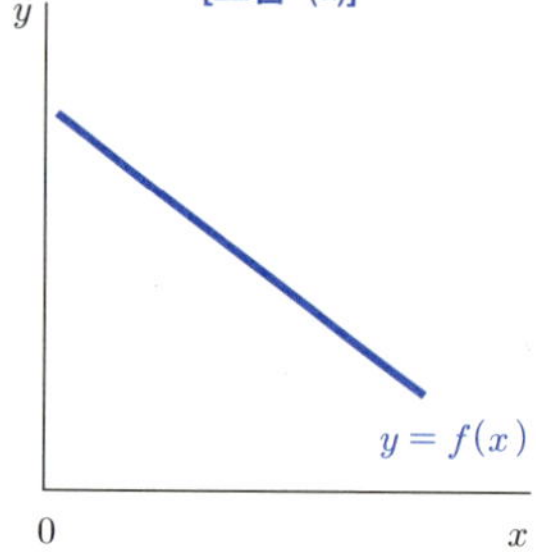

(일반적인 함수)

[그림 (b)]

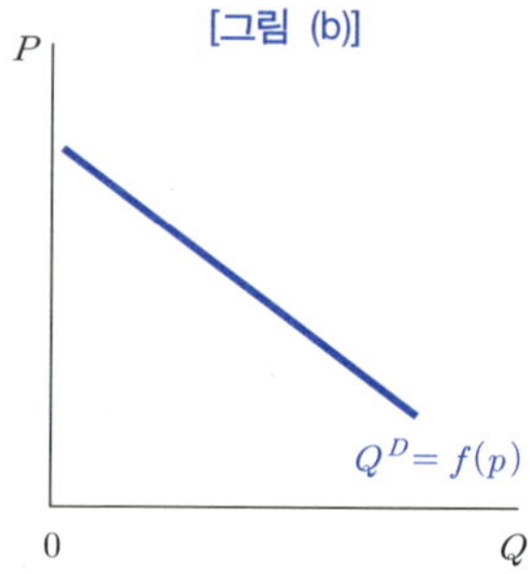

(경제학에서의 수요함수)

5. 수요곡선상의 이동(수요량의 변화)과 수요곡선 자체의 이동(수요의 변화)

① 수요함수 $Q^D = f(P,\ M,\ P_r,\ P^e,\ \cdots)$에서 일정하다고 가정하였으므로 수요곡선의 좌표상에 드러나지 않는 변수($M,\ P_r,\ P^e,\ \cdots$)가 변하면 수요곡선 자체가 이동하는 것으로 나타내고 이를 "수요의 변화"라고 부른다.

② 반면 수요함수 $Q^D = f(P,\ M,\ P_r,\ P^e,\ \cdots)$에서 일정하다고 가정하지 않았으므로 수요곡선의 좌표상에 드러나는 변수(P)가 변하면 수요곡선상의 이동으로 나타내고 이를 "수요량의 변화"라고 부른다.

구 분	수요량의 변화	수요의 변화
의 미	〈수요곡선상의 변화〉 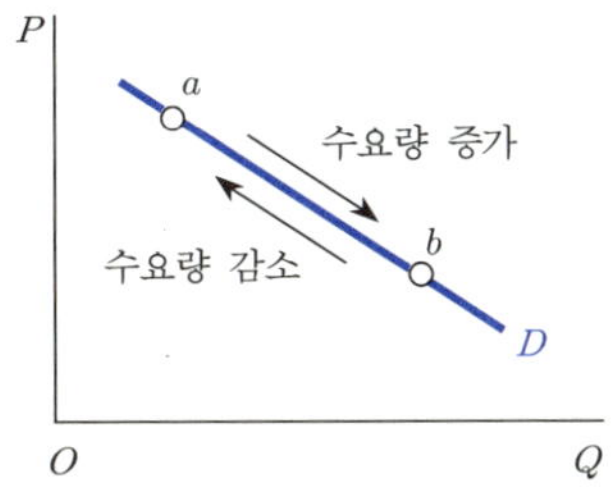	〈수요곡선 자체의 변화〉 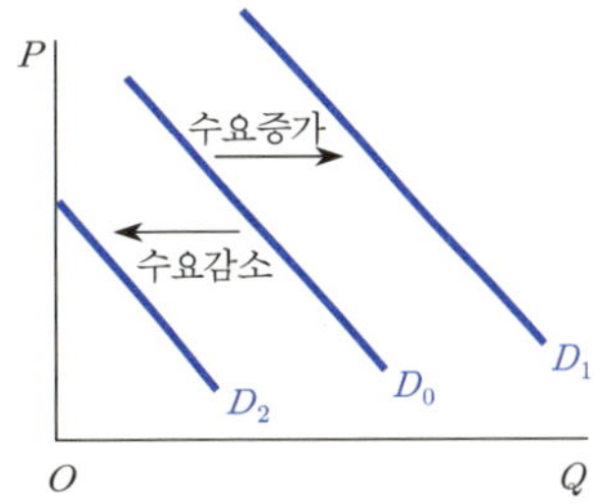
원 인	P의 변화	P 이외의 변화 ($M,\ P_r,\ P^e,\ \cdots$ 등)

예제

재화 A의 수요곡선을 이동시키는 요인이 아닌 것은?

① 재화 A의 향후 예상가격 변동
② 재화 A가격의 상승
③ 보완재 C의 가격 하락
④ 재화 A가 열등재일 때, 소득의 증가
⑤ 대체재 B의 가격 상승

정답 ❷

6. 일차함수(1차함수)와 그래프

① 1차함수란 함수 $y = f(x)$에서 $f(x)$가 x의 1차식으로 주어진 함수를 말하며, 이를 좌표평면에 그려보면 직선의 형태가 나타나므로 "선형함수"라고도 부른다. 가장 일반적인 1차함수의 식은 다음과 같다.

$$y = ax + b \qquad (a \neq 0)$$

② $y = ax + b$를 가로축에 x, 세로축에 y를 놓고 그려보면 세로축 절편이 b이고 기울기가 a인 직선으로 나타낼 수 있다. (a=기울기, b=y축 절편)

③ 예를 들어, $y = -2x + 10$의 1차함수를 그래프로 나타내면 다음과 같다.

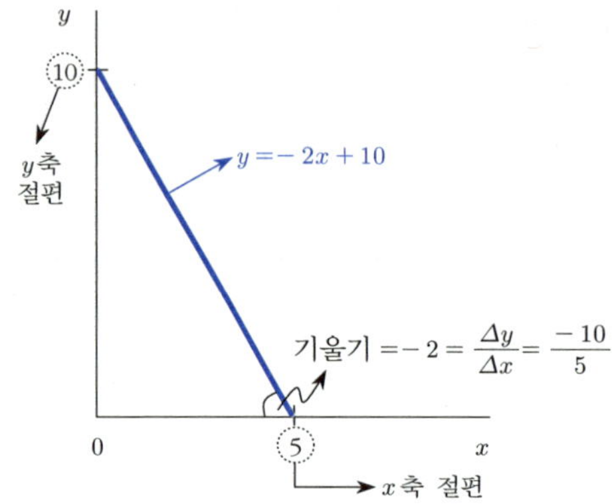

7. 이차함수(2차함수)와 그래프

① 2차함수란 함수 $y = f(x)$에서 $f(x)$가 x의 2차식으로 주어진 함수를 말하며, 가장 일반적인 2차함수의 식은 다음과 같다.

$$y = ax^2 + bx + c \quad \text{또는} \quad y = a(x-p)^2 + q$$

$$(\text{단, } p = -\frac{b}{2a},\ q = \frac{-b^2 + 4ac}{4a})$$

② $y = a(x-p)^2 + q$를 가로축에 x, 세로축에 y를 놓고 그려보면 꼭지점의 좌표가 (p, q)인 포물선의 형태이다.

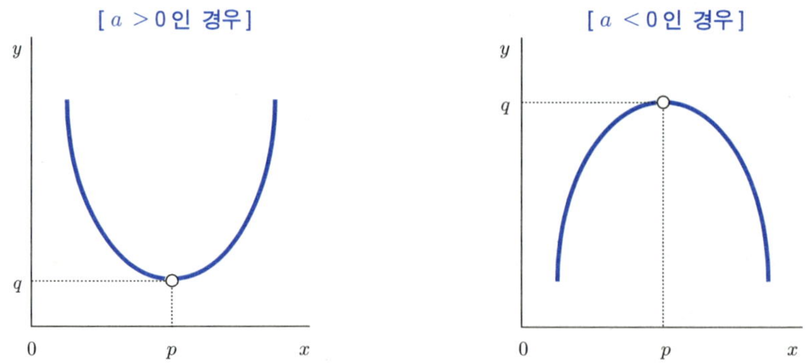

제21장 지수와 화폐의 시간가치

1. 지수

① 어떤 수 x를 n번 곱한 것을 "x의 n제곱(거듭제곱)"이라고 부르고 x^n으로 나타낼 수 있다.

② 이 때 x^n에서 x를 거듭제곱의 "밑"이라고 부르고, n을 "지수"라고 부른다.

$$\underbrace{x \times x \times x \times \cdots\cdots \times x}_{n\text{개}} = x^n \Rightarrow x^n$$

지수 (n), 밑 (x)

2. 지수의 법칙

① $x^m \times x^n = x^{m+n}$

② $x^m \div x^n = x^{m-n}$

③ $(x^m)^n = x^{mn}$

④ $(xy)^n = x^n y^n$

⑤ $\left(\dfrac{x}{y}\right)^n = \dfrac{x^n}{y^n}$

⑥ $x^{-n} = \dfrac{1}{x^n}$

⑦ $(x^m)^{-n} = \dfrac{1}{x^{mn}}$

⑧ $x^{\frac{1}{2}} = \sqrt{x}$

⑨ $x^{\frac{1}{n}} = \sqrt[n]{x}$

⑩ $x^{\frac{m}{n}} = \left(x^{\frac{1}{n}}\right)^m = \sqrt[n]{x^m}$

⑪ $x^0 = 1$

⑫ $x^1 = x$

예제

다음을 간단히 정리하라.

① $3x^3y \times 4x^2y^5$

② $8x^6 \div 2x^2$

③ x^4y^4

④ $\dfrac{x^3}{x^4}$

⑤ $\sqrt[3]{x}\sqrt[3]{x}\sqrt[3]{x}$

⑥ $\sqrt{\sqrt{\sqrt{x}}}$

⑦ $\dfrac{x^3}{x^{-4}}$

① $3x^3y \times 4x^2y^5 = 12x^5y^6$

② $8x^6 \div 2x^2 = 4x^4$

③ $x^4y^4 = (xy)^4$

④ $\dfrac{x^3}{x^4} = x^{3-4} = x^{-1} = \dfrac{1}{x}$

⑤ $\sqrt[3]{x}\sqrt[3]{x}\sqrt[3]{x} = x^{\frac{1}{3}+\frac{1}{3}+\frac{1}{3}} = x^1$

⑥ $\sqrt{\sqrt{\sqrt{x}}} = \left(\left(x^{\frac{1}{2}}\right)^{\frac{1}{2}}\right)^{\frac{1}{2}} = x^{\frac{1}{8}}$

⑦ $\dfrac{x^3}{x^{-4}} = x^3 \times x^4 = x^7$

3. 화폐의 시간가치

① 현재의 10,000원과 1년 후의 10,000원은 동일한 금액이라도 발생하는 시점이 다르므로 서로 다른 가치를 가진다. 일반적으로 사람들은 현재의 10,000원을 더 선호하는데 이를 유동성 선호현상이라 한다. 즉, 사람들은 미래의 1원보다 현재의 1원을 더 선호하는데, 이러한 유동성 선호로 인하여 화폐의 시간가치 개념이 존재한다.

② 화폐의 시간가치는 미래가치(Future Value, FV)와 현재가치(Present Value, PV)로 나타낼 수 있다.

③ 결국 현재가치(PV)와 n기간 후의 미래가치(FV_n) 사이에는 다음과 같은 관계가 있음을 알 수 있다.

$$FV_n = PV(1+R)^n \text{ 또는 } PV = \frac{FV_n}{(1+R)^n}$$

예 제

자동차를 판매하는 甲은 이를 구입하고자 하는 乙과 丙으로부터 다음과 같은 제안을 받았다.

1. 乙은 매입대금인 1,000만원을 구입과 동시에 지불한다.
2. 丙은 우선적으로 구매한 후 매입대금은 1년 후 1,122만원을 지불한다.

현재 시장이자율(R)이 10%인 경우 甲은 누구에게 판매하는 것이 유리할 것인가?

1) 단일기간의 미래가치(Future Value)
甲이 乙에게 판매한 경우 오늘 1,000만원을 받아서 은행에 예금할 수 있을 것이다. 그러면 1년 후 甲은 원금 1,000만원과 이자 100만원(=1,000×10%)을 합한 1,100만원을 얻게 될 것이다. 즉, 甲은 오늘의 1,000만원을 1년 후의 1,100만원과 동일하게 여기게 되는데 1,100만원이 바로 오늘 1,000만원(C_0)의 1년 후의 미래가치(FV_1)가 된다. 따라서 미래가치는 다음과 같이 계산할 수 있다.
$FV_1 = C_0(1+R) = 1{,}000\times(1+10\%) = 1{,}100$만원
따라서 甲은 乙에게 판매하는 경우 1년 후의 가치로 1,100만원을 받는 것과 같으므로 1,122만원을 지불할 丙에게 판매하는 것이 유리할 것이다.

2) 단일기간의 현재가치(Present Value)
이러한 의사결정을 위하여 현재가치(PV)를 이용할 수도 있다. 甲이 오늘 1,020만원을 예금한 경우 1년 후 원금 1,020만원과 이자 102만원을 합한 1,122만원을 받을 수 있을 것이다. 1년 후 1,122만원(C_1)과 동일한 가치를 가진 오늘의 1,020만원이 바로 1,122만원의 현재가치(PV)가 된다. 따라서 현재가치는 다음과 같이 계산할 수 있다.
$PV(1+R) = C_1 \rightarrow PV = \frac{C_1}{(1+R)} = \frac{1{,}122}{1+10\%} = 1{,}020$만원
따라서 甲이 丙에게 판매하는 경우 오늘의 가치로 1,020만원을 받는 것과 같으므로, 1,000만원을 지불할 乙보다 丙에게 판매하는 것이 더 유리하다.

제22장 수열과 영구채권의 가치

1. 등비수열

등비수열이란 1, 2, 4, 8, …과 같이 첫째 항부터 일정한 수를 곱하여 얻어지는 수열이다. 첫째 항을 초항(A)이라 하고, 계속 곱해지는 일정한 수를 공비(g)라 할 때, 등비수열은 다음과 같이 일반화할 수 있다.

등비수열의 일반화 : $A_n = Ag^{n-1}$

ex) 1 →(×2) 2 →(×2) 4 →(×2) 8 →(×2) 16 …

항	1	2	3	4	…	n
수열	$1\times2^{1-1}=1$	$1\times2^{2-1}=2$	$1\times2^{3-1}=4$	$1\times2^{4-1}=8$	…	$1\times2^{n-1}$

2. 등비수열의 합

등비수열의 합을 S_n라고 할 때 이는 다음과 같이 구할 수 있다.

$$
\begin{array}{rl}
S_n = & A + Ag + Ag^2 + Ag^3 + \cdots + Ag^{n-2} + Ag^{n-1} \\
-)\ gS_n = & \quad\ \ Ag + Ag^2 + Ag^3 + \cdots + Ag^{n-2} + Ag^{n-1} + Ag^n \\
\hline
S_n - gS_n = & A \qquad\qquad\qquad\qquad\qquad\qquad\qquad\qquad - Ag^n
\end{array}
$$

$$S_n = \frac{A - Ag^n}{1-g} = A\left(\frac{1-g^n}{1-g}\right) = A\left(\frac{g^n - 1}{g-1}\right) \qquad (\text{단, } g \neq 1)$$

만약 공비(g)가 1인 경우의 등비수열의 합은 다음과 같다.

$$S_n = nA \qquad (\text{단, } g = 1)$$

3. 기호 Σ(시그마)의 의미와 성질

① Σ(시그마)란 수열의 합을 나타내는 일반적인 기호이다.

$$A_1 + A_2 + A_3 + \cdots + A_n = \sum_{k=1}^{n} A_k$$

② 기호 Σ(시그마)의 성질

(1) $\sum_{k=1}^{n} cA_k = c\sum_{k=1}^{n} A_k$ (단, c는 k와 무관한 상수)

(2) $\sum_{k=1}^{n} (A_k \pm B_k) = \sum_{k=1}^{n} A_k \pm \sum_{k=1}^{n} B_k$ (복호동순)

(3) $\sum_{k=1}^{n} c = cn$ (단, c는 k와 무관한 상수)

예 제

연 이자율이 10%일 때, 1년 말부터 매년 1,000원씩을 예금할 때 3년도 말에 수령하는 금액(3년 말의 연금의 미래가치 ; *FVA*)은 얼마인가?

등비수열의 합은 연금(annuity)의 미래가치나 현재가치를 구할 때 사용할 수 있다. 예를 들어 연 이자율이 10%일 때, 1년 말부터 매년 1,000원씩을 예금할 때 3년도 말에 수령하는 금액(3년 말의 연금의 미래가치; *FVA*)은 미래가치식을 이용하여 다음과 같이 구할 수 있을 것이다.

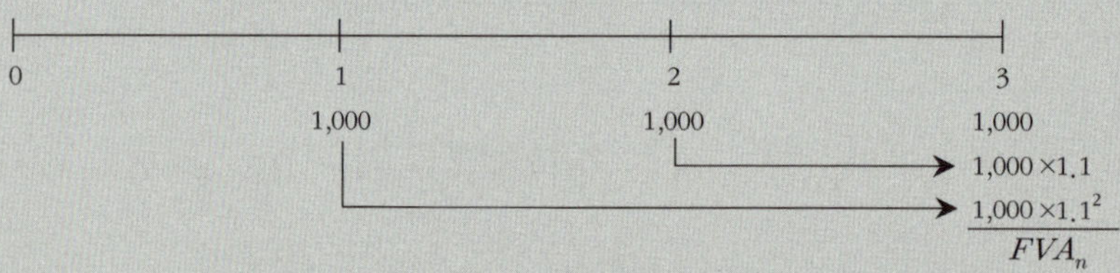

FVA_3 =1,000+1,000×(1+10%)+1,000×(1+10%)^2=3,310원

따라서 이러한 연금의 미래가치는 초항이 1,000이고, 공비가 1.1인 등비수열의 합이 된다.

$FVA_3 = 1,000 \times \left(\frac{1.1^3 - 1}{1.1 - 1}\right) = 3,310$원

4. 무한등비급수

한없이 계속되는 등비수열을 무한등비수열이라 하고, 이러한 무한등비수열을 합으로 나타낸 것을 무한등비급수라 한다.

$$A+Ag+Ag^2+Ag^3+\cdots=\sum_{n=1}^{\infty}Ag^{n-1}$$

무한등비급수의 수렴값인 무한등비급수의 합(S)은 다음과 같이 구할 수 있다.

$$\begin{array}{rl} S= & A+Ag+Ag^2+Ag^3+\cdots \\ -)\ gS= & \quad Ag+Ag^2+Ag^3+Ag^4+\cdots \\ \hline S-gS=A & \end{array}$$

$$S=\frac{A}{1-g}=\frac{\text{초항}}{1-\text{공비}} \quad (\text{단, } |g|<1)$$

예 제

연 이자율이 10%인 경우 매년 말 1,000원씩의 채권수익을 영구히 지급하는 채권(영구채권)의 가격은 얼마인가?

무한등비급수의 합은 영구채권(perpetuity)의 현재가치를 구하는데 이용할 수 있다. 연 이자율이 10%인 경우 매년 말 1,000원씩을 영구히 지급하는 영구채권의 수익의 현재가치는 다음과 같다.

$$PVA(\infty)=\frac{1{,}000}{1.1}+\frac{1{,}000}{1.1^2}+\frac{1{,}000}{1.1^3}+\cdots=\frac{1{,}000}{1.1}+\frac{1{,}000}{1.1}\times\left(\frac{1}{1.1}\right)+\frac{1{,}000}{1.1}\times\left(\frac{1}{1.1}\right)^2+\cdots$$

이러한 영구채권의 수익의 현재가치는 초항(A)이 $\frac{1{,}000}{1.1}$이고, 공비(g)가 $\left(\frac{1}{1.1}\right)$인 무한등비급수의 합과 동일하므로 식을 이용하여 다음과 같이 영구채권의 현재가치를 구할 수 있다.

$$PVA(\infty)=\frac{\frac{1{,}000}{1.1}}{1-\frac{1}{1.1}}=\frac{\frac{1{,}000}{1.1}}{\frac{1.1-1}{1.1}}=\frac{1{,}000}{0.1}=10{,}000\text{원}$$

매년 지급되는 채권수익을 c라고 하고, 연이자율을 R이라고 할 때, 이러한 영구채권의 채권수익의 현재가치를 구하는 식은 다음과 같이 일반화할 수 있다.

$$PVA(\infty)=\frac{c}{R}$$

이러한 영구채권의 가격을 P라고 할 때 채권가격은 결국 채권수익의 현재가치의 합과 같으므로 영구채권의 가격은 다음과 같이 나타낼 수 있다.

$$P=PVA(\infty)=\frac{c}{R}$$

예 제

시중금리가 연 5%에서 6%로 인상될 경우, 향후 매년 300만원씩 영구히 지급받을 수 있는 영구채권(perpetuity)의 현재가치는 어떻게 변하게 되는가?

① 3만원 감소 ② 100만원 감소 ③ 300만원 감소
④ 1,000만원 감소 ⑤ 영구채이므로 불변

이자율이 연 5%라면 이 영구채의 현재가치는 $\frac{300\text{만원}}{0.05}$=6,000만원이고, 이자율이 연 6%라면 이 영구채의 현재가치는 $\frac{300\text{만원}}{0.06}$=5,000만원이 된다. 따라서 시중금리가 연 5%에서 연 6%로 인상될 경우 이 영구채의 현재가치는 6,000만원에서 5,000만원으로 1,000만원 감소하게 된다.

정답 ❹

제23장 미분과 접선의 기울기

1. 미분의 기초개념

(1) 사례1

택시를 타는 경우 기본요금 1,000원에 1km마다 200원씩 요금이 계산되는 경우, 이동거리가 달라지면 총요금이 변하게 된다. 이동거리를 x로, 총요금을 y로 나타내면 둘의 관계를 함수식으로 간단히 나타낼 수 있다.

$$y = 1{,}000 + 200x$$

이렇게 이동거리가 총요금에 영향을 미치게 되므로, 이동거리(x)를 알게 되면 총요금은 자동적으로 결정되는 관계에 있을 것이다. 따라서 이러한 의미에 따라 x를 독립변수로, y를 종속변수라 한다. x라는 독립변수와 y라는 종속변수의 이러한 관계를 다음과 같이 함수식으로 나타낼 수 있다.

$$y = f(x)$$

이는 'x의 변화가 y에 영향을 미치는 요인이 된다.' 정도로 생각하면 될 것이다.

택시요금과 이동거리간의 관계를 알지 못하는 경우를 가정해 보자. 한번은 종로에서 신촌까지 3km의 거리를 가는데 1,600원을 지급하였고, 또 한 번은 종로에서 강남역까지 10km의 거리를 가는데 3,000원을 지급하였다고 한다. 그렇다면 이동거리가 1km씩 증가할 때마다 얼마의 금액을 더 지급한 셈이 되겠는가? 이를 알기 위해서는 미분의 개념이 필요하다. 즉, 7km를 더 가는데 1,400원을 더 지급하였으므로 1km를 가는데 200원씩의 요금이 발생한다는 사실을 알 수 있다.

그림 23-1

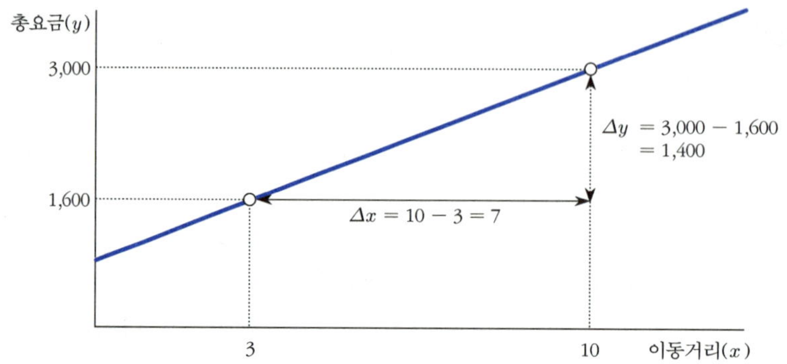

이는 이동거리가 7km 증가할 때($\Delta x = 7$), 총요금이 1,400원 증가하였으므로($\Delta y = 1,400$) 이동거리가 1km 증가시 요금의 증분은 다음과 같이 구할 수 있다.

$$\frac{\Delta y}{\Delta x} = \frac{1,400}{7} = 200\,\text{원/km}$$

이러한 x, y의 관계에 있어서 기울기가 바로 미분값[1)]이 되는 것이며, x의 변화에 따른 y의 변화분을 얻고자 미분을 사용하는 것이다.

(2) 사례2

미분에 대한 좀 더 알아보기 위해 다른 사례를 보도록 하자. 수돗물 사용량(x)에 따라 사용요금(y)이 사용량의 제곱(x^2)이 된다고 하자. 사용량에 따른 사용요금은 다음과 같이 식으로 표현할 수 있다.

$$y = x^2$$

1) 이는 정확히 얘기하자면 차분몫(difference quotient)이 되며, 미분은 dx로 표기하며 $\Delta x \to 0$일 때를 의미한다.

그림 23-2

사용요금=사용량2

사용량	사용요금
10 l	100원
20 l	400원
30 l	900원
40 l	1,600원
50 l	2,500원
60 l	3,600원
70 l	4,900원
80 l	6,400원

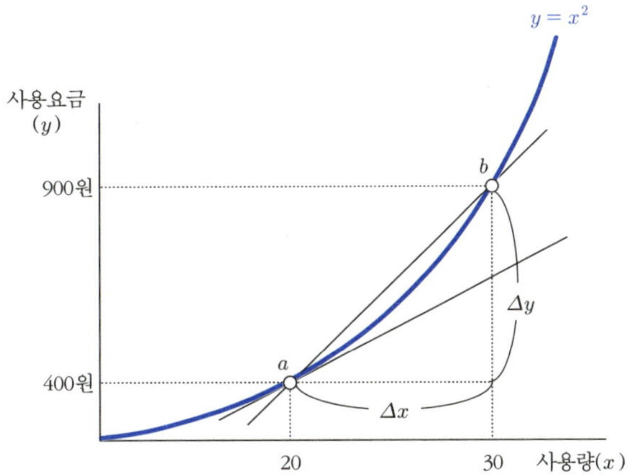

현재 20 l 를 사용 중인 김씨는 10 l (Δx)를 추가로 사용시 증가하는 요금은 500원(Δy)이 될 것이다. 따라서 1 l 당 50원의 추가요금을 부담한다고 할 수 있다. 이를 평균변화율이라고 하며, 경제학에 있어 호탄력도를 산출하는데 사용하는 개념이 된다.

$$평균변화율 = \frac{\Delta y}{\Delta x} = \frac{500}{10} = 50\,원/\,l$$

그렇다면 현재 20 l 를 사용 중인 김씨가 1 l 를 추가로 사용한 경우 추가부담하는 요금은 얼마가 되는가? 평균변화율에 의하면 1 l 당 50원씩 추가된다고 하였으므로 총요금은 450원(=400+50)이 될 것이다. 그러나 실제 21 l 사용에 따른 총요금은 441원(=21^2)이 될 것이므로 실제 추가부담요금은 41원이 된다. 이렇게 독립변수와 종속변수가 비선형의 관계에 있을 때에는 1 l 가 추가되는 경우와 10 l 가 추가되는 경우의 평균변화율은 서로 다르게 나타난다. 이는 그림에서 기울기의 변화로 확인할 수도 있을 것이다.

2. 미분값과 도함수

(1) 차분값(차분계수)

① $y = x^2$이라는 간단한 함수를 가정하자.

최초 x값을 x_0라고 하고, x_0가 Δx만큼 증가하여 x_1이 된 경우 Δx는 다음과 같이 나타낼 수 있다.

$$\Delta x = x_1 - x_0$$

즉, 최초 x값이 20이고(x_0=20), x값이 10만큼 증가하면(Δx=10) 30이 될 것이다(x_1=30).

$$\Delta x = 30 - 20 = 10$$

② 이 때 x값이 x_0일 때의 y값을 y_0라고 하고 x_1일 때의 y값을 y_1이라고 하면, y_0와 y_1, 그리고 y값의 변화분인 Δy는 다음과 같이 나타낼 수 있다.

$y_0 = x_0^2$, $y_1 = x_1^2$, $\Delta y = y_1 - y_0 = x_1^2 - x_0^2$

즉, 사례에 의하면 y값의 변화분은 다음과 같다.

$y_0 = 20^2 = 400$, $y_1 = 30^2 = 900$, $\Delta y = 900 - 400 = 500$

따라서 이러한 경우의 차분몫(차분계수)은 다음과 같다.

$$\text{차분몫(차분계수)} = \frac{\Delta y}{\Delta x} = \frac{500}{10} = 50$$

③ 결국 이러한 차분몫(차분계수)($= \frac{\Delta y}{\Delta x}$)은 x값이 1만큼 변화할 때 y값의 변화분을 의미한다. 즉, x값이 10만큼 변화할 때 y값은 500만큼 변하므로, x값이 1만큼 변할 때에는 y값의 변화는 50이라는 것이다.

④ 그러나 이러한 차분몫에 의한 값은 정확하지 않다. 즉, x값이 20에서 21로 1만큼 변하는 경우의 차분몫을 구해보면 다음과 같다.

$x_0 = 20$, $x_1 = 21$, $\Delta x = 21 - 20 = 1$

$y_0 = 20^2 = 400$, $y_1 = 21^2 = 441$, $\Delta y = 441 - 400 = 41$

$$\frac{\Delta y}{\Delta x} = \frac{41}{1} = 41$$

즉, x값이 진짜로 1만큼 변할 때 y값은 41만큼 변함을 알 수 있다. 이러한 차분몫을 정확하게 식으로 표현하면 다음과 같다.

$$\frac{\Delta y}{\Delta x} = \frac{(x_0 + \Delta x)^2 - x_0^2}{\Delta x} = \frac{2x_0 \Delta x + \Delta x^2}{\Delta x} = 2x_0 + \Delta x$$

(2) 미분값(미분계수)의 필요성과 도함수

① 위에서 $y = x^2$이라는 간단한 함수를 사례로 하여 x가 10 또는 1만큼 변할 때 y의 변화분을 구해보았다. 그렇다면 x가 매우 작게 변화할 때(Δx가 거의 0에 가까운 값을 가질 때)의 y의 변화는 어떻게 측정할 수 있는가? 이는 $\Delta x \to 0$일 때(이를 dx로 표기한다)의 y의 변화분(이를 dx로 표기한다)을 구하여 측정할 수 있을 것이다. 이러한 미분값은 도함수를 도출하여 구할 수 있다.

② Δx가 거의 0에 가까운 값을 가질 때(이를 $\Delta x \to 0$ 또는 dx로 표기한다) y값의 변화분(이는 dy로 표기한다)은 다음과 같이 구할 수 있다.

$$\frac{dy}{dx} = \lim_{\Delta x \to 0} \frac{\Delta y}{\Delta x} = \lim_{\Delta x \to 0} (2x_0 + \Delta x) = 2x_0 = \text{순간변화율}$$

③ 이렇게 x값의 매우 작은 변화분(dx)에 대한 y값의 변화분(dy)의 비율을 구하는 식을 도함수(derivative)라고 부르며, 이는 dy/dx로 표기하거나 f' 또는 $f'(x)$로 표기한다.

$$f'(x) = \frac{dy}{dx} = 2x_0$$

④ 즉, x값이 20에서 아주 조금 변화할 때, y값은 40(=2×20)만큼 변화함을 도함수를 통해 확인할 수 있다. 이렇게 도함수를 구하는 과정을 미분(differentiation)이라고 부르며, 이러한 x와 y값의 변화분 dx, dy를 미분값이라고 부른다.

⑤ 비선형함수의 경우 도함수 자체가 x로 이루어져 있으므로 x값에 따라 미분값(또는 도함수값)은 변화한다.

x	10	20	30	…
$f'(x)$	20(=2×10)	40(=2×20)	60(=2×30)	…

즉, x값이 10인 경우 x값과 y값의 변화비율은 20으로 x값이 1만큼 변할 때 y값은 20만큼 변할 것이라고 얘기할 수 있으나, x값이 20이 된 경우 x값과 y값의 변화비율은 40으로 x값이 1만큼 변할 때 y값은 40만큼 변할 것이라고 얘기할 수 있다.

⑥ 따라서 이러한 미분값은 그래프 상에서 볼 때 각 x값에서의 접선의 기울기를 의미한다.

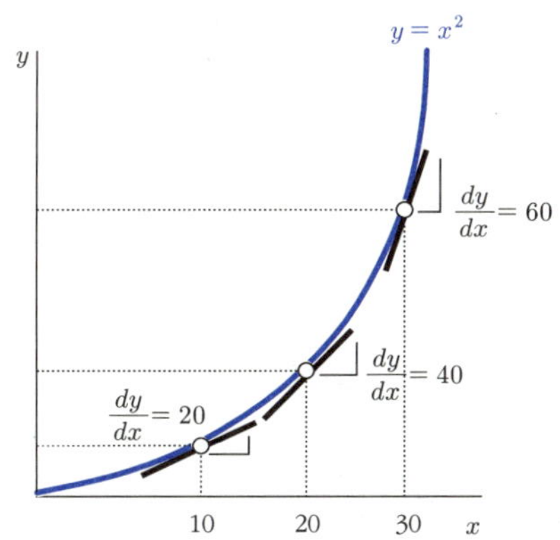

$$f'(x) = \frac{dy}{dx} = \text{각 } x \text{ 값에서의 접선의 기울기}$$

몇 가지의 미분법칙을 알고 있다면 도함수는 쉽게 구할 수 있으며, 도함수를 통해 현재 x값의 변화에 따른 y값의 변화분을 확인할 수 있을 것이다.

3. 미분공식

(1) 상수함수(constant function)의 미분법칙

a를 상수라 할 때, 상수함수 $y=a$의 도함수는 항상 0이다. 즉, 이는 모든 x값에 대해서 도함수값이 0이라는 것으로 그래프상으로는 모든 x값에서 기울기가 0임을 확인할 수 있다. 이는 다음과 같이 표시할 수도 있다.

$$y=a \quad \Rightarrow \quad \frac{d}{dx}y=\frac{d}{dx}f(x)=\frac{d}{dx}a=0$$

이는 제곱근($\sqrt{\ }$)과 같은 하나의 연산기호로 받아들이면 된다. 즉, d/dx라는 것이 나타나면 "주어진 함수를 x로 미분한다"라는 의미를 가지는 것이다.

예를 들어 $y=2$라는 함수의 도함수는 $dy/dx=0$이 된다.

(2) 멱함수(power function)의 미분법칙

① 멱함수는 $y=x^n$으로 표현되는 함수이다. n에 값에 따라 그래프는 다음과 같이 나타난다.

그림 23-3

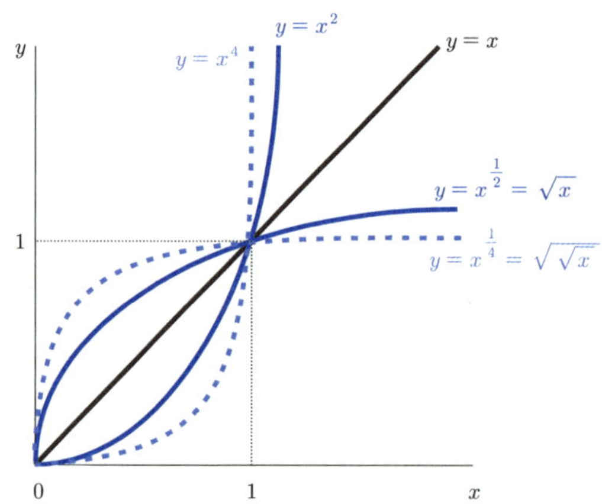

② 멱함수에 대한 도함수는 다음과 같다.

$$y=x^n \quad \Rightarrow \quad \frac{dy}{dx}=nx^{n-1}$$

ex1) $y=x$에 대한 도함수 ➡ $\dfrac{dy}{dx}=1x^{1-1}=1$

ex2) $y=x^3$에 대한 도함수 ➡ $\frac{dy}{dx}=3x^{3-1}=3x^2$

ex3) $y=\sqrt{x}=x^{0.5}$에 대한 도함수

$$➡ \frac{dy}{dx}=0.5x^{0.5-1}=0.5x^{-0.5}=\frac{1}{2}\times\frac{1}{x^{0.5}}=\frac{1}{2}\times\frac{1}{\sqrt{x}}=\frac{1}{2\sqrt{x}}$$

ex4) $y=x^{-3}$에 대한 도함수 ➡ $\frac{dy}{dx}=-3x^{-3-1}=-3x^{-4}=-3\frac{1}{x^4}=-\frac{3}{x^4}$

③ 만약 멱함수에 상수 a가 곱해져 있는 $y=ax^n$의 도함수는 다음과 같다.

$$y=ax^n ➡ \frac{dy}{dx}=anx^{n-1}$$

ex1) $y=4x$에 대한 도함수 ➡ $\frac{dy}{dx}=4\times 1x^{1-1}=4$

ex2) $y=6x^3$에 대한 도함수 ➡ $\frac{dy}{dx}=6\times 3x^{3-1}=18x^2$

ex3) $y=4\sqrt{x}=4x^{0.5}$에 대한 도함수

$$➡ \frac{dy}{dx}=4\times 0.5x^{0.5-1}=2x^{-0.5}=2\times\frac{1}{x^{0.5}}=2\times\frac{1}{\sqrt{x}}=\frac{2}{\sqrt{x}}$$

ex4) $y=2x^{-3}$에 대한 도함수 ➡ $\frac{dy}{dx}=2\times(-3)x^{-3-1}=-6x^{-4}=-6\frac{1}{x^4}=-\frac{6}{x^4}$

(3) 자연지수와 자연로그의 미분법칙

① $y=e^{f(x)}$에 대한 도함수 : $\frac{dy}{dx}=\frac{d}{dx}e^{f(t)}=f'(t)e^{f(t)}$

ex1) $y=e^x$에 대한 도함수 : $\frac{dy}{dx}=\frac{d}{dx}e^x=e^x$

ex2) $y=3e^{7x}$에 대한 도함수 : $\frac{dy}{dx}=\frac{d}{dx}3e^{7x}=3\times(7e^{7x})=21e^{7x}$

ex3) $y=3e^{7x^2}$에 대한 도함수 : $\frac{dy}{dx}=\frac{d}{dx}3e^{7x^2}=3\times\left(14x\times e^{7x^2}\right)=42xe^{7x^2}$

② $y=\ln f(x)$에 대한 도함수 : $\frac{dy}{dx}=\frac{d}{dx}ln f(x)=\frac{f'(x)}{f(x)}$

ex1) $y=\ln x$에 대한 도함수 : $\frac{dy}{dx}=\frac{d}{dx}\ln x=\frac{1}{x}$

ex2) $y=\ln 3x$에 대한 도함수 : $\frac{dy}{dx}=\frac{d}{dx}\ln 3x=\frac{3}{3x}=\frac{1}{x}$

ex3) $y = \ln x^3$에 대한 도함수: $\dfrac{dy}{dx} = \dfrac{d}{dx}\ln x^3 = \dfrac{3x^2}{x^3} = \dfrac{3}{x}$

(4) 합차의 미분법칙

두 함수가 더해지거나 차감되는 함수에 있어서 도함수는 각각의 도함수를 구하여 이를 합하거나 차감한 것과 동일하다.

$$\frac{d}{dx}[f(x)+g(x)] = \frac{d}{dx}f(x) + \frac{d}{dx}g(x) = f'(x) + g'(x)$$
$$\frac{d}{dx}[f(x)-g(x)] = \frac{d}{dx}f(x) - \frac{d}{dx}g(x) = f'(x) - g'(x)$$

ex1) $y = x^3 + x^2 + x + 1$에 대한 도함수

➡ $\dfrac{dy}{dx} = 3x^{3-1} + 2x^{2-1} + 1x^{1-1} + 0 = 3x^2 + 2x + 1$

ex2) $y = 4x^2 + 6x + 3$에 대한 도함수

➡ $\dfrac{dy}{dx} = 4 \times 2x^{2-1} + 6 \times 1x^{1-1} + 0 = 8x + 6$

예 제

다음 함수를 미분하여 도함수를 구하라.

(1) $y = 17$　(2) $y = 5x + 12$　(3) $y = 8x^3$

(4) $y = -6x^4 + 3x - 2$　(5) $y = \dfrac{5}{x^2} + \dfrac{3}{x}$　(6) $y = 18\sqrt{x}$

(1) $\dfrac{dy}{dx} = 0$

(2) $\dfrac{dy}{dx} = 5$

(3) $\dfrac{dy}{dx} = 24x^2$

(4) $\dfrac{dy}{dx} = -24x^3 + 3$

(5) 지수법칙에 의하면 다음과 같이 함수를 표시할 수 있다.

$y = \dfrac{5}{x^2} + \dfrac{3}{x} = 5x^{-2} + 3x^{-1}$

$\dfrac{dy}{dx} = 5 \times (-2)x^{-2-1} + 3 \times (-1)x^{-1-1} = -10x^{-3} - 3x^{-2} = -\dfrac{10}{x^3} - \dfrac{3}{x^2}$

(6) $y = 18\sqrt{x} = 18x^{0.5}$

$\dfrac{dy}{dx} = 18 \times 0.5x^{0.5-1} = 9x^{-0.5} = \dfrac{9}{x^{0.5}} = \dfrac{9}{\sqrt{x}}$

(5) 곱의 미분법칙

두 함수의 곱에 대한 도함수는 다음과 같다.

$$\frac{d}{dx}f(x)g(x) = f(x)\frac{d}{dx}g(x)+g(x)\frac{d}{dx}f(x) = f(x)g'(x)+g(x)f'(x)$$

ex) $y=(x^2+x)(x^3+1)$에 대한 도함수

i) 식을 풀면 $y=x^5+x^2+x^4+x$이므로 이에 대한 도함수는 다음과 같다.

➡ $\frac{dy}{dx}=5x^4+4x^3+2x+1$

ii) 곱의 미분법칙으로 풀면 도함수는 다음과 같다.

➡ $\frac{dy}{dx}=(x^2+x)(3x^2)+(x^3+1)(2x+1)=3x^4+3x^3+2x^4+x^3+2x+1$

$=5x^4+4x^3+2x+1$

(6) 몫의 미분법칙

두 함수의 몫에 대한 도함수는 다음과 같다.

$$\frac{d}{dx}\frac{f(x)}{g(x)} = \frac{f'(x)g(x)-f(x)g'(x)}{g^2(x)}$$ (단, $g^2(x)=[g(x)]^2$임)

ex) $y=\frac{3x-4}{x+2}$에 대한 도함수

➡ $\frac{d}{dx}\left(\frac{3x-4}{x+2}\right) = \frac{(3)(x+2)-(3x-4)(1)}{(x+2)^2} = \frac{10}{(x+2)^2}$

(7) 연쇄법칙(chain rule)

변수 z는 y값에 의해 결정되는 $z=f(y)$이고, 변수y는 x값에 의해 결정되는 $y=g(x)$이라고 하자. 이 경우 x값의 변화는 y값을 변화시키고, y값의 변화는 z값을 변화시키게 된다. 따라서 변수z의 x에 관한 도함수는 다음과 같다.

$$\frac{dz}{dx}=\frac{dz}{dy}\frac{dy}{dx}$$

예를 들어 $z=4y^2$이고, $y=3x+4$인 경우 dz/dx를 구하기 위해서는 먼저 각 함수의 도함수를 구해야 한다.

$$\frac{dz}{dy}=8y, \quad \frac{dy}{dx}=3$$

따라서 $\dfrac{dz}{dx}=\dfrac{dz}{dy}\dfrac{dy}{dx}=8y\times 3=24y=24\times(3x+4)=72x+96$

이는 현재 x값이 1일 때 y값은 7이고, z값은 196이다. 이 때 x값이 아주 작은 값인 0.1만큼 증가한다면($\Delta x=0.1$) y값은 그 3배인 0.3만큼 증가하고($\Delta y=0.3$), y값이 0.3만큼 증가할 때 z값은 56배(=8×7)인 16.8만큼 증가할 것이다($\Delta z=16.8$). 이는 x값이 0.1만큼 증가할 때, z값은 168배(=3×56)인 16.8만큼 증가한다고 얘기할 수 있다. 따라서 x값 증가에 따른 z값의 변화율은 다음과 같이 구할 수 있다.

$$\frac{dz}{dx}=24y=24\times 7=168 \quad \text{또는} \quad \frac{dz}{dx}=72x+96=72\times 1+96=168$$

이러한 연쇄법칙은 $z=(3x^2+4x-6)^{13}$과 같은 복잡한 함수를 미분할 때 매우 편리하다. 이 함수는 $y=3x^2+4x-6$이라고 할 때 $z=y^{13}$으로 표기할 수 있을 것이다. 따라서 도함수는 다음과 같다.

$$\frac{dz}{dx}=\frac{dz}{dy}\frac{dy}{dx}=13y^{12}\times(6x+4)=13(3x^2+4x-6)^{12}(6x+4)$$

예제

다음의 함수에 대한 도함수를 구하라.

(1) $y=(6x^3+9)^4$

(2) $y=(4x^5-1)^7$

(3) $y=\dfrac{1}{7x^3+13x+3}$

(4) $y=\sqrt{34-6x^2}$

(1) $z=6x^3+9$라고 하면 $y=z^4$이 된다.

$\dfrac{dz}{dx}=18x^2$이고, $\dfrac{dy}{dz}=4z^3$이므로 $\dfrac{dy}{dx}$는 다음과 같다.

$$\frac{dy}{dx}=\frac{dy}{dz}\frac{dz}{dx}=4z^3\times18x^2=4(6x^3+9)^3\times18x^2=72x^2(6x^3+9)^3$$

(2) $z=4x^5-1$라고 하면 $y=z^7$이 된다.

$\dfrac{dz}{dx}=20x^4$이고, $\dfrac{dy}{dz}=7z^6$이므로 $\dfrac{dy}{dx}$는 다음과 같다.

$$\frac{dy}{dx}=\frac{dy}{dz}\frac{dz}{dx}=7z^6\times20x^4=7(4x^5-1)^6\times20x^4=140x^4(4x^5-1)^6$$

(3) $z=7x^3+13x+3$라고 하면 $y=\dfrac{1}{z}=z^{-1}$이 된다.

$\dfrac{dz}{dx}=21x^2+13$이고, $\dfrac{dy}{dz}=-1z^{-2}$이므로 $\dfrac{dy}{dx}$는 다음과 같다.

$$\frac{dy}{dx}=\frac{dy}{dz}\frac{dz}{dx}=-z^{-2}\times(21x^2+13)=-(7x^3+13x+3)^{-2}\times(21x^2+13)$$

$$=-\frac{21x^2+13}{(7x^3+13x+3)^2}$$

(4) $z=34-6x^2$라고 하면 $y=\sqrt{z}=z^{0.5}$이 된다.

$\dfrac{dz}{dx}=-12x$이고, $\dfrac{dy}{dz}=0.5z^{-0.5}$이므로 $\dfrac{dy}{dx}$는 다음과 같다.

$$\frac{dy}{dx}=\frac{dy}{dz}\frac{dz}{dx}=0.5z^{-0.5}\times(-12x)=\frac{0.5}{\sqrt{34-6x^2}}\times(-12x)=-\frac{6x}{\sqrt{34-6x^2}}$$

4. 편미분과 전미분

(1) 편미분

① 지금까지는 하나의 변수만이 있는 함수의 도함수를 살펴보았다($y=f(x)$의 형태). 그러나 현실적인 세계에서는 여러 변수가 영향을 미칠 수 있다. 따라서 여러 변수가 존재하는 경우($z=f(x,y)$의 형태)의 도함수를 구하는 방법을 확인하여야 할 것이다.

② 편미분(partial differentiation)이란 2개 이상의 독립변수가 존재하는 함수($z=f(x,y)$)에서 다른 변수들은 일정하다고 가정하고(상수로 취급하고), 특정변수에 대해서만 미분을 해는 것을 의미하고 그 때의 도함수를 편도함수(partial derivative)라고 한다.

③ 예를 들어 $z = f(x,y)$에서 x에 대한 편미분은 다음과 같이 나타낼 수 있다.

$$\frac{\partial z}{\partial x} = \lim_{\Delta x \to 0} \frac{\Delta z}{\Delta x} = \frac{f(x+\Delta x, y) - f(x, y)}{\Delta x}$$

(편도함수는 도함수의 미분기호 d대신에 그리스 문자δ(소문자 델타)의 변형인 기호 ∂(라운드)를 사용하는 것이 원칙이다.)

예 제

다음의 함수 $f(x, y)$에서 $\frac{\partial f}{\partial x}$, $\frac{\partial f}{\partial y}$를 구하라.

(1) $f(x,y) = x^2 + 5xy - y^3$

(2) $f(x,y) = (x^2 - 3y)(x-2)$

(3) $f(x,y) = 6x^{\frac{1}{3}} y^{\frac{2}{3}}$

(4) $f(x,y) = \sqrt{xy}$

(5) $f(x,y) = x^{0.4} y^{0.6}$

(6) $f(x,y) = 10xy + 10$

(1) $\frac{\partial f}{\partial x} = 2x + 5y$, $\frac{\partial f}{\partial y} = 5x - 3y^2$

(2) $\frac{\partial f}{\partial x} = 3x^2 - 4x - 3y$, $\frac{\partial f}{\partial y} = -3x + 6$

(3) $\frac{\partial f}{\partial x} = 2x^{-\frac{2}{3}} y^{\frac{2}{3}}$, $\frac{\partial f}{\partial y} = 4x^{\frac{1}{3}} y^{-\frac{1}{3}}$

(4) $\frac{\partial f}{\partial x} = \frac{1}{2} x^{-\frac{1}{2}} y^{\frac{1}{2}}$, $\frac{\partial f}{\partial y} = \frac{1}{2} x^{\frac{1}{2}} y^{-\frac{1}{2}}$

(5) $\frac{\partial f}{\partial x} = 0.4x^{-0.6} y^{0.6}$, $\frac{\partial f}{\partial y} = 0.6x^{0.4} y^{-0.4}$

(6) $\frac{\partial f}{\partial x} = 10y$, $\frac{\partial f}{\partial y} = 10x$

(2) 전미분

① 전미분(total differantial)이란 2개 이상의 독립변수가 존재하는 함수($z = f(x,y)$)에서 모든 변수에 대해서 미분을 하는 것을 의미하고 그 때의 도함수를 전도함수(total derivative)라고 한다.

② 예를 들어 $z = f(x,y)$에서 전미분은 다음과 같이 나타낼 수 있다.

$$dz = \frac{\partial z}{\partial x} dx + \frac{\partial z}{\partial y} dy$$

예제

다음의 함수 $z=f(x, y)$의 전미분을 구하라.

(1) $z=f(x,y)=x^2+5xy-y^3$

(2) $z=f(x,y)=(x^2-3y)(x-2)$

(3) $z=f(x,y)=6x^{\frac{1}{3}}y^{\frac{2}{3}}$

(4) $z=f(x,y)=\sqrt{xy}$

(5) $z=f(x,y)=12x^{0.4}y^{0.6}$

(6) $z=f(x,y)=10xy+10$

(1) $dz=(2x+5y)dx+(5x-3y^2)dy$

(2) $dz=(3x^2-4x-3y)dx+(-3x+6)dy$

(3) $dz=(2x^{-\frac{2}{3}}y^{\frac{2}{3}})dx+(4x^{\frac{1}{3}}y^{-\frac{1}{3}})dy$

(4) $dz=(\frac{1}{2}x^{-\frac{1}{2}}y^{\frac{1}{2}})dx+(\frac{1}{2}x^{\frac{1}{2}}y^{-\frac{1}{2}})dy$

(5) $dz=(4.8x^{-0.6}y^{0.6})dx+(7.2x^{0.4}y^{-0.4})dy$

(6) $dz=(10y)dx+(10x)dy$

5. 1계미분과 2계미분

(1) 1계미분

① $y=f(x)$의 함수에 있어서 미분값(dy/dx)의 부호는 x값의 증가에 따라 y값이 증가하는가 또는 감소하는가를 알려준다.

$$\begin{cases} f'(x)=\dfrac{dy}{dx}>0 : x\text{값 증가시 } y\text{값 증가} \\ f'(x)=\dfrac{dy}{dx}<0 : x\text{값 증가시 } y\text{값 감소} \end{cases}$$

② 이러한 미분의 성질을 이용하여 함수의 최대 또는 최소값을 찾을 수 있다. 즉, x^*에서의 미분값이 0인 경우 y의 값은 더 이상 증가하거나 감소하지 않는 상태가 되어 이때의 y값을 최대값 또는 최소값이라고 할 수 있다. 다만 최대값인지 최소값인지를 알 수는 없다. [그림23−4]의 (a)를 보면 x값이 증가하면서 미분값이 (+)에서 0이 된 후 (−)가 되는데, 이 때 미분값이 0이 되는 지점(x^*)에서의 y값이 최대값이 됨을 알 수 있다.

③ 반면에 [그림 23−4]의 (b)를 보면 x값이 증가하면서 미분값이 (−)에서 0이 된 후 (+)가 되는데, 이 때 미분값이 0이 되는 지점(x^*)에서의 y값이 최소값이 됨을 알 수 있다. 이렇게 미분값의 변화는 최대인지 또는 최소인지를 확인시켜 준다.

그림 23-4 **1계미분과 최대·최소**

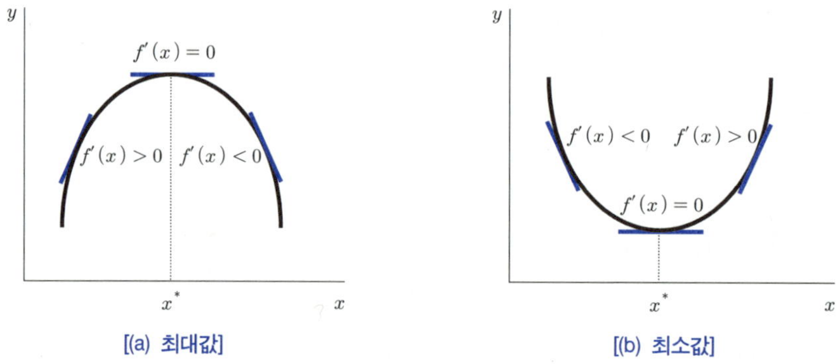

(2) 2계미분

① 한 번 미분한 도함수 $f'(x)$를 다시 한 번 더 미분한 도함수를 2계도함수라 하고 다음과 같이 표기한다.

$$f''(x) \text{ 또는 } \frac{d^2y}{dx^2}$$

예를 들어 $y = x^2$의 1계도함수는 다음과 같다.

$$f'(x) = \frac{dy}{dx} = 2x$$

따라서 1계도함수 값이 0이 되는 x값은 다음과 같다.

$$f'(x) = 2x = 0 \quad \rightarrow \quad x = 0$$

즉, x값이 0인 경우 y값은 최대 또는 최소가 된다.

② 1계도함수를 한 번 더 미분한 2계 도함수를 구하여 최대 또는 최소를 판단해 보도록 하자. 1계도함수를 한 번 더 미분하면 다음과 같다.

$$f''(x) = \frac{d^2y}{dx^2} = 2$$

2계도함수가 0보다 크다는 의미는 한번 미분한 1계 미분값이 계속적으로 증가한다는 의미가 된다. 즉, 1계 미분값은 (−)에서 (+)로 계속 증가한다는 의미가 되어 x값이 0일 때의 y값은 최소값임을 알 수 있다.

반면에 $y = -x^2$의 경우는 다음과 같다.

$$f'(x) = -2x = 0 \quad \rightarrow \quad x = 0$$
$$f''(x) = -2$$

③ 따라서 2계도함수가 0보다 작다는 의미는 한번 미분한 1계 미분값이 계속적으로 감소한다는 의미가 된다. 즉, 1계 미분값은 (+)에서 (−)로 계속 감소한다는 의미가 되어 x값이 0일 때의 y값은 최대값임을 알 수 있다.

최대값을 가질 조건	최소값을 가질 조건
$f'(x)=0$ $f''(x)<0$	$f'(x)=0$ $f''(x)>0$

④ 2계 미분값은 단순히 함수의 최대 · 최소의 판단만을 가능케 하는 것이 아니라 곡선의 곡률을 알려준다. 예를 들어 $y=x^2$과 $y=4x^2$의 경우 1계도함수와 2계도함수는 다음과 같다.

$y=x^2$	$y=4x^2$
$f'(x)=2x$	$f'(x)=8x$
$f''(x)=2$	$f''(x)=8$

즉, $y=x^2$보다는 $y=4x^2$의 2계 도함수값이 더 크므로 곡률이 더 큼을 알 수 있다.

그림 23-5 **2계도함수와 곡률**

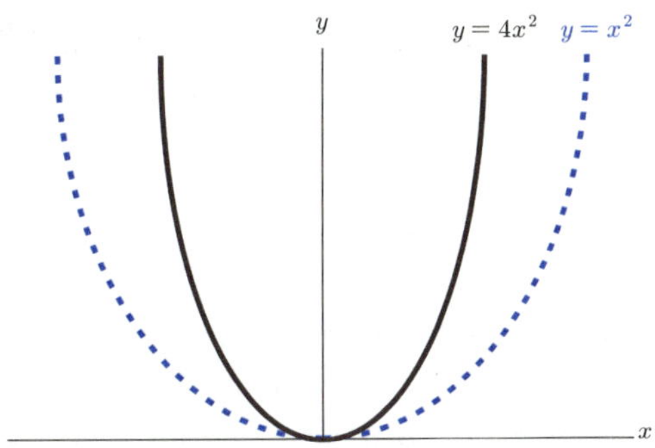

예 제

기업의 총비용(TC)함수가 $TC=Q^3-4Q^2+6Q+10$으로 표시된다고 하자. 다음 설명 중 타당한 것은? (단, Q는 생산량)

① 이 비용함수는 장기비용함수이다.
② 평균비용(AC)함수는 Q^2-4Q+6 이다.
③ 한계비용(MC)은 전 생산량 구간에서 체증한다.
④ 조업중단가격(shutdown price)은 2 이다.
⑤ 이 기업의 생산은 규모의 경제(economies of scale)를 보인다.

$TC = (Q^3-4Q^2+6Q+10)$에서

총가변비용$= Q^3-4Q^2+6Q$

평균가변비용$= \frac{TC}{Q} = \frac{(Q^3-4Q^2+6Q)}{Q} = Q^2-4Q+6 = (Q-2)^2+2$

④ 조업중단가격(shutdown price)은 평균가변비용곡선의 최소점에서 결정되므로 2 이다.

① 고정비용=10 이므로 단기의 비용함수이다.

② 평균비용(AC)$= Q^2-4Q+6+\frac{10}{Q}$

③ 한계비용(MC)$=3Q^2-8Q+6$이므로 한계비용의 2계 미분값이 0이 되는 생산량은 Q=4/3이다. 따라서 한계비용은 Q=4/3을 기준으로 감소하다가 증가하는 형태를 가진다.

⑤ 규모의 경제는 장기의 개념이다.

정답 ❹

예제

구두시장은 완전경쟁적이며, 구두를 생산하는 모든 기업의 장기평균비용은 $AC_i = (q_i-10)^2/2+20$으로 동일하다고 가정하자. 구두에 대한 시장수요는 $Q^D = 1{,}000-10P$이다. 구두시장의 장기균형에서 가격과 기업의 수는? (단, AC_i는 기업 i의 장기평균비용, q_i는 기업 i의 생산량, Q^D는 시장수요량, P는 가격)

① 가격은 20, 기업 수는 80개

② 가격은 20, 기업 수는 40개

③ 가격은 10, 기업 수는 80개

④ 가격은 10, 기업 수는 60개

⑤ 가격은 10, 기업 수는 40개

완전경쟁기업의 장기균형은 장기평균비용곡선의 최저점에서 결정된다. 장기평균비용곡선의 최저점에서는 접선의 기울기가 영(0)이므로 주어진 장기평균비용함수의 미분값을 영(0)으로 놓고 풀면 $\frac{dAC}{dq} = q-10 = 0$ 이므로 개별기업의 장기균형생산량은 q=10 이고 이를 평균비용함수에 대입하면 균형가격은 평균비용(AC)과 동일한 수준에서 P=20 임을 알 수 있다. 이를 시장수요함수에 대입하면 시장전체의 수요량은 $Q^D = 1{,}000-10\times 20 = 800$이다. 개별기업의 장기균형생산량이 q=10 이고 시장전체의 수요량이 $Q^D=800$ 이므로 이 시장의 장기균형에서 기업의 수는 80개이다.

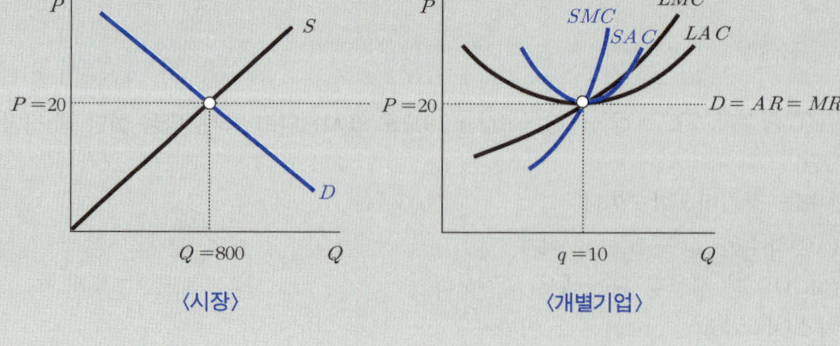

〈시장〉 〈개별기업〉

정답 ❶

6. 총(total) vs. 평균(average) vs. 한계(marginal)

① 다음과 같은 관계가 성립한다.

총(total)	• 한계(marginal)값의 합 • 한계의 적분값
평균(average)	• 총(total)/변수 • 총(total)곡선의 한 점과 원점을 이은 직선의 기울기
한계(marginal)	• 총(total)의 추가적인 변화 크기=총(total)의 변화분=총(total)의 미분값 • 총(total)곡선의 한 점에서의 접선의 기울기

② 예를 들어 $y=f(x)$의 함수의 경우 다음과 같이 나타낼 수 있다.

y의 총량	• Δy의 합 • $\frac{dy}{dx}$의 적분값
y의 평균값	• x단위당 평균적인 y의 크기$=y/x$ • y곡선의 한 점과 원점을 이은 직선의 기울기$=y/x$
y의 한계값	• x 1단위 증가시 y의 추가적인 변화 크기$=\frac{\Delta y}{\Delta x}$ • $y=f(x)$곡선의 한 점에서의 접선의 기울기$=\frac{dy}{dx}$

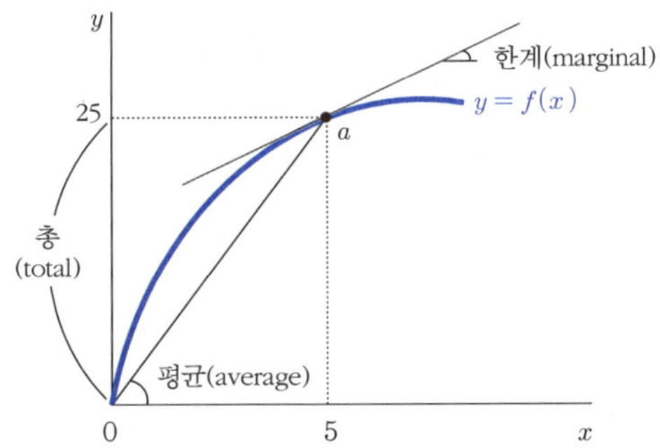

③ 한계와 평균의 관계

한계 > 평균	평균 ⇧
한계 = 평균	평균 : 일정
한계 < 평균	평균 ⇩

④ 총효용 vs. 평균효용 vs. 한계효용

총효용(TU)	① 소비자가 일정량의 재화 소비로부터 얻을 수 있는 주관적인 만족의 총량 ② 한계효용의 합 또는 한계효용의 적분값
평균효용 (AU)	① 총효용/소비량 $\left(AU = \dfrac{TU}{Q}\right)$ ② 총효용곡선의 한 점과 원점을 이은 직선의 기울기
한계효용 (MU)	① 재화소비 1단위증가에 따른 총효용의 추가적인 변화 크기 ② 총효용의 미분값 $\left(MU = \dfrac{dTU}{dQ}\right)$ ③ 총효용곡선의 한 점에서의 접선의 기울기

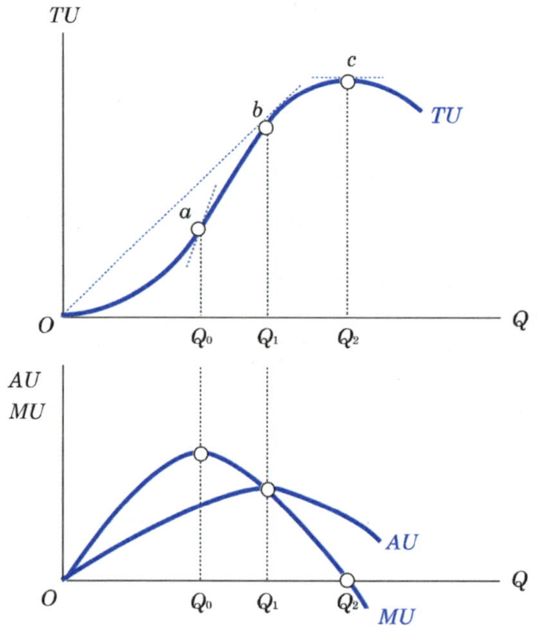

예 제

정상적인 재화 X를 소비할 때, 한계효용과 총효용의 개념에 대한 다음 설명 중 맞지 않은 것은?

① X재를 한 단위 더 소비할 때 소비자의 한계효용이 감소한다면 총효용도 감소한다.
② X재를 한 단위 더 소비할 때 소비자의 한계효용이 증가한다면 총효용도 증가한다.
③ 한계효용이 0일 때 총효용이 극대화된다.
④ X재의 소비량을 증가시킬 때 한계효용이 0보다 크다면 총효용은 증가한다.
⑤ 평균효용이 극대가 될 때 평균효용과 한계효용은 일치한다.

한계효용이 감소해도 0보다 크기만 하면 총효용은 증가한다.

정답 ❶

예제

$C = C_0 + cY$의 형태로 알려진 케인즈의 절대소득가설에 대한 다음 설명 중 가장 옳지 않은 것은?

① 한계소비성향은 평균소비성향보다 항상 작다.

② 소득이 증가하면 평균소비성향은 감소한다.

③ 소득이 증가하면 한계소비성향은 일정하다.

④ 불황기보다 호황기의 평균소비성향이 크다.

⑤ 소득이 감소하면 한계소비성향과 평균소비성향의 차이는 커진다.

불황기의 평균소비성향(α)보다 호황기의 평균소비성향(β)이 더 작다.

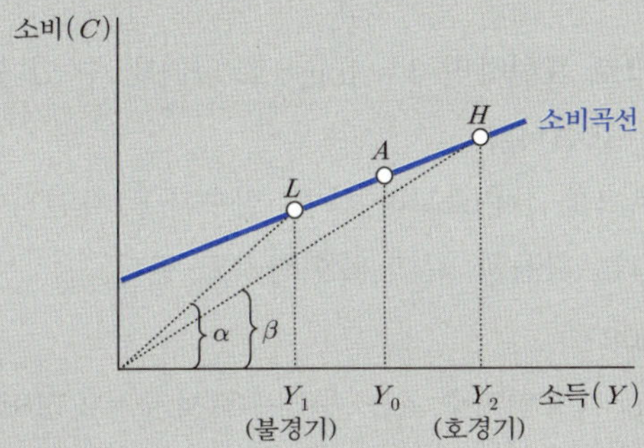

정답 ❹

제24장 로그, 자연로그 및 변화율

1. 로그

지수식(거듭제곱식)은 다음과 같이 로그(log)로 표현할 수 있다.

$$a^x = N \iff x = \log_a N$$

(←진수: N, ↖밑수: a)

예를 들어, $2^3 = 8$을 로그로 표현하면 $3 = \log_2 8$로 나타낼 수 있다. 즉 밑수인 2를 몇 번 곱하면 진수인 8이 되는가의 표현이다.

이 중 밑수(a)가 10인 로그를 상용로그라 하며, 밑수가 e(자연지수)인 로그를 자연로그라 한다. 상용로그와 자연로그는 다음과 같이 표현하기도 한다.

① 상용로그 : $\log_{10}x = \log x$

② 자연로그 : $\log_e x = \ln x$ (자연지수 e는 무리수로서 $e = 2.71828\cdots$)

[로그의 법칙]

① $\log_a a = 1$

② $\log_a 1 = 0$

③ $\log_a xy = \log_a x + \log_a y$

④ $\log_a \dfrac{x}{y} = \log_a x - \log_a y$

⑤ $\log_a x^n = n\log_a x$

⑥ $\log_a b = \dfrac{\log_c b}{\log_c a}$

⑦ $\log_a b = \dfrac{1}{\log_b a}$

⑧ $\log_a b \times \log_b a = 1$

예 제

다음을 간단히 정리하라.

① $\log_3 3$

② $\log_{10} 1$

③ $\log_5 10$

④ $\log_3 2x^4$

① $\log_3 3 = 1$

② $\log_{10} 1 = 0$

③ $\log_5 10 = \log_5 2\times5 = \log_5 2 + \log_5 5 = \log_5 2 + 1$

④ $\log_3 2x^4 = \log_3 2 + \log_3 x^4 = \log_3 2 + 4\log_3 x$

2. 자연로그

(1) 자연로그는 로그의 일종으로 자연지수(자연대수) e를 제거하기 위해 사용된다.

(2) 자연로그는 log 대신 $\ln$이라는 기호를 사용한다.

(3) 함수식이 곱이나 지수로 되어 있는 경우에만 활용가치가 있다.

[자연로그의 법칙]

① $Z = XY$ ⇨ $\ln Z = \ln X + \ln Y$

② $Z = \dfrac{X}{Y}$ ⇨ $\ln Z = \ln X - \ln Y$

③ $Z = X^a$ ⇨ $\ln Z = a \ln X$

(4) 자연로그의 미분(로그미분)

로그를 무시하고 일반적인 미분공식을 적용하면 된다.

[로그미분]

① $\ln Z = a \ln X + b$ ⇨ $\dfrac{d\ln Z}{d\ln X} = a$

② $\ln Z = 4\ln X + 6\ln Y + \ln 0.9$ ⇨ $\dfrac{d\ln Z}{d\ln X} = 4$, $\dfrac{d\ln Z}{d\ln Y} = 6$

(5) 자연로그의 의미

① 자연로그의 변화량($d\ln X$)=변화율($\dfrac{dX}{X}$)

② 따라서 $d\ln X = 0.4$이면 X의 변화율이 40%라는 의미임.

③ $d\ln X = \dfrac{dX}{X} > 0$이면 X의 증가율이 양(+)이라는 의미이고, 시간이 흐름에 따라 X가 증가한다는 의미임.

3. 자연로그와 변화율

① 자연로그를 취한 함수식을 시간에 대해 미분해 주면 다음과 같은 변화율의 관계식으로 나타낼 수 있다.

② 전미분 공식을 활용하였지만 공식처럼 기억해야 한다. 자연로그 ln 앞에 d를 첨가하고 상수항은 변화율이 0이므로 제거한다.

$Z = aX^bY^c$ (a, b, c는 상수)

⇨ $\ln Z = \ln a + b\ln X + c\ln Y$

⇨ $d\ln Z = d\ln a + bd\ln X + cd\ln Y$

⇨ $d\ln Z = bd\ln X + cd\ln Y$

⇨ Z의 변화율 $= (b\times X$의 변화율$) + (c\times Y$의 변화율$)$

⇨ $\frac{\Delta Z}{Z} = \left(b\times\frac{\Delta X}{X}\right) + \left(c\times\frac{\Delta Y}{Y}\right)$

예 제

어느 경제의 생산함수가 $Y = AL^{1/3}K^{2/3}$이라고 하자. 실질GDP(Y)증가율이 5%, 노동(L)증가율이 6%, 자본(K)증가율이 3%라면 A의 증가율(솔로우잔차)은 얼마인가?

① 0% ② 1% ③ 3%
④ 5% ⑤ 11%

주어진 생산함수를 자연로그를 취하고 시간에 대해 미분해 주면 다음과 같은 변화율의 식으로 나타낼 수 있다.

$d\ln Y = d\ln A + \frac{1}{3}d\ln L + \frac{2}{3}d\ln K$

$5\% = 1\% + \left(\frac{1}{3}\times 6\%\right) + \left(\frac{2}{3}\times 3\%\right)$

따라서 A의 증가율(솔로우잔차) $= d\ln A = \frac{dA}{A} = 1\%$이다.

정답 ❷

예제

화폐수량설($MV = PY$)을 활용하여 다음 물음에 답하시오. 화폐유통속도(V)는 일정하고 실질GDP(Y)는 매년 5%씩 증가한다. 중앙은행이 통화량(M)을 현재 수준에서 고정시킨다면 내년도 명목GDP(PY)와 물가수준(P)은 얼마나 되겠는가?

① 명목 GDP 불변, 물가 5%하락
② 명목 GDP 상승, 물가 5%하락
③ 명목 GDP 하락, 물가 불변
④ 명목 GDP 불변, 물가 5%상승
⑤ 명목 GDP 불변, 물가 불변

주어진 생산함수를 자연로그를 취하고 시간에 대해 미분해 주면 다음과 같은 변화율의 식으로 나타낼 수 있다.
화폐수량설 $MV = PY$ 을 자연로그를 취한 뒤 시간에 대해 미분해 주면 변화율에 관한 식으로 다음과 같이 나타낼 수 있다.(EC방식)

$$\frac{dM}{M} + \frac{dV}{V} = \frac{dP}{P} + \frac{dY}{Y}$$

통화증가율	유통속도변화율	인플레이션율	실질 GDP증가율
(0%)	(0%)	(−5%)	(+5%)

따라서 명목$GDP(PY)$는 불변이고 물가는 5%만큼 하락한다.

정답 ❶

예제

2007년 중 우리나라의 물가(P)상승률은 9%, 미국의 물가(P_f)상승률은 5% 상승한 반면, 달러화에 대한 원화의 가치가 상승하여 대미명목환율(e)이 10% 하락하였다고 할 때, 원화의 실질구매력을 나타내는 대미실질환율은 어떻게 변동하였는가?

① 4% 상승하였다.
② 6% 하락하였다.
③ 6% 상승하였다.
④ 14% 하락하였다.
⑤ 8% 하락하였다.

실질환율(ε)은 다음과 같이 나타낼 수 있다. $\varepsilon = \frac{eP_f}{P}$

따라서 실질환율의 변화율은 다음과 같다. $\frac{d\varepsilon}{\varepsilon} = \frac{de}{e} + \frac{dP_f}{P_f} - \frac{dP}{P}$

문제에 맞게 대입해 보면 −14%=−10%+5%−9%

정답 ❹

제25장 명목 VS. 실질

1. 명목과 실질의 개념

경제학에서는 명목개념과 실질개념의 구별이 중요하다.

구분	개념 및 특징
명목(nominal)	① 물가(P) 변동의 효과를 고려하지 못한 개념 ② 단순히 화폐액으로 표시한 개념 ③ 인플레이션에 따라 과대평가되는 문제점
실질(real)	① 물가(P) 변동의 효과를 고려한 개념 ② 구체적인 재화의 수량으로 표시한 개념 ③ 인플레이션하에서도 항상 일정하게 유지됨

2. 명목임금과 실질임금

재화가 오직 사과만 존재하는 어느 경제에서 2010년에 임금이 100만원이고 사과의 가격이 1만원이었다. 이제 2011년이 되자 임금은 200만원이 되었고 사과가격은 4만원이 되었다면 명목임금과 실질임금은 다음과 같이 나타낼 수 있다.

구분	개념 및 특징
명목임금(W)	① 2010년의 명목임금=100만원 ② 2011년의 명목임금=200만원 ③ 따라서 명목임금으로 임금을 판단하면 임금은 상승하였다고 판단된다.
실질임금$\left(\frac{W}{P}\right)$	① 2010년의 실질임금=사과100개 ② 2011년의 실질임금=사과50개 ③ 따라서 실질임금으로 임금을 판단하면 임금은 절반 수준으로 하락하였다고 판단된다. ④ 합리적 경제주체라면 실질임금으로 임금이나 소득을 판단하는 것이 타당하다.

3. 명목이자와 실질이자

재화가 오직 사과만 존재하는 어느 경제에서 2010년에 A가 B에게 자금을 빌려주고 2011년에 이자를 100만원 받기로 하였다. 2010년에 1만원이었던 사과의 가격이 2011년에 2만원으로 상승하였다면 명목이자와 실질이자는 다음과 같이 나타낼 수 있다.

구분	개념 및 특징
명목이자	① 2010년의 명목임금=100만원 ② 2011년의 명목임금=100만원
실질이자	① 2010년의 실질이자=사과100개 ② 2011년의 실질이자=사과50개 ③ 따라서 실질가치로 이자를 판단하면 이자의 가치는 하락하였다고 판단된다.

4. 명목이자율와 실질이자율, 그리고 피셔방정식

① 오직 사과만이 존재하는 경제에서 2010년(현재)의 사과가격은 100원이라고 하자. 2010년에 A(채권자)가 B(채무자)에게 현금 1,000원을 대출해주고 이자를 10% 받겠다고 요구하였고 이를 B가 동의하면 1년 뒤인 2011년에 B는 A에게 원금과 이자를 합쳐 1,100원을 지급하여야 한다. 만약 2011년에도 사과가격이 100원으로 일정하다면 A는 사과 10개를 대출해 주고 이자포함 사과 11개를 받았으므로 실질이자율은 10%가 된다.

② 이제 물가가 고정이라는 가정을 포기하고 2010년에서 2011년 사이에 물가가 2% 상승하여 사과가격이 100원에서 102원으로 상승하였다면 2011에 A가 받은 금액인 1,100원으로 2011에 사과를 10.78개만 구입할 수 있다. 따라서 명목이자율은 10%로 일정하여도 실질이자율은 물가상승에 의해 10%미만으로 하락하게 된다. 따라서 (예상치 못한) 물가상승은 채권자를 불리하게 만들고 채무자를 유리하게 만든다.

③ 만약 물가상승에도 불구하고 여전히 사과 11개를 구입하기 위해서는 A가 2011년에 B로부터 받는 금액은 1,122원이 되어야 한다(102원×11개=1,122원). 따라서 물가상승으로 인한 실질이자율의 감소를 커버하기 위해서는 A는 최초에 대출 계약을 할 당시 B에게 계약서상의 명목이자율을 12.2%로 요구하여야 할 것이다. 즉 실질이자율을 일정하게 유지하기 위해서 명목이자율을 물가상승율 만큼 높게 책정하여야 한다. 이제 물가상승율(인플레이션율)과 명목이자율, 그리고 실질이자율 간의 관계를 식으로 정리하면 다음과 같다.

$$(1+\text{명목이자율})=(1+\text{실질이자율})\times(1+\text{예상인플레이션율})$$

(대출계약 체결 당시에는 향후에 얼마나 인플레이션이 발생할 지 정확히 알 수 없으므로 예상인플레이션율을 사용한다)

④ 위의 식을 "피셔방정식(Fisher equation)"이라고 부른다. 이 식을 근사식을 이용하여 보다 간단하게 나타내면 다음과 같은 일반적인 형태의 피셔방정식이 도출된다.

$$\underset{(i)}{\text{명목이자율}} = \underset{(r)}{\text{실질이자율}} + \underset{(\pi^e)}{\text{예상인플레이션율}}$$

("실질이자율×예상인플레이션율"의 값은 매우 작으므로 무시할 수 있다)

⑤ 예상인플레이션율이 상승하면 실질이자율은 불변인 상태에서 100% 명목이자율의 증가로만 반영되는 효과를 "피셔효과(Fisher effect)"라 한다.

예 제

화폐유통속도가 일정하다고 가정하자. 통화량 증가율, 실질 경제성장률, 실질이자율이 각각 10%, 5%, 0%일 때 화폐수량설과 피셔효과를 이용하여 도출한 내용이다. 다음 중 옳은 것은?

① 인플레이션율과 명목이자율이 모두 10%이다.
② 인플레이션율이 5%이고, 명목이자율이 15%이다.
③ 인플레이션율과 명목이자율이 모두 5%이다.
④ 인플레이션율이 2%이고, 명목이자율이 5%이다.
⑤ 인플레이션율과 명목이자율이 모두 2%이다.

화폐수량설 $MV = PY$를 자연로그를 취한 뒤 시간에 대해 미분하면 변화율에 관한 식(EC방식)으로 다음과 같이 바꿀 수 있다.

$$\underset{\substack{\text{통화증가율} \\ (10\ \%)}}{\frac{dM}{M}} + \underset{\substack{\text{유통속도변화율} \\ (0\ \%)}}{\frac{dV}{V}} = \underset{\substack{\text{인플레이션율} \\ (5\%)}}{\frac{dP}{P}} + \underset{\substack{\text{실질경제성장률} \\ (5\%)}}{\frac{dY}{Y}}$$

위의 항등식에서 인플레이션율 = 5% 이다.
Fisher가설에 의하면 명목이자율 = 실질이자율 +(예상)인플레이션율이므로
명목이자율 = 5%가 된다.

정답 ❸

예 제

통화량, 이자율, 인플레이션율과 관련된 다음 서술 중에서 옳지 않은 것은?

① 통화증가율의 상승이 실질이자율을 낮춰 소비, 투자, 소득을 증가시키는 것을 피셔(Fisher) 효과라고 한다.
② 통화량 증가가 명목변수만을 비례적으로 상승시키고 실질변수들에 영향을 주지 않는 것을 화폐의 중립성(neutrality)이라고 한다.
③ 통화량이 증가하면 명목이자율이 하락하는 현상을 유동성 효과(liquidity effect)라고 한다.

④ 통화증가율의 상승이 실물부문에 아무런 영향을 미치지 못할 때 화폐가 초중립적(super- neutral)이라고 한다.

⑤ 개방경제에서 통화량이 증가하였을 때 물가의 경직성과 이자율 평형(interest parity) 하에서 국내 통화가치가 장기적 균형수준에 비해 더 크게 하락하는 것을 초과반응(overshooting)이라고 한다.

피셔효과(Fisher effect)란 통화량증가율의 상승으로 예상인플레이션율이 증가하면 (실질이자율은 일정한 상태에서) 100% 명목이자율의 상승으로 반영되는 효과를 말한다. 피셔효과가 잘 작동하면 통화량증가율이나 예상인플레이션율이 상승해도 실질이자율은 변하지 않는다. 반면 통화량증가율의 상승으로 인한 예상인플레이션율의 증가가 100% 명목이자율 상승으로 반영되지 못하고 실질이자율을 하락시켜 소비, 투자, 소득을 증가시키는 것을 먼델–토빈(Mundell Tobin effect) 효과라고 한다.

정답 ❶

재정학 경제학 입문자를 위한 기초경제학

발 행 일	2022년 4월 15일 4판 1쇄 2018년 4월 5일 3판 2016년 3월 25일 2판
초 판 발 행 일	2015년 4월 6일
저 자	김판기
발 행 인	황보진희
등 록	제2014-000298호
발 행 처	도서출판 서율
주 소	서울시 강남구 압구정로29길
전 화 번 호	02-736-7701
F A X	02-725-1907
I S B N	979-11-86849-30-9 (13320)
가 격	27,000원